新时代教育高质量发展书系

XIN SHIDAI JIAOYU GAO ZHILIANG FAZHAN SHUXI

U0729779

尹慧红◎主编

涵育学生关键能力

项目学习经典案例汇编

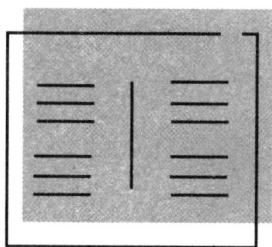

中国大百科全书出版社　　知识出版社

图书在版编目（CIP）数据

涵育学生关键能力：项目学习经典案例汇编/尹慧红主编. -- 北京 ： 知识出版社，2021.10
（新时代教育高质量发展书系）
ISBN 978-7-5215-0445-3

Ⅰ. ①涵… Ⅱ. ①尹… Ⅲ. ①教育工作—经验 Ⅳ. ①G51

中国版本图书馆CIP数据核字(2021)第193104号

涵育学生关键能力：项目学习经典案例汇编　　　　尹慧红主编

出 版 人	姜钦云
图书统筹	王云霞
责任编辑	易晓燕
责任印制	吴永星
装帧设计	王小静
出版发行	知识出版社
地　　址	北京市西城区阜成门北大街 17 号
邮　　编	100037
电　　话	010-88390659
印　　刷	北京一鑫印务有限责任公司
开　　本	710mm×1000mm 1/16
印　　张	23.5
字　　数	315 千字
版　　次	2021 年 10 月第 1 版
印　　次	2023 年 3 月第 2 次印刷
书　　号	ISBN 978-7-5215-0445-3
定　　价	60.00 元

本书编委会

主　编　尹慧红

副主编　杜洁燕　余　蓓　黄爱民

编　委　黄志峰　胡　峰

序

  教育是关乎千家万户的事业，任何一个社会，都需要教育思想的引领。时代在变，教育也在变。然而，变中也有"不变"，所以，我们要对教育进行哲学的思考，只有搞清楚了哪些需要变，哪些不能变，才能真正做好教育。而教育的本质是什么，什么是好的教育，理想的教育是什么样的，这些最基本的教育问题应是教育哲学思考的源头。只有弄清楚这些最基本的问题，我们才能找到正确的方向，办出有质量的教育。

  教育是培养人的事业，是一个通过培养人让人类不断走向崇高、生活更加美好的事业。因此，教育最重要的任务是塑造美好的人性，培养美好的人格，使学生拥有美好的人生。如何达成这样的目标？那就需要一批有理想、有情怀、有追求、有实干精神的校长和教师，用自己的青春和智慧去践行。而在现实中，也确实有这样一群人，他们热爱教育事业，关爱每一个学生，一步一个脚印，用脚去丈量教育，用心去感受教育，用智慧去点亮教育。

  如何将这样一群人聚在一起，用他们的智慧去影响更多的教师？

  中国大百科全书出版社、知识出版社策划出版了"新时代教育高质量发展书系"，进行了可贵的探索。他们在全国范围内汇聚了60名优秀的教育工作者，这些教育工作者大多是扎根教育一线的优秀校长和教师。书中的经验、实践、体会和思想，既有教学的艺术，也有管理的智慧；既有育人的技巧，也有师德的弘扬；既有教师的发展思考，也有校长的成长感悟；既有师生关系的融通之术，也有家校关系的弥合之道。60本书，60个点，每一个点都是一门学问，一门艺术。

我今年给"新教育"的同人写过一封新年信，题目是《让教育沐浴人性的光辉》，从三个方面对教师的工作提出了建议。我也把这三条建议送给这套丛书的作者和读者朋友。

一是要善待我们自己。要珍惜时间，张弛有度，让人生丰盈；发现教师职业魅力，做一个善于享受教育生活的人；培养健康的爱好，做一个有生活情趣的人；与学生一起成长，做一个在教育过程中不断进取的人；不断挑战自我的最高峰，做一个创造自己生命传奇的人。

二是要善待学生。要把学生作为一个真正的人看待，让学生能够张扬自己的个性，发挥自己的潜能，成为更好的自己。在我们教室里的学生，首先是活生生的生命。我们应该从生命的角度考虑，如何帮助他成为一个人，一个有理想、有激情、有智慧的人，一个能够适应社会并且受人欢迎的人，一个挖掘自身潜能、张扬不同个性的人。

三是要把教育的温暖传递给社会。许多问题，归根结底是教育的问题。尽管我们任何一个人，作为个体的力量都是有限的，但是，再渺小的个体，也能够温暖身边的人。所以，我们要让所有和我们相遇的人，都能够感受到我们的美好和温暖，这也是让人与人之间，让全社会变得更美好、更温暖的有效方式。

有人性的人是明亮的，有人性的教育是光明的。让教育沐浴人性的光辉，我们的今天将会更加幸福，我们的明天将会更加美好，我们的世界将会因此璀璨。

是以为序。

朱永新

2020 年 5 月 1 日

目　录

第一章

项目学习概述

第一节　项目学习的概念

项目学习，国外称为"Project Based Learning"，简称"PBL"，或称为"Project Learning"，简称"PL"；国内称为"基于项目的学习"、"项目教学法"、"主题学习"或"案例学习"，还有人认为等同于"问题式学习"等。为了充分体现以"学生"为主体的学习，本文中将其英文称为"Project Learning"，中文译作"项目学习"。

《2018年地平线报告》(基础教育版)指出：开展实景体验学习。无论是基于项目的学习、挑战的学习，还是基于能力的学习，这些教学方法的发展趋势为学生创造了更丰富、更具有实操性、更接近真实世界的体验。当学校把主动学习置于死记硬背之上时，学生们自身的作用也得到了重新认识。学生曾经被认为只参与学习知识，而创客文化在基础教育中的应用使他们成为知识生态系统的积极贡献者。他们通过体验、实践和创造进行学习，以创造性的方式展示新获得的技能。学生不必等到毕业才去改变世界。然而，要在传统实践所形成的空间上创造这些机会，教育机构将持续面临挑战。

2019年教育界权威表示："项目学习"将成为教育四大热点词之一。

项目学习起源于美国。19世纪美国流行的是殖民时期沿袭下来的旧教育，再加上19世纪后期从德国传入的赫尔巴特教学方法逐渐刻板化，使得当时的学校缺乏生气。当时的实用主义教育家杜威提倡从儿童的天性出发，促进儿童的个性发展，提出新三中心理论，强调在做中学，在活动中学，在经验中学。这是项目学习最早的理论基础，也对后来项目学习的演变发展有重要的指导意义。他的学生，著名的教育家克伯屈于1918年正式提出"项目"这一概念，指出："学生通过完成与真实生活密切相关的项目进行学习，是一种充分选择和利用最优化的资源，在实践体验、内心吸收、探索创新中获得较完整而具体的知识，形成专门的技能并获得发展的实践活动。"所以一百年来，在美国教育中，有长期做项目的传统，项目学习就根源于这种传统。

关于项目学习的定义很多。有国外学者定义的，也有国内学者定义的。虽然研究的学者比较多，但迄今为止没有一个统一的说法，有的注重宏观概括，有的注重细节描述，但有一点是统一的，就是都强调对学生研究能力和解决问题能力的培养。综合国内外学者说法，比较多的人倾向于这样一种定义：项目学习就是对一个特殊的将被完成的有限任务，它是在一定时间内，满足一系列特定目标的多项相关工作的学习掌握。

项目学习，对学生来说是参与了一个长期的学习任务。要求他们扮演现实世界中的角色，通过工作和研究问题得出结论。就像成人工作一样，遇到真实世界中的问题时，他们会使用科技手段研究、分析。他们会在社区与专家或社区成员一起工作。学生接触各个学科领域，使他们更容易理解概念，明白不同学科是如何相互联系和相互支持的。

项目学习的特点：所有项目都是真实的，都是独立的，都由项目确立、实施、结束和结果评估等阶段构成；项目实施活动所给予同学们的，不仅是将来做事所需要的知识和能力，而且可能就是同学们将来所要做的事情本身。

那么，在项目教学法的具体实践中，我们可以看到教师的作用不再是一部百科全书或一个供学生利用的资料库，而是一名向导和顾问。他帮助学生在独立研究的道路上迅速前进，引导学生在实践中发现新知识，掌握新内容。学生作为学习的主体，通过独立完成项目把理论与实践有机地结合起来，不仅提高了理论水平和实操技能，而且在教师有目的引导下，培养了合作、解决问题等综合能力。同时，教师在观察学生、帮助学生的过程中，开阔了视野，提高了专业水平。可以说，项目教学法是师生共同完成项目、共同取得进步的教学方法。

第二节　项目学习的意义

一、国内外现状

项目学习提出后，在世界各国都得到了广泛的实践和应用，政府、研究人员与教育实践者充分认识到其重要意义。为了将国外的先进理念有效引入我国的教学实践中，从而促进培养学生的能力，在相关政策的指引和理论的支持下，我国的各级各类学校在各个实践领域中广泛开展了项目学习。其中很多研究人员和教学实践者针对各级各类学校、各类课程提出了如何计划与实施项目学习的理论与实践的具体流程。

（一）现状综述

查阅已有研究性期刊与学术论文，有关项目学习的研究者可粗略分为两类。

一类是以项目学习的应用为主要目标的教学实践者，强调从自身的教学实践中获得相关经验，总结出项目学习的设计与实施具体流程，以期改善教学，并得到更大范围的推广。此类研究以硕博学位论文居多。例如：丁燕华在《项目教学法的应用研究》学位论文中提出项目教学法中穿插传统教学法，完成项目之后，教师和学生一起对知识点进行系统总结。杨洁在《多元智力理论视野下的项目学习》中则提出选择项目阶段、拟订计划阶段、开展活动阶段、形成作品阶段、汇报成果阶段这五个基本的实施阶段。研究的案例包括各级职业学校和普通学校，针对的学科课程涉及专业课、普通文化课、活动课程、培训课程等；研究与实践的内容包括设计与学习流程、师生活动流程与师生角色扮演等；结论有资源平台、待推广流程、注意事项与现存问题等。

另一类研究注重对项目学习的内涵、流程、意义与价值等方面做理论上的定性总结与验证。其中包括利用项目学习激发学习成就动机、发展学习能力、构建信息素质、实践能力与计算机应用能力等。项目学习强调的是以学生为中心的合作探究。例如：刘景福、钟志贤在《基于项目的学习（PL）模式研究》一文中提出项目学习的流程或实施步骤分为选定项目、制订计划、活动探究、作品制作、成果交流和活动评价六个基本步骤。

（二）趋势分析

总体来说，目前已有的项目学习设计与实施的研究对以学生"学"为主体的理念在教学实践中的渗透还有待深入研究。如何在整个学科课程学习过程中体现项目学习的特色，还有待在实践中积累经验。这也正是项目学习的初级实践者需要学习与体会的重要思想。因此，我们认为无论是学科整合还是单学科教学，都应当进一步探索项目学习的实质与培养目标，应当关注在课程标准的基础上从日常的学习内容中挖掘合适的小项目，逐渐积累成为大项目，各个项目之间形成螺旋循环的生态式学习。

二、项目学习的优势

现代社会是一个信息密集的社会，教师很难把自己所有的信息通过一次性的学校教育全部传授给学生，学生也不可能在一次性的教育学习中获得本学科所需的全部信息，也不可能指望一次性的学习所掌握的知识技能受用终身。因此，让学生掌握不断开发自身潜能和适应劳动力市场变化的能力将成为教育的重要目标。也就是说，教育需要适应不断发展变化的世界，而项目学习恰恰就适应这种变化，符合培养未来社会创新型人才的要求。

多年以来，基础教育在知识传授方面已经积累了丰富的经验，但在能力培养方面，跟国外相比，我们还存在不小差距，需要做出极大的努力。例如：德国的项目教学法是将一个相对独立的项目，交由学生自己处理。信息的收集、方案的设计、项目的实施及最终的评价，都由学生自己负责完成。学生通过该项目，了解并把握整个过程，以及每一环节中的基本要求。当然在实施项目的过程中，也缺少不了理论知识的传授。

与传统教学法相比，项目教学法具有以下优势：

1. 在教学形式上的优势

传统的教学方法，一般是教师讲，学生听，在一节课40分钟时间里，教师讲课的时间占90%左右，剩下的10%时间才属于学生自己，整个教学过程是围绕教师展开的，教师多半是站在讲台前完成自己的教学任务。这种以教师为中心的授课方式，客观上限制了学生充分发挥自己的潜能。而项目教学法，是教师指导，学生活动。通常在40分钟时间里，教师讲课仅占30%左右的时间，剩下的时间，全部由学生在教师的指导下完成某项任务。如按照"咨询计划—决策—实施—检查—评估"这个项目实施过程，整个教学过程是围绕学生展开的，教师的大部分时间是站在学生中间，学生通过自身独立的活动，使其创造性可以得到充分发挥。

2. 在学习内容上的优势

传统的教学方法，教师给学生讲授的是理论知识，学生偶尔也参加实验课或者实践活动，将教学视为一个漏斗，把所有的学习内容都灌输到学生的脑子里。为了让学生们记住这些内容，反复学习和练习是最好的，也是最普遍的做法。因而，学生主要是通过记忆的方式掌握知识。

对于项目教学法，教师要讲授专业理论知识，而学生获取理论知识是在教师的帮助和指导下通过自己的探索获得的，这样更能激发学生的学习动机。在学习过程中，学生如果对所学的内容不感兴趣，就难以取得好的结果。所以学生通过记忆方式掌握理论知识，又通过手和脑的实践活动，这样大大地提高了学生的学习效率。

3. 在教育目标上的优势

美国著名的心理学家、教育家布鲁姆对教育目标进行了科学的分类。他认为，教育目标由三个方面组成，而不是传统的单一目标，主要是认知目标、情感目标和行为操作目标。

传统的教学方法注重认知目标的实现，强调学生通过感觉、知觉、思维、想象、注意和记忆等方式进行学习，在个别学生身上，往往更注重记忆的方式，乃至于形成了所谓上课记笔记、下课整理笔记，一个阶段之后复习笔记，临考之前背诵笔记，考试之中默写笔记，考完之后忘记笔记的状况。

而在项目教学法中，认知目标的实现固然是十分重要的，但已不是唯一的目标。因为认知目标、情感目标、行为操作目标都是重要的学习目标，它们之间既是互相独立的，彼此之间又保持着紧密的联系，它们是一个有机的整体。

4. 在交流传递方式上的优势

在传统的教学方法中，由于是教师讲，学生听，信息传递的过程往往是单方面的。虽然有些互动，但那也是被动的。教师在讲台前授课，下面听课的学生是听了还是没有听，是认真地听，还是不认真地听，教师往往也很难判断。在一般情况下，教师往往是看表面现象，凭自己的经验。比如根据学生是否在讲话，或者是否在睡觉，或者是否在看窗外，来判断学生是否在认真地听讲。如果某个学生既没讲话，也没睡觉或者看窗外，教师往往会认为这个学生是在认真听课。所以，只有单方面的信息传递，没有反馈的信息传递，往往是不可靠的。

而在项目教学法中，信息传递是双向的。教师的职责是讲课和指导，学生的任务是听课和活动，教师可根据学生活动的成功与否获得其接受教师信息的多少。教师还可以对那些掌握信息较少的同学采取措施，帮助他们补充信息，直至他们获得完成工作任务所需要的信息。只有双向传递信息，不断得到信息反馈，才是真正有效率的信息传递。

5. 参与程度的改善

在传统的教学方法中，学生参与的程度与其自觉、努力的程度成正比。枯燥乏味的听、记、背，常常使一些学生逐步失去对学习的兴趣，这表现在一些特别好动好玩的男孩身上，容易使他们从一开始的"我要学"逐步变成以后的"要我学"，是家长、教师和社会要他学。

而在项目教学法中，学生的参与程度大大地提高。在授课过程中，教师还能借助多种形式学习，如影视作品、音像制品等，营造良好的学习氛围，选择适当的学习载体使教学内容更加活泼和更加明确。此外学生必须独立完成一项又一项的学习任务，这些学习任务被设计得由浅到深，引人入胜，增加了学生对学习的兴趣。

6. 激励手段的完善

在传统的教学方法中，分数是主要的激励手段，是一种外在的激励手段。当个体感到分数对他有用时，如中考或者高考，他会竭尽全力去获取高分；而当个体认为这个分数对其发展已无多大的用处时，他就会高呼 60 分万岁。外在的激励只能维持一阵子，它不可能持久。外因仅仅是变化的条件。

而在项目教学法中，激励的手段完全是内在的，是人们在完成一项工作之后发自内心的喜悦，是人们从不会到会的心理感受的充分体现。当人们从不会做一件事到经过努力之后会做一件事时，成功的喜悦往往是无法用语言来表达的。另外评判项目实施成功与否是看项目实施的过程，而不仅仅看结果。

因此，我们认为项目学习比传统教学更有益于培养学生核心素养和综合能力。

第三节　项目学习更新学校教育理念

当今世界，各国之间综合国力的竞争日益激烈，对人才的科学素养要求也越来越高，而小学阶段是塑造、培养学生的最佳时机，因此从长远来看，小学生的科学素养水平决定了国家未来发展的结果和整体竞争力。国际上普遍将科学素养概括为三个组成部分：了解科学知识；了解科学的研究过程和方法；了解科学技术对社会和个人所产生的影响。对于小学生而言，科学素养指对于科学知识、科学的研究过程和方法、科学技术对社会和个人所产生的影响达到基本的了解程度。小学阶段的教育工作者应当结合小学生的心理特征和发展现状设计科学素养培养策略，让学生在学习的过程中积累更多实践经验，形成理性、科学的认知。

三道街小学的学生中 88.7% 的学生为农民工子女。该校教师教育观念相对落后，教学质量不高，学生人数逐年递减。但学校近些年来积极推进课程改革，以教育信息化助力腾飞，实现了跨越式发展；并提出了"让每一个孩子平等享受优质教育"的办学理念，让流动的花朵也能享受最先进、最前沿的教育。在教育改革进程中，发现目前教育教学方面还存在弊端。学校里的系统化和正式学习都被设计成分科课程，以帮助学生通过学科课标和课本在课堂上有组织有计划地获取和掌握知识。这种理念虽有优势，但其最突出的问题是，由于应试教育的影响割裂了学科知识同生活、工作、世界的联系，阻碍了知识的转换和在日常生活实践中的应用，使知识成为惰性知识，不利于学生创新精神和实践能力的培养。具体表现为解答书本问题多，解决真实问题的问题少；分科单一学习多，跨学科综合学习少；追求固定答案多，创新思维训练少。因此，学生科学素养达不到预期的目标。

在此背景下，学校开始进行项目化学习，关注如何让学生从浅层学习走向深度学习，如何提升学生的创造思维和解决问题的能力，积极倡导学生进行以亲身经历和以探究为主的学习活动，培养学生的好奇心和求知欲，发展学生对科学本质的理解，使学生学会探究解决问题的策略。学校通过项目化学习力求让学生从生活实际出发，从社会的需要出发，充分依据学生的身心发展规律，追求科学性、实用性、教育性等多方面的统一，促进学生全面发展。

第四节 项目学习培养学生科学素养

一、"科学素养"在国内外的研究现状

（一）科学素养

国际上普遍将科学素养概括为三个组成部分：即了解科学知识，了解科学的研究过程和方法，了解科学技术对社会和个人所产生的影响。2001 年的课程标准中，"科学素养"的具体要素包括必要的科学知识、基本的科学方法、科学精神三大维度。小学

生的科学素养结构同一般公众相比，有其独特的群体特点。例如：容易受到外界干扰，具有学科化倾向、学生间差异明显等。培养小学科学素养的重点分为四点：1.学科课程——小学阶段只有科学课是专门的、集中的、定位于培养学生科学素养课程，旨在从生活经验出发，体验探究过程，学习科学方法，发展科学精神。2.科学阅读——学生科学素养形成的阅读行为，科学阅读要从科学知识入手，首先要阅读与科学知识直接关联的东西，也就是最基本的科学知识。3.科学技术活动——是指以学生为主体开展的科技制作、创造发明、科技论文、实验报告等活动，就是给学生提供一个平台，激发他们研究科学。4.生活实践——在生活中，学生能够自觉地运用科学思维进行思考；在实践中，学生将生活本身当作一门关于科学方面的学问，将科学课程、科技活动中学到的知识与思想融入生活中。

（二）国外研究现状

世界各国高度重视学生的科学素养。

美国：

1985年美国科学促进会针对中小学生发布《普及科学——美国2061计划》；

1989年针对成年公民出版《面向全体美国人的科学》；

1993年又推出《科学素养的基准》，具体指导学校的科学教育；

1996年美国国家研究理事会公布《国家科学教育标准》，这是美国有史以来由联邦政府支持制定的第一个全国性的教育标准，它的诞生，象征着美国科学教育开始向纵深发展。

其他国家：

1986年英国建立了公众理解科学委员会，旨在为提高公众的科学意识和理解科学技术的水平提供指导。

20 世纪 90 年代初，南非等发展中国家也提出"促进公众的科学素养，是国家经济繁荣、社会进步、持续发展的首要条件"。

日本自 1960 年开始每年都在全国组织为期一周的"科学技术节"活动，通过多种形式向国民普及科技知识。

印度 1982 年建立了国家科学普及委员会，搞科普推广年，开展科学素养调查。

（三）国内研究现状

根据三项调查问卷 (教育部《小学科学课程标准》研制组)，即《国内小学生科学素养调查》《教师科学素养调查》《小学自然教学现状调查》的结果表明：

小学生对科学兴趣浓厚；小学生科学概念的掌握优于大人；男女生在科学素养上没有明显差异；小学生科学素养有地区差异；科学精神和科学方法亟待提高。

二、培养小学生科学素养的项目化学习研究

（一）"培养小学生科学素养"在国外研究现状

美国对基础科学教育极为重视，形成了国家资助、社会支持、学校重视的有利于基础科学教育发展的局面，使得美国科学教育理念的研究走在了世界的前列，对国际科学教育的影响也很大。目前美国各个阶段的科学教育都在新理念的影响下进行改革。美国小学科学教材的类型和教学用具呈更加多样化的趋势；师范教育的教授在科学课程实践方面起到了带头作用，使师范教育成为培养具备先进理念的科学教师的关键力量；美国的公共教学资源，包括图书馆、博物馆等对科学教育提供了大量的支持，形成了比较雄厚的社会对教育行业的支持系统。

1996 年出版的美国《国家科学教育标准》将培养学生的科学素养列为重要的科学课程目标。其主要包括：科学概念、科学研究

的方法论、科学伦理、科学与人文、科学与社会、科学与技术等。

美国在培养学生科学素养方面提出了很多课堂策略：

1. 主体性教学策略是指以学生为学习主体，以促进学生全面发展为目的的教学策略。要成为有科学素养的人，学生首先应该是一个学习的主人，处在积极的学习过程之中，有丰富的情感、主动的思维和积极的行动。

2. 探究性教学策略是指学生在老师的帮助下，选择有关科学探究问题，通过对问题的探索研究，获得蕴含在问题中的事物本质，以及关于现象间规律性联系的知识，培养学生探索问题的学习方法，提高学生的综合能力，特别是抽象逻辑思维能力。

3. 合作学习教学策略是以学习小组为教学活动的基本单位，通过小组内成员的分工协作去达成小组共同目标，并以小组活动的整体效果为教学评价的主要指标的教学策略。

（二）"培养小学生科学素养"在国内研究现状

国内基础教育专家一般认为：小学教学的主要任务是培养学生科学核心素养，启发其科学思维，要求学生使用科学的方法解决现实问题。国内很多学校对小学教学中科学素养培养路径进行了研究，以通过优化教学策略，促使小学生以科学的眼光看待生活中的事物。

1. 呵护儿童好奇心，激发科学学习兴趣。学习兴趣是小学生科学素养培养的重要内容。兴趣是最好的老师，"教育的本职不是谋生，而是唤起兴趣，鼓舞精神。"新课程标准要求要以科学兴趣的激发作为切入点，呵护学生与生俱来的好奇心与求知欲，进而通过科学探究将这种好奇心转化为学习兴趣，使之真正激发科学学习的原动力。

2. 引领儿童亲历科学探究过程。科学探究过程一般包括几个方面：观察、提出问题、做出假设、制订计划方案、实施计划、分析综合整理、表达交流等。教师有责任对学生的探究活动给予适当帮助、适时调控。

3. 充分利用现有条件，积极开发课程资源。科学素养的培养，离不开充足的课程资源的支持。首先要挖掘校内课程资源，特别要用好学校专用教室提供的资源，包括实验仪器、学校图书馆、校园网及其他教学设施。通过这些资源，激发学生对学习科学的欲望、探究自然的兴趣和好奇心。此外要敢于走出课堂，建立校外课程资源。包括：河流、田地、街道、开发区等。开发和利用好校外课程资源，为学生今后真正的科学探究奠定基础，也为学生提供接触社会的机会，拓宽学生的知识面，增强学生的社会交往能力，培养学生的社会责任感，推进学生科学素养的形成。

培养小学生的科学素养是全面实施素质教育的基本要求，是时代和民族的振兴、科学技术飞速发展对未来人才的需要，培养学生的科学素养意义重大。小学生科学素养的形成需要我们广大教师细心引导、耐心培养。

通过开展一系列项目化的学习活动，就是让小学生在真实情境中学习解决问题的方法，体验科学研究的过程，提高科学素养。通过项目学习，营造一种富有挑战性和令人兴奋的学习环境，培养学生的创造思维，解决问题的能力和交流合作能力。开展多维度多层次的任务与活动，以满足学生多样化兴趣的需求和个性发展。鼓励学生拓展新的不同的探究领域，教他们用新的不同的视角看待问题。开展丰富多彩的实践活动，提升学生科学素养，学生可以在项目学习各种类型的活动中进行选择，让学生有机会经历和感受丰富多彩的世界。

三、"项目化学习"在国内外的研究现状

多年来项目化学习在国内外一直被众多教育界专家、学者所

关注和研究。

（一）"项目化学习"在国外的应用

1918年9月，杜威的学生，著名的教育家伯克屈，发表了《项目（设计）教学法：在教学过程中有目的的活动的应用》一文，提出了项目化学习的概念。20世纪20~30年代，项目化教学法在美国的初等学校和中学的低年级里得到了广泛应用。在美国，基于项目的学习是其开展研究性学习的主要学习模式之一。从其研究发展看，最初关注的是项目学习本身及其应用，而后关注项目学习中的信息技术的应用。目前，项目化学习法在北欧、北美被中小学普遍采用。

（二）在国内的发展现状

国内对项目化学习的研究起步较晚，大部分的认知概念是从国外引入的，理论研究主要侧重于基础概念、特征、要素和实施的环节上。在现实生活中，更多地应用于企业或职业培训机构之中，真正应用于课堂的实践案例极少。

为了将国外的先进理念有效引入我国的教学实践中，从而促进培养学生的能力，在相关政策的指引和理论学习的支持下，我国的各级各类学校在各个实践领域中广泛开展了项目学习，其中很多研究人员和教学实践者针对各级各类学校、各类课程提出了如何计划与实施项目学习的理论与实践的具体流程。

综上所述，国内外关于培养小学生科学素养的项目化学习研究较为深入，这些理论为项目学习的研究提供了一定的理论基础。在小学阶段通过开展一系列项目化的学习活动，让小学生在真实情境中学习解决问题的方法，体验科学研究的过程，对于提升小学生科学素养具有重要意义。

第 二 章

项目学习如何实施

在前面充分认识了什么是项目学习的基础上，要真正开展和实施项目学习仍然是一项艰巨的工程，过程也是较漫长而复杂的。

三街道小学是一个对农民工子弟开放的学校。项目学习对于小学生和家长而言，也许听起来像是非常遥远的事情。学校充分借鉴国内外学校关于项目学习的经验，尤其是学习"STEAM教育课堂教学模式"，尝试做课程改革和项目学习，力求给学生提供先进前沿的教育资源，让学生享受优质而公平的教育。学校认识到其实在生活中人们会遇到许多值得讨论的问题，如何分解问题、搜寻相关信息分析问题、寻找资源解决问题，以及最后在整个过程中如何呈现这些信息，这就是项目学习的思考模式，也是从生活中获取灵感的重要途径。因此，在小学阶段就带领学生进行项目学习研究，是一件非常重要和具有深远意义的事情。当然具有这个意识还远远不够，怎样让项目学习真正行之有效地开展和落地，提高学生关键能力，培养学生综合素养才是根本。于是在这样的办学理念之下，学校开始走上一条项目学习研究探索之路。

第一节　项目学习的历程

一、模仿复制阶段

三街道小学开展项目式学习的时间较长，但一开始还处在摸索、复制阶段，并且只在小范围和信息学科中进行。早在2015年大家对于项目学习的概念还比较陌生的时候，学校把3D打印课程中"桥梁设计"作为项目学习内容，引用较单纯的"学原理—亲实践—重分享"的教学模式。学生首先通过基础知识学习，了解桥梁承重和桥梁设计的基本原理，然后用3D设计软件，在电脑上建立数字化的桥梁模型。因为 3D 打印的耗材较为昂贵，打印时间也比较长，所以学校先让学生根据数字模型制作出纸质模型，再选择设计较为新颖合理的作品打印出来。最后的桥梁承重比赛是学生们最为激动和关注的环节，随着承载量的不断增加，有的桥梁因设计缺陷而垮塌。学生们没有气馁，反而越挫越勇，反复研究尝试，寻找问题所在。那些成功完成承重比赛的桥梁设计者更是欢呼雀跃，并且自豪地在班级分享他们的设计方案和学习心得。

二、自主开发阶段

"桥梁设计"可以说是学校项目学习的雏形。学生参与其中后动手动脑、交流合作等能力都得到提升，科学探究精神、创新意识的种子在学生心中悄然渗透，这也更坚定了学校把项目学习进行下去的信心和决心。随着学校课程改革的深入推进，为进一步提升教育教学效果，学校把项目学习作为引导学生转变学习方式，进行自主学习、深度学习的一种理想学习模式继续推行、优化，并把研究范围扩大，从科学、信息等单学科项目学习拓展延伸到跨学科、全学科、个性化项目学习研究，自主开发了不同类型的多个主题式项目学习。这些项目学习内容学校纳入学校整体课程改革规划中，有些编制到课程教学之中完成，形成更加完善的课程体系，目的就是更加注重培养学生具有现代意识、国际视野，更强调学生在生活中对知识的实践运用，更关注学生思维品质的提升，更着眼于学生终身学习能力的发展和身心的健康成长。

第二节　项目学习的分类

经过几年的理论研究与实践，项目学习形式分为以下几种类型。

一、单学科项目学习

（一）什么是单学科项目学习

单学科项目学习是指在本学科领域内选择适合进行项目式学习的内容，确定主题，进行项目式学习。例如：数学学科项目学习"位置与方向"，就是以"几何与图形"中的"位置与方向"的相关知识为主开展全学段的项目学习。

单学科项目学习特别注重发展学生设计思维和在解决问题的过程中对学科核心知识和概念的理解，促进跨情境的迁移，引导学生将当下项目与学科素养建立关联，真正督促学生去发现问题、解决问题，着眼于培养可迁移的高阶思维能力。值得注意的是，在单学科项目化学习中，更倡导学生通过项目来学习与任务相关的学科知识，绝不只是在教学结束后，简单地应用、展示、表演、附加实践或例证。

（二）开展单学科项目学习的意义

开展单学科项目学习能够加深学生对本学科领域知识的理解，通过项目学习方式让学生从实践操作中体验提出问题和解决问题的过程，获得运用学科知识解决生活问题的经验，为学生一生发展奠定基础。开展单学科项目学习可以培养学生应用意识和分析论证、归纳总结等素养。

二、跨学科项目学习

（一）什么是跨学科项目学习

跨学科项目学习是让学生综合运用各学科领域的学科知识，自己动手去完成项目，从而提高动手能力、创新能力、解决问题的能力。跨学科项目学习应该具有跨学科性、趣味性、体验性、情境性、协作性、设计性、艺术性等特点。例如："百花园"是跨科学、语文两门学科开展的项目学习活动，让学生综合运用语文学科中的阅读、表达、写作等知识，以及科学学科中的植物知识去发现和探究植物生长的奥秘和规律，感受大自然的无限美好。

一般来说，项目化学习是跨学科的，但学科知识的深度理解是基础和前提，绝不能"去学科化"。不过这里还要特别指出的是，当前指向核心素养培养的项目学习，如前所述，不能只是学科知识的应用，或者只是已经学会的学科技能的呈现，而应注重在解决实际问题过程中对概念知识的学习或深度理解的同时，更关注完成项目任务过程中进行学科与学科，学科与生活，学科与人际关系的联系与拓展，用挑战性的任务和项目成果激发学生的创造性。

（二）开展跨学科项目学习的意义

跨学科项目学习旨在提高学生的综合实践能力、探究能力，但培养这样的能力需要一个长期的过程，所以教师在设计跨学科项目学习课程时要有连续性，让学生的能力得到进阶式的发展。同时为了让学生明白"为什么学，怎么去学"，还应使跨学科项目学习课程具有系统性，这样才能使学生建构自己的知识体系，提升能力。

三、个性化项目学习

（一）什么是个性化项目学习

个性化项目学习是学生通过单学科、跨学科项目学习以后，对项目式学习有了较为深刻的理解，较为全面地掌握了项目学习的方法，能够以个人或小组为单位独立选择感兴趣的项目主题，并围绕主题获取相关知识，最终成为解决问题的一种学习方式。例如：三道街学校六年级学生在经历了单学科项目学习、跨学科项目学习以后自主选择了"智能六角宫灯"项目学习。学生利用3D打印技术和激光雕刻技术，突破传统的手工工艺，由传统复杂的人工制作变成智能加工，降低难度，提高效率，制造出一种既具有传统韵味，又具有时代感的智能宫灯。

开展个性化项目学习对教师、学生的要求都比较高。要以满足学生个性化发展需求和最大限度促进学生学习为目的，教师要能把项目设计贯穿于所有相关课程学习中，并能加强相关课程的联系，以确保学生获得多维度、全面、深度的学习。

（二）开展个性化项目学习的意义

个性化项目学习是项目学习的高级形式，旨在培养学生自学能力、计划管理、探究能力、技术运用、实践创新等核心素养。通过个性化项目学习，学生经历了用质疑批判的思维方式发现问题，用科学严谨的方法去分析问题，用综合学科知识解决问题的全部过程，为今后学习科学知识奠定了坚实基础。

第三节 项目学习的实施流程

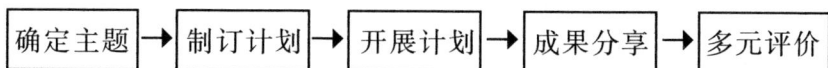

确定主题 → 制订计划 → 开展计划 → 成果分享 → 多元评价

一、确定项目学习主题

项目学习模式在教学中的运用，前提就是确定一个学习的主题，这是项目学习得以存在的基础。确定项目主题应关注学生生活经验和学习需求；应适合学生发展水平；不仅包括操作技能，还应涵盖精神层面；项目主题最好具有连续性，以促进学生学习生活经验持续成长，不断扩大视野。

教师从实际生活经验出发，选择与现实生活息息相关的主题，让学生不仅学会知识，而且能够灵活运用知识去解决实际问题，具有举一反三的能力。主题是一个大的范围，应包含与主题关联的一个个项目，学生通过完成一个个项目从而掌握解决整个问题的方法。这就要求主题具有可拓展性、开放性和灵活性，使学生能够在掌握知识的同时又不限制个性发展。例如：三道街学校"百花园"项目学习，主题贴近生活实际，易于实施和拓展。开展此项目教学旨在让学生亲近自然，了解生态系统是如何循环运作的。

恰当的主题设定有利于学生在学习内容和实际生活之间建立联系，从而提高学习内容的实用性和适应性。首先，主题的设定应基于学习者的兴趣并使之持续作用。兴趣能够让学生积极主动地投入到项目学习中去，但是一般的兴趣不能一直产生促进作用。例如：游戏情境的创设能够使学生快速地进入学习环境，但是刺激作用会很快消失。其次，主题的设定应围绕学生真实的环境进行，并紧密联系学生的主要困惑，与学生正在进行或未来规划的事情切实相关。最后，项目学习不仅有利于巩固、应用已有知识，还能促进学生对新知识的理解，并在新概念和已有概念之间生成网状联结，建立广泛而深入的联系。

二、制订项目学习计划

在项目主题确定以后，首先要撰写项目计划书，这是整个项目学习设计的基石，也叫蓝图。一般来说，项目计划书主要由项目概述、研究团队、研究目标与任务、研究过程、学习工具与环境、项目时间表、学习评价七部分组成。项目计划书的制订需要经过深思熟虑的准备、有效的策略和清晰的设计，一份完整、指导性强、可操作性强的项目计划书是项目学习顺利开展的基础。在制订项目计划书时，一定要注意提出的问题要精准，研究目标要明确，研究过程要细化、评价标准要量化。来看下面的实例。

含羞草——小小天气预报员
——探究空气温度、湿度对含羞草闭合的影响

一、项目概述

1. 参与研究的年级：五年级

2. 学科：语文、科学

3. 简介：本学习项目是运用观测、实验等策略对含羞草进行共同探究，在整个活动过程中始终以"空气温度、湿度对含羞草闭合的影响"这个问题为纽带，让学生在共同探究中不断思考发现，并围绕问题进行研究。同时，本学习项目还通过学生写自然笔记、撰写《含羞草——小小天气预报员》实验报告和科学小论文，来记录分享学生探究空气温度、湿度对含羞草闭合的影响过程、发现和思考。

二、研究团队

1. 教师：语文教师、科学教师

2. 学生：五年级全体学生

三、研究目标与任务

1. 学习目标

（1）种植含羞草，观察植物生长的过程，了解含羞草的基本知识，增强对大自然的热爱。

（2）撰写自然笔记，激发学生写作兴趣，提升学生观察力、写作能力。

（3）研究空气温度、湿度对含羞草闭合的影响，激发学生对科学探究的热情。

（4）初步培养学生实验设计、控制操作和观测分析能力。

（5）创作分享，提高学生合作意识和综合素质，感受成功的快乐。

2.学习任务

以6位同学为一小组，合作完成以下任务，并通过自然笔记在班级中进行交流：

任务1：了解含羞草。通过网络、书籍等渠道，了解含羞草的生长特点及相关知识。

任务2：种植含羞草。通过亲自动手种植、栽培植物，学习用科学探究的方法观察植物生长的过程，了解植物生长的秘密。

任务3：观察含羞草，发现问题。观察含羞草生长规律，并在观察中发现感兴趣的问题。重点观测含羞草闭合速度的变化，并通过实验设计和操作来验证观测结论。

任务4：实验探究。在观察含羞草闭合变化实验的基础上，学生共同讨论，提出新问题，并对新问题进行提炼，找出共性之处，有价值的问题（含羞草的闭合和哪些因素有关？空气温度、湿度对含羞草闭合有什么影响？）开展实验研究，进一步探究含羞草的秘密。

任务5：共同写作。学生共同撰写探究观察过程、探究发现实验报告和研究小论文。

任务6：活动总结。根据研究过程的收获和发现，共同完成相关的研究成果。

四、研究过程

任务一：了解含羞草

（一）通过报纸、杂志、网络等途径收集含羞草的相关资料

1.报纸、杂志：让学生从报纸或杂志中收集有关含羞草的资料，并把资料整理汇编，为研究活动做好参考。

2.网络：互联网收集有关含羞草形态特征、生长环境、感知特性等资料并打印。

3.老师提供相关条件，学生根据老师提供的网络资源，了解含羞草有哪些生长特点，如何感知外部世界。

文字、图片资料：

资源作用：让学生从整体上了解含羞草的形态特征、物种区别、产地生境、感知特性、繁殖方式、栽培技术、植物文化等知识。

视频资料：《神奇的草》短片

资源作用：让学生了解含羞草闭合相关知识。

4.其他途径：从其他途径收集含羞草相关资料并注明资源出处。

（二）阅读收集的资料，提炼有效信息

阅读收集的资料，从这些资料中获取有关含羞草的有效信息，并记录下来。

含羞草有哪些特征？含羞草的闭合和哪些因素有关？在收集的这些信息中，你最感兴趣的是什么？

任务二：种植含羞草

（一）购买种子、花钵，开始种植

1.含羞草适合在什么季节播种？它发芽的适宜温度是多少？

2.含羞草的播种方法是怎么样的？

（二）浇水、施肥

1.给含羞草浇水需注意哪些事项？

2.给含羞草施肥需注意哪些事项？

任务三：观察含羞草发现问题

（一）观察含羞草

1.我的问题：观察含羞草前，有什么问题？让学生带着自己的问题进行观察。

2. 观察含羞草

观察含羞草的闭合和触碰物品种类、触碰的力度大小，与天气有什么关系？

3. 我的发现

在观察含羞草的过程中有什么发现？

4. 观察日志

让学生在观察含羞草的过程中填写观察记录表，撰写自然笔记，把自己发现的问题记录下来，为后续学习奠定基础。

（二）观测实验：含羞草的闭合和温度、湿度有什么关系？

1. 准备材料：温度计、湿度计、秒表

2. 实验步骤

①分别在晴天、雨天，一天之中早上、正午、晚上不同时段，用相同的力度和相同的物品触碰含羞草。

②利用秒表，观测含羞草在不同情况下闭合的不同反应，归纳分析空气温度、湿度对含羞草闭合的影响。

3. 实验分析

让学生通过反复实验，对观测结果进行分析得出结论。学生交流，分享各自的发现。

4. 发现的新问题

提出在实验探究中发现的新问题，并通过头脑风暴的形式对新问题进行归纳、梳理、总结，提炼出具有共性的，大家最感兴趣的问题进一步探究。

任务四：实验探究

（一）实验研究

学生对前期观测和实验中提炼出的新问题进行实验研究。实验研究始终围绕学生的问题进行实验设计、控制操作和观测分析，并在实验研究中提炼新的问题，开展新的研究，进一步探究含羞草闭合的特点。

（二）网上阅读

针对实验研究结果，组织学生在网上进行专题阅读（或者为学生提供相关专业书籍），让学生了解实验研究结论形成的科学原理。

任务五：共同写作

同学以"含羞草——小小天气预报员"为题，开展共同写作实验报告、科学小论文活动。通过分享、讨论、相互修改等方式提高学生的归纳总结和写作的能力。

任务六：活动总结

（一）汇报交流

小组之间交流，分享研究成果。

（二）合作完成研究作品

确定作品形式，做好任务分工，完成作品。

五、学习工具与环境

1.花盆,种子。2.自然笔记。3.实验用的温度计、湿度计、秒表。4.作品制作工具。

六、项目时间表

所处阶段	时间	教师活动	学生活动	目标
第一阶段	第1周	撰写项目计划书，准备学习方案、学生分组，发布方案。	建立学生团队，明确学习任务、学习方式。	熟悉学习内容和学习伙伴。
第二阶段	第2周	根据自己任教年级学生的特点，选定种植植物，给学生讲解该植物的相关知识。	通过网络、书籍等渠道收集资料。	了解含羞草的相关知识。
第三阶段	第3周	指导学生进行播种。	买种子，准备小花钵，准备自然笔记本。	种植含羞草，提出问题。
第四阶段	第4~10周	指导学生发现含羞草生长过程中的具体问题，观察实验探究，解决问题。指导学生写自然笔记，收集学生种植全过程中各个阶段的图片和视频。	以小组为单位种植花卉，组内分好工，用心观察，认真记录，写好自然笔记。	通过实验来验证含羞草闭合和天气的关系。
第五阶段	第11~12周	设计实验报告，指导学生怎样撰写实验报告、科学小论文。	提交实验报告和科学小论文。	提高写作水平。
第六阶段	第13~14周	组织学生撰写项目报告、制作作品并组织交流汇报。	以小组为单位把自己种植研究的成果用自己喜欢的方式分享出来。	培养合作交流能力。

七、学习评价

评价量表1：

自我评价

知识建构	通过网上协作学习，试写出新建构的知识（1~5项）
沟通	试写出你曾对组员提出的意见（1~5项）
协作	试写出你曾替别人解决问题的有效方案（1~5项）
个人学习	试写出你分辨重要信息的方法（1~5项）
价值观或态度	试写出现阶段对学习项目的体会或见解

评价量表2：

小组成员互评表

编号	评价项目	成员1	成员2	成员3	成员4
1					
2	在大部分时间里他（她）踊跃参加，积极表现。				
3	他（她）的意见总是对我很有帮助。				
4	他（她）经常鼓励、督促小组其他成员积极参与协作。				
5	我对他（她）的表现满意。				
6	他（她）对小组的贡献突出。				
7	如果还有机会我非常愿意与他（她）再分到一组。				
8	对他（她）总体上是喜欢的。				

其次，还要依据计划进行项目分组。教师可以先让学生进行自由分组，然后再根据学生自由分组的情况，结合小组成员的性别、性格、学习能力等因素进行调整，然后由每组推荐一位组长，以负责每个小组的任务分配、协调、沟通工作，从而使得小组成员之间能够形成优势互补，增加合作的默契度。

最后要列出针对学生的项目学习计划表，对学生在项目学习的每一个阶段进行表格设计。按照项目开展的时间顺序、重要程度等因素，确定先做什么，后做什么，最终制订一个学习计划表，使项目能够有条不紊地进行。例如：数学单学科项目学习"测量不规则物体的体积"就根据主题设计了四个学习阶段：

"测量不规则物体的体积"项目计划表

项目阶段		主要内容
第一阶段	课堂学习	了解体积计算的相关知识，学习测量物体体积的基本方法。
第二阶段	学习准备	进行小组分工，提出问题并设计出解决问题的基本方案。
第三阶段	实践活动	各小组按照自己的方案开展实践活动，并填写好实践报告。
第四阶段	收获分享	各小组整理活动过程中的难忘瞬间，用信息化手段制作活动收获的幻灯片、短片并在班级与大家分享。

三、开展项目学习实践

项目学习的实践过程是项目学习的核心阶段。在这个阶段，学生按照活动方案真正动手实践操作，尝试去解决问题，获得活动经验。在解决问题的过程中可能又会生成新的问题，这对学生的自学能力、实践能力、反思能力的发展都有极大提升。

当项目的实施计划确定以后，师生都要经历一个知识收集整理、能力储备的自我提升过程，否则难以应付项目学习过程中可能会出现的重重困难。大家要分头大量查阅相关资料，做好笔记，分类整理，对自己即将要进行的项目学习有充分的认识和了解，特别是专业学科方面的知识更要提前做好功课。然后师生之间、小组之间要把收集整理的资料进行交流碰撞，梳理出最有价值的可用资料进行归档，形成资料库，随时调用。

这时每个小组就可以根据自己的任务去分头实施了，有了前面的知识保障和明确的任务分工，每一组大概都能够按时高质量地完成活动任务，从而不影响整个项目学习的进度。但是每一组又不能够完全分开，在实施各自负责的环节时，还要和其他小组进行及时的沟通和交流，对某些不合理的部分进行调整，使得项目的实施始终处在一个动态的过程中，充分发挥每一个学生的智慧。

教师在项目学习实施过程中的作用更加不容忽视，要扮演好一个引导者和指导者的角色，既要为学生富有想象力的学习和创造性的表现提供一切可能性机会，又要及时地发现学生在学习中存在的不足，并引导他们进行及时调整。

1. 教师应当尊重学生的选择，让学生可以在项目学习各种类型的活动中有自主选择的权利；尊重学生独特的学习方式，并满足和扩展他们独特的学习方式。

2. 为学生创造一种富有挑战性的或是一种轻松充满趣味的学习环境，鼓励学生拓展新的不同的领域，教他们用新的不同的视角看问题，培养学生的创造思维、解决问题和合作能力。

3. 建立多维度多层次的任务与活动，以满足学生多样化兴趣的需求，促进学生全面发展，让学生有机会经历和感受丰富多彩的世界。

4. 让所有学生都有机会去领导适合他们的活动，锻炼每个学生的领导能力；整个项目能为学生提供自我反思的机会并鼓励自我反思。

5. 对"问题学生"给予特殊的关注，并能让他们克服困难获得成功。

在项目学习的具体实践中，我们可以看到教师的作用不再是一部百科全书或一个供学生使用的资料库，而成为一名向导和顾问。他帮助学生在独立研究的道路上迅速前进，引导学生在实践中发现新知识，掌握新内容。学生作为学习的主体，通过独立完成项目把理论与实践有机地结合起来，不仅提高了理论水平和实操技能，而且在教师有目的地引导下，培养了合作、解决问题等综合能力。同时，教师在观察学生、帮助学生的过程中，开阔了视野，提高了专业水平。可以说，项目学习是师生共同实现目标，共同取得进步的教学方法。

四、分享项目学习成果

收获分享是项目学习最为精彩的阶段，每个小组呈现不同发现问题的过程、解决问题的方案，从而发生思想的碰撞，产生智慧的火花，学生创新思维能力、规律总结能力、语言表达能力都得到了提高。

当完成了项目学习的所有计划后，要在班级集中展示一下学习成果。学生学习成果主要以视频、幻灯片、思维导图来呈现，然后通过学生或团队的演讲、展示来完成。每一个小组都要对自己负责的部分进行讲述，也可以分享一下在实施的过程中遇到的问题、有趣的事，以及还有哪些需要改进和完善的地方，还可以让小组之间进行相互评价，使得他们对整个项目学习的过程有一个更加清晰、全面的认识。因此通过这样严格的学习过程，学生知道自己收获了什么、学到了什么，还有哪些需要改进的地方，促进学生对于知识的再次认知和拓展，这才是项目学习的意义所在。例如：一位六年级的学生在完成"智能六角宫灯"的项目学习后在全班通过演示幻灯片和现场操作进行分享：

各位上午好！我是来自×××，我们带来的作品名字叫"智能六角宫灯"。这是一件利用3D打印技术和激光雕刻技术结合加工而成的创客作品，之所以有这样的设计，是源于我从小就特别喜欢中国历史和传统文化，但长久以来宫灯的制作都是以传统的方式来进行的，以细木为框架，雕刻花纹，镶以纱绢、绘制吉祥图案。

我们的设想是：利用现代的加工技术突破传统的手工工艺，由传统复杂的人工制作变成智能加工，从而降低难度，提高效率，制造出一种既具有传统韵味的，又具有时代感的创客作品。

我们制作步骤是怎样的呢？首先，我们要按照自己的想象画出设计图。下面请看我们最初的设计图（指大屏幕设计图）：

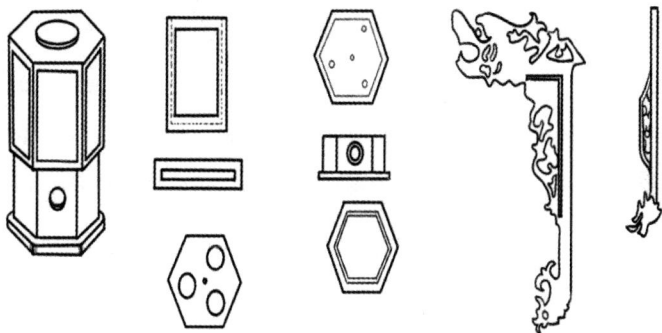

注：示意图仅为示意，非标准尺寸

1. 借鉴古代宫灯造型，作为灯的外形。
2. 加装底座灯光旋转机械和人体感应器。
3. 灯罩为 6 块开槽框架组成，槽内拼装亚克力板。
4. 利用雕刻激光技术雕刻亚克力板和木板文。的装饰花纹。
5. 灯罩上盖板运用木质雕花。

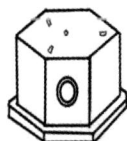

这是我的三视图设计，分别是正视图、俯视图和侧视图：

正视图 **俯视图** **侧视图**

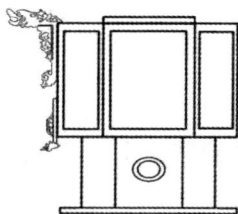
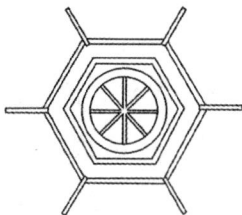

图纸上分别标明了数据、图案、材质等，以方便我在三维设计和制作时更好地操作。

其次我们通过这个设计图，在3D软件中细化设计主体结构，并将宫灯的主体结构输出。

接着我们开始做外部整体的装饰设计，它是在不同的材料上用激光雕刻出传统的松、竹、梅图案，来装饰宫灯的六个面。在宫灯的六角上，我们雕刻了龙头装饰，代表了一种昂扬向上的中国力量，彰显了宫灯的雍容华贵和强烈的中国元素。大家看这些精美的图案，在传统工艺制作中，需要技艺高超的工匠以及长时间的雕刻才能制作出来，而现在我们只需要调用喜欢的图案，直接用激光雕刻技术在短时间内就能完成。

宫灯的底座采取了中空的设计，以便放置控制电路及电机，还在控制板中加装了人体触发感应器，这样不但可以让宫灯亮起来、转起来，还能使它具有了智能的效果，达到节能减耗的作用。

【现场操作】请大家看看我们的演示：通过人体感应来自动控制灯的开关，当宫灯感知到有人在时，会自动开灯运行一段时间，然后关闭，这样就可以起到节能减耗的作用。

项目学习成果分享展示环节是检验项目学习效果的最直观的手段，也是学生自身素养和综合能力最直接的体现，因此要舍得花时间和精力把它落到实处。

五、项目学习的多元评价

由于项目学习目标维度多且项目活动复杂，我们采用多元评价的方式对设计的课程内容进行评价。多元评价要做到评价目标多元化、评价主体多元化、评价方法多元化。

一是评价目标多元化。传统教学目标评价通常是对三维目标（知识与技能、过程与方法和情感态度与价值观）的评价，项目学习的评价不仅要做三维目标评价，还要补充两点：①选取的目标是否具有多个维度，②是否通过课程内容的设计达到了预定的目标。项目学习的成果主要是产品，因此教师在评价学生能力是否得到提升，同时要关注成果能否体现既定的目标。

二是评价主体多元化。评价主体除了学生之外，还有教师以及专家等，主要是评价学生的创新思维等能力是否得到提升。

三是评价方法多元化。项目学习的评价是形成性评价和总结性评价的结合，教师综合运用多种方式进行评价，如观察记录、访谈以及汇报展示等。教师采用真实性评价的方式做评价，鼓励学生运用多媒体展示作品，积极自评、互评，以促进学生综合能力提升。

项目学习一般采用的多元评价方法有四种：汇报展示模型、小组评价表、记录观察表、目标达成表。首先，在学生完成项目一的全部课程内容后，教师让每个小组汇报展示自己的成果。由此学生能够锻炼表达能力和组织能力，还能够通过观察同伴的汇报展示发现自身的优点和不足。教师也可以在此过程中了解学生对所学课程的掌握情况。然后，学生在了解自己和他人的成果后完成小组评价，填写记录观察表。小组评价表是按照项目的模型制作、程序编写、时间控制和小组合作四个方面进行评价设计的。设计记录观察表主要是为了让学生记录本小组和其他小组的优缺点以及改进办法。为了进一步了解设计的课程内容能否使学生达到既定目标，教师要求学生填写目标达成表。此表是按照"我掌握的""我未掌握的""我想要了解的"三个方面进行设计。最后，教师收集所有学生填写的表格，通过表格信息分析如何修改课程设计，这样就完成了对本课程的多元评价。

第四节　给教师的建议

成功的项目学习需要教师拥有更多样化的或更高标准的技能来让项目有效进行。通常有六个方面的技能。

一、掌握项目学习的任务设计

要求教师有别于目标驱动的学科课堂教学。项目学习是任务驱动的学习，通常是由一个核心的、至关重要的、引人入胜的问题、课题或挑战性任务来开始项目，让学生们通过精心设计的过程来思考、探究、分享、反思并完善他们的产品，最后以一个有意义的展示来结束他们的学习，包括知识获取、概念理解和21世纪核心技能的应用。因此，如何分析学习任务是教师要学会的技能，否则项目学习就难以专业化。

二、创造以学生为中心的课程文化

作为一名老师，在项目学习中应当成为学生的导师。导师的角色让你在上下起伏过程中及时"推"学生一把或"拉"学生一把。如果你不以导师身份自居，你会发现很难从一个课堂管理者变成一个项目管理者，而这是项目学习取得成功的一个关键转变。

三、从老师转变为教练

在传统课堂上，人与人之间的差异，被一排排的座位，标准化的课程，以及老师的督促给填平了。在项目学习中，学生个性尽情绽放，行为倾向——好的或坏的都会出现，学生常常把握不了自由的边界，甚至向老师征求不良行为。这种混乱只能通过对学生一对一辅导来解决，表扬他们的长处，帮助他们意识到自己的挑战，并不时以最高要求的标准和规范提示他们应该怎么取得更好的表现。在传统课堂上，最终结果是最重要的。在项目学习中，学习的过程与最终结果一样重要，给每个学生最大程度的支持，要求每个学生尽自己所能做到最好。

四、让团队高效合作

项目学习采用的是一种小组学习的形式。其关键步骤是要从普通的小组合作，发展为有凝聚力的团队，并出现团队领导者，带领团队成员共同深入思考。在团队中，每个人都为彼此的成功而努力，每个人都自觉承担责任。如果你带领的团队不高效，你的项目也不会高效。

五、知道如何设计实施项目嵌入式的真实表现性评价

项目学习是我们教学生如何解决复杂问题的最好方式。但要想找到一个有意义的解决方案，需要培养学生的必备品格和关键能力，这直接解释了为什么项目学习对于培养核心素养非常重要。因此，教师应当学会指向核心素养，采用过程性、表现性、发展性方式评价学生是否达成项目学习的目标。

为此，教师首先要理解什么是表现性评价，如何设计项目嵌入式表现性评价任务，如何在项目实施过程中收集有效可靠的数据资料，如何逐步建立起真实表现性评价资源库，如何达到高质量评价的标准，等等。

六、重视反思和修正

高质量的项目学习与传统教育需要的时间框架和期望不同，主要是因为解决问题不是一个线性的过程，不是一个50分钟的体验。这意味着项目学习教师不仅要灵活，还要不断进行反思和修正，以追求卓越，这是学习过程的核心。可以采取以下方式：首先，在项目过程中鼓励构建草稿和原型，其次安排班级演示，使用拼图学习法或用其他方式让学生分享并交流想法。在项目的最后，透彻地反思和总结，让优秀成为你的项目标准。

第 三 章

项目学习案例

第一节　单学科项目学习

【案例一】万雪莲

相约二十四节气

一、项目概述

（一）项目说明

"春雨惊春清谷天，夏满芒夏暑相连。秋处露秋寒霜降，冬雪雪冬小大寒。"这首耳熟能详的《二十四节气歌》，不仅凝聚着古代劳动人民的勤劳与智慧，更影响着中华民族祖祖辈辈的生活起居。"二十四节气"被人们誉为中国的第五大发明，早在2016年就已正式列入联合国教科文组织人类非物质文化遗产代表作名录，在中国上下五千年的文明史上，具有举足轻重的历史地位。本项目学习在语文学科中展开，所有学生参与，主要引导各年级学生遵循大自然春生、夏长、秋收、冬藏的季节变化规律，通过观察和发现四季的气候变化、物体变化，参与和体验节庆民俗，运用观察手记的形式达到及时观察、实时记录的教学目的，以此来帮助学生获得真实的生活体验，从而积累习作素材、提升学生的语文写作能力和生活观察能力，让学生充分感悟到中国优秀传统文化的独特魅力，激发他们的民族自豪感和民族自信心。

（二）学习目标

知识与技能：能观察和发现四时的气候及物候的变化特点，积极参与和体验节庆民俗，学习及时观察、实时记录，获得真实的生活经验，最终形成观察手记。

过程与方法：遵循大自然春生、夏长、秋收、冬藏的季节变化规律，通过实地操作、观察体验、收集资料、合作分享等方式，积累习作素材、提升学生的语文写作能力和生活观察能力。

情感态度价值观：感悟中国优秀传统文化的独特魅力，激发学生们的民族自豪感和民族自信心。

（三）项目计划书

时间	内容		主题		目标	形式	
第一阶段 （2—4月）	春生	气候变化	认识倒春寒	低年级	能留心观察周围与节气相关的自然变化，激发学生对写话的兴趣，乐于书面表达，能用简短的句子将气候的变化表达出来，初步感受和体会节气文化的内涵。增强写话的自信心。	学生活动	观察实践、合作探究、收集资料、汇报展示
		物候变化	植物要长大				
		节庆民俗	有趣的春天				
第二阶段 （5—7月）	夏长	气候变化	认识三伏天				
		物候变化	植物不怕热	中年级	通过资料的查找，知道二十四节气的特点，能尝试在观察手记中将自己的观察所得用平时积累的语言素材，以及有新鲜感的语句记录下来，并和同学老师来分享自己写作的乐趣。	教师活动	范文引路、亲子引路、兴趣引路、任务引路
		节庆民俗	有趣的夏天				
第三阶段 （8—10月）	秋收	气候变化	认识秋老虎				
		物候变化	植物凋谢了				
		节庆民俗	有趣的秋天	高年级	养成留心观察周围事物的习惯，能正确表达自己的想法，能写出符合节气特点的内容，感情要真实。能修改自己的作品。逐步养成实事求是、崇尚真知的科学态度。		
第四阶段 （11—次年1月）	冬藏	气候变化	认识大寒潮				
		物候变化	植物不怕冷				
		节庆民俗	有趣的冬天				

二、项目实施

第一阶段 春生（2—4 月）

二十四节气中属于春天的有立春、雨水、惊蛰、春分、清明、谷雨 6 个节气。立春是每年的 2 月 4—5 日，即春季开始的节气。那么是否立春之后，天气就会立刻升温呢？孩子们带着这个疑惑，一边查找资料，一边在校园里测量和观察记录每天的空气温度。大家通过十几天的连续观察，终于发现立春其实还并不是真正意义上的春天。此时如果遇到较强的冷空气入侵，不仅会出现持续的低温阴雨天气，还会给农作物的生长带来极大的伤冻灾害。这就是所谓"倒春寒"。

春天的气候乍暖还寒，令人难以捉摸。伴随着雨水增多、惊蛰冬虫萌动，气温逐渐回升。3 月 12 日是一年一度的植树节，我们利用国旗下讲话的晨会集中时间，向全校学生宣布"种子计划"正式开始，激发孩子们种植植物、观察植物的积极性。我们还请花匠吴师傅充当花婆婆来教大家撒种、移苗、换盆、浇水，又请各班的花仙子代表与花婆婆进行互动交流。最后，每一个孩子都郑重地在自己的小花盆里撒下希望的种子，并许下小小的心愿，希望到了七八月能够有所收获。

在植物生长的过程里，孩子们坚持观察、记录，不仅参与了清明扫墓、踏春远足、吃地皮菜、煮鸡蛋等有趣的节庆民俗活动，积累了丰富的写作素材，也亲身感受到了大自然，亲近到了大自然。

第二阶段 夏长（5—7 月）

二十四节气中属于夏天的节气有立夏、小满、芒种、夏至、小暑和大暑这 6 个节气，立夏代表着夏季的开始。"立夏胸挂蛋，小人痒夏难。"民间在立夏这一天有斗蛋和吃蛋的习俗，我们就带领孩子们一起体验了一下边吃边玩的乐趣。立夏头一天，孩子们就接到了具有挑战性的任务，怎样能让自己的鸡蛋变得坚不可摧，同时又最具有攻击力呢？怎样能让鸡蛋在斗蛋比赛之前保持完好无损呢？孩子们纷纷利用各种途径查找资料，终于知道久煮之后的鸡蛋和蛋头较大的鸡蛋都不容易破碎。而且在比赛的过程当中，注意斗蛋的技巧，也能帮助自己获得"斗蛋大王"或"斗蛋小王"的荣誉称号。活动结束之后，孩子们一边把鸡蛋当零食吃着，一边津津有味地谈论着比赛的过程，内心的喜悦和兴奋都无以言表。当然，孩子们最后的观察手记也是异彩纷呈，有斗蛋时的动作描写，有参赛的心理活动描写，还有讲述自己保护鸡蛋的趣味小故事，等等。总之，这个别开生面的立夏节气，给孩子们留下了深刻的印象。

立夏之后，天气逐渐炎热，植物也到了生长的旺盛期。芒种时节，孩子们精心种植的矮牵牛、向日葵、凤仙花、月季花争先恐后地开放了。同学们细心观察，用一段段生动的文字记录了植物每一个阶段的变化特点，最后再配上植物生长过程的手绘彩图，一份图文并茂的观察手记就在孩子们的手中诞生了。2019 年的芒种节气正逢端午佳节，组织者发扬民族文化精神，组织学生开展"汉服秀"活动。大家在老师扮演的花神人物的引导下，一边了解汉服特色，一边学习汉服礼仪。当一群身着汉服的孩子从远处走来，宛如隔世穿越而至时，全场的师生都惊叹不已。

第三阶段　秋收（8—10 月）

秋季的节气有立秋、处暑、白露、秋分、寒露、霜降这 6 个节气。在校区，一个节气，一个活动，已经在孩子们心目中形成了惯例。但是活动并不是做游戏，而是一种生活体验。例如：白露节气天高气爽，大家聚在一起吃桂圆、喝米酒、吟诗诵读，愉悦地体验古诗词带来的精神洗礼。又如在每年的秋分节气，民间有竖蛋的习俗，怎么样让一枚小小的鸡蛋竖起来呢？在任务驱动下，孩子们反复试验，不断尝试，终于发现了将蛋竖起来的小窍门。原来利用盐或者其他细小粉末与桌子产生摩擦力，就可以完美地将圆溜溜的鸡蛋竖立在桌面上了。

立冬节气过后，天气逐渐变冷，是否就意味着寒潮来临呢？有了观察倒春寒的学习体验，孩子们又利用空气温度计，坚持记录了校园早晨和校园傍晚时分的最高气温和最低气温，终于发现一天之内气温骤降10℃，并伴有大风、大雨等恶劣天气，即为寒潮。寒潮到了，我们不仅要注意保暖，还可以在饮食上进行调节，吃火锅、吃羊肉，都能帮助我们御寒，平安过冬。这些亲身参与的观察实践活动，一次又一次为孩子们打开了知识的大门，他们将很多想说的话寄托于笔尖尽情地书写，真正达到了"我手写我心"的写作目的。

第四阶段　冬藏（11—次年1月）

冬天的节气有立冬、小雪、大雪、冬至、小寒和大寒这6个节气。在古代，素有"冬至大如年"的说法，人们历来都十分重视这个节气。冬至一到，我们就开始画《九九消寒图》。《九九消寒图》不仅有梅花图，也有铜钱图和文字图，孩子们每天都用彩笔记录下天气的变化，耐心地数九、耐心地等待春回大地的日子。在冬至这一天，我们将家长请进校园和孩子们一起读书、创编小故事，一起包饺子、吃饺子，一起享受老师给孩子们带来的无作业日，能在冬至猫冬和家人一起早点安歇。再如小寒节气，五年级的语文老师带着孩子们一起煮腊八粥，大家从了解腊八节的由来开始，到准备食材、熬制腊八粥、品尝腊八粥，在浓厚的兴趣引领之下，孩子们完成了说明文《腊八煮粥》的撰写。其后，四年级的语文老师和美术老师一起，又将煮粥剩下的豆子通过拼接、组装，做成了一个个生动形象的小玩偶，一篇作文《有趣的游戏》也随即产生。兴趣是孩子们学习时最好的老师，在兴趣引路之下，孩子们玩中有学，学中有悟，真正地体会到了学习的乐趣。

三、学生成果展示

我们的项目学习，经过了一年的实践与探索，积累了很多宝贵的经验和资料。现在，学生们变得爱观察、爱表达了。参与项目学习研究的老师们也掌握了引导学生们观察记录、总结反思的好方法。时间一长，老师和学生们都有改变，他们在不断发现问题和解决问题中，度过了一个又一个难忘的节气。在进行汇报交流的时候，孩子们已经不再局限于手写的观察手记，多媒体画图、幻灯片播放演示、各种视频剪辑作品等都成了他们的新宠。在项目学习活动中，学生们的生活观察能力、口头语言表达能力、书面写作能力，以及团队合作、实践探究的能力，在原有的学习基础上都有了很大的提升。

作品 1：　　　　　　　　**春天在哪里**
二年级

春分节气之后，天气渐渐暖和了，太阳公公天天都和我们见面，成了我们的好朋友。

大地也开始活跃起来。带着我们走进大自然，他让我们自己寻找春天。

我们找啊找，看到草地上的青草冒芽了，看到花园里的花儿开放了，还看到天空中的小燕子也从南方飞回来了……

春天到底在哪里呢？哦，原来春天就在我们的眼睛里。

作品 2：　　　　　　　　　　**斗　蛋**

三年级

接下来是我与对手的"巨无霸"鹅蛋比拼。比赛还没有开始，我的心里就开始有些打鼓。这不是和尚头上的跳蚤——明摆着嘛，我的鸡蛋在个头上就已经败下阵来，待会儿斗蛋的时候一定会输得很惨！

果然，还没等我反应过来，"巨无霸"就主动出击猛冲过来，我只得硬着头皮迎上去。正当我闭上眼睛准备听天由命的时候，只听"砰"的一声，睁眼一看，果然不出所料，我的蛋头已经伤痕累累了。可"巨无霸"也没有占到便宜，由于他用力过猛，蛋头也出现了裂纹，咱们两败俱伤。看到对手一副心痛万分的样子，我感到自己虽败犹荣，心里甭提多得意了！

作品 3：　　　　　　　　　　**种植凤仙花**

四年级

今年的谷雨节气之后，就到了植树节。同学们积极参加了学校举办的"种子计划"活动，我也小心翼翼地种下了一颗小小的凤仙花种子，心里十分忐忑——它会开花吗？

第一天，凤仙花种子并没有什么太大的变化，花盆里除了光秃秃的土啥都没有，我并不灰心，仍报以希望，坚持每天守护它。过了一周，凤仙花嫩嫩的芽儿便齐刷刷地破土而出了，我像煞有介事地拿着放大镜开始观察它们。透过镜片我看得一清二楚，它们的确形态各异。有的小芽苗叶片稍大，嫩嫩黄黄的，很有精神地挺立着腰杆；有的芽苗刚刚从土里钻出来，瘦瘦细细的，却倔强地顶着一顶士兵钢盔帽般的泥土破土而出；还有的小芽还没有完全舒展开自己的叶片，半遮半掩地露出了一个小尖儿，让人不忍心触碰。

凤仙花芽长得很快，每天都会长高一点点。这一天我来浇水时，发现小芽已经长得有一根筷子那么高了。我轻轻摸了摸它的叶片，哇！滑滑的，还带着一丝凉凉的感觉。它的叶片像一张绿色的薄纸。叶片上除了一条凹进去的小沟，一点叶脉都看不到。

小满节气正是植物成熟的时候，大部分的凤仙花都开了。在花瓣的下面部分始终是一层浅浅的粉色，很像妹妹蓬松的小短裙。花瓣上面部分有一层淡淡的红色，过了一天，淡红色又变成了粉红色，渐渐地，粉红色又变成了深红色。通常一朵凤仙花有三层到四层的花瓣，重重叠叠地盛开着。它在风中舞动，在阳光下闪耀，一簇簇一丛丛的花儿聚集在一起，真的成了一片花的海洋……

作品4： **不一样的芒种节气**

五年级

芒种，忙种，这可是农民伯伯们一年当中最忙的时候呢！

今年的芒种节气，我们也很忙，不信你就来瞧——

老师告诉我们，在芒种节气这一天，民间有饯别花神的习俗。就是说此时已是百花凋残的时候，民间要祭送花神归位，感谢她为人间带来的美丽和呵护。为了让我们真实地体验这种有趣的民俗，学校也将举行一次饯别花神的仪式。这是一件多么新奇的事情啊，我可从来都没有见过呢。

我们早早就穿好了汉服，排成方阵等候花神的出现。尽管长长的汉服束缚了我们的手脚，显得十分累赘，但是大家却毫不在意，一举手一投足都尽量模仿古人的样子，斯斯文文地走路，慢条斯理地说话，那种文绉绉的感觉可真有意思。

上午9点多钟，在悠扬的古曲声中，老师扮演的花神终于出现了。她穿着一身红色的汉服，头发上也插满了珠花吊饰，两手扣在腰前，款款地向我们走来。我们睁大了眼睛看着她，仿佛眨眼间就穿越到了古代。我们一个个都挺直了腰板，感觉此时无比的庄严神圣。我们跟着花神一遍又一遍地鞠躬、行礼，看着花神用枝条蘸上清水为我们洗尘、送福，最后礼毕，这一切可真是有趣。

今年的芒种节气和端午节十分靠近，所以饯别花神之后，我们又来到了社区的敬老院，为老人们送去节日的问候。在敬老院里，我们为爷爷奶奶们表演了刚才的活动场面，老人们笑得都合不拢嘴。

中国的传统文化可真是丰富多彩，下一个节气学校又会开展什么活动呢，我十分期待！

作品5：　　　　　　　　**生活处处皆学问**

六年级

本以为立春节气一过，春天就到了，天气也会一天天地暖和起来，我终于可以脱下那厚厚的棉袄了。可谁曾想到，一场大风过后，春天秒变冬天，我新买的外套只能放进衣柜睡大觉了！

今天的天气预报说"倒春寒"到了，请农民伯伯做好农作物的防冻工作，还提醒出行的人们要注意保暖避免冻伤。究竟什么是"倒春寒"呢，我决定和小伙伴们一起搞清楚。

我们找科学老师借来了温度计，选取校园早8点和中午12点，以及下午5点时的室外温度进行观察记录。大家通过一周的连续观察，终于发现立春其实还并不是真正意义上的春天。俗语说："春天孩儿脸，一天变三变。"白天还是和风暖阳，可到了下午气温就会骤降。此时如果遇到较强的冷空气入侵，不仅会出现持续的低温阴雨天气，还会给农作物的生长带来极大的伤冻灾害。"倒春寒"的威力可不能小觑啊！

看来生活中处处皆学问。这么寒冷的天气里，我觉得咱们还是继续吃火锅吧，当然羊肉火锅是我的首选，既能温补又能驱寒。同时我建议大家也要学会照顾好自己和家人，注意适当增减衣物，千万不能受凉感冒。

【案例二】汪贤荣

纸的研究

一、项目概述

（一）项目说明

纸是人类必不可少的文化用品、生活用品，纸在人们的日常生活、学习、工作中有着广泛的用途。造纸术是我国四大发明之一，纸的出现促进了人类文明的进步，改变了人类生活状态，给人类带来了极大的便利。纸在学生学习和生活中也有着重要的作用。本项目学习的内容是引导学生了解纸的起源、发明、文化、种类、制造、用途等相关常识，提高学生对纸的认识，探究纸的奥秘，了解纸与环境的关系，增强学生节约用纸、保护环境的意识。本项目在全校各年级展开，所有学生参与。围绕"纸的研究"主题，各年级拟定子课题，开展各自的研究活动。通过项目学习的研究，学生不仅获得了关于纸的丰富知识，拓展眼界，还培养了实践研究能力、创新精神和探究能力。

（二）学习目标

知识与技能：让学生了解相关纸的起源、发明、种类、制作，有关纸的传统文化等知识，以及培养学生动手实践的能力。

过程与方法：教师在项目学习活动中指导学生运用收集资料、小组学习、合作交流、分享展示等方式对纸的知识进行深入学习，并以小组为单位进行汇报、交流、分享。

情感态度价值观：通过关于纸的探究过程，感叹人类的智慧与结晶，弘扬中国纸文化，培养节约用纸，保护环境的意识，增强学生对自然、社会和自我的责任感。

（三）项目计划书

阶段时间	内　容	目　标
第一阶段： 收集整理资料 （9月）	一年级 探究"纸 的故事"	了解有关纸的故事。通过网络、书籍等渠道，了解关于"纸"的成语或者是故事。 收集和整理"纸"的故事，比一比，讲故事，聆听故事，发现问题。 拓展研究，感受关于纸的文化。 根据研究过程自己的收获和发现，共同完成相关的研究作品。	了解关于纸的相关故事。培养学生初步收集和整理信息的能力。学习撰写科学小论文，提升学生归纳总结能力。学生通过小组协作、共同探究，提高学生合作探究能力。
第二阶段： 课堂实践操作 （10~11月）	二年级 探究"纸 的种类"	了解各种各样的纸。通过网络、书籍等渠道，了解纸的种类，并收集纸的种类样品。 了解纸的不同用途，通过观察，了解纸的特点。 观察学生常见的作业纸、素描纸、餐巾纸、彩色卡纸等，提出新问题，并对新问题进行提炼，找出共性的、有价值的问题开展实验研究，进一步了解纸的特性。 根据研究过程的自己收获和发现，共同完成相关的研究报告。	探究纸的不同种类和用途。培养学生初步的收集资料和观察分析能力。运用信息技术进行共同写作，提升学生归纳总结能力。学生利用网络进行远程协作、共同探究，提高学生合作探究能力。

涵育学生关键能力：
项目学习经典案例汇编

续前表

阶段时间	内　容	目　标
第三阶段： 班级交流分享 （12月）	三年级 探究"纸 与环保"	了解环保相关政策。 收集和整理目前人们生活中普遍存在的纸张浪费现象，发现问题研究环保与纸的关系，积极提出节约用纸、节能环保的具体建议根据研究过程的收获和发现，共同完成研究报告。	了解环保相关政策。进一步认识节约用纸的必要性，加深环保意识，积极提出节约用纸、节能环保的具体建议。学习撰写研究报告，提升学生归纳总结能力。学生通过小组协作、共同探究，提高学生合作探究能力。
第四阶段： 校级成果展示 （1月）	四年级 探究"纸 与中华传 统文化的 关系"	了解纸作为文字和文化传承的载体，了解纸与中华传统民俗文化的关系。 收集和整理传统纸文化的具体表现形式。 通过纸艺制作，了解纸与中华传统民俗文化的关系。 根据研究过程的收获和发现，共同完成研究报告。	了解纸作为文字和文化传承的载体，了解纸与中华传统民俗文化的关系。进一步认识传统纸文化的具体表现形式。通过纸艺制作，加强对纸文化更丰富的理解认识。学习撰写研究报告，提升学生归纳总结能力。学生通过小组协作、共同探究，提高学生合作探究能力。

续前表

阶段时间	内 容	目 标
第四阶段： 校级成果展示 （1月）	五年级 探究"纸 的来源" 了解纸的发明过程，了解纸与中华传统民俗文化的关系。 收集和整理纸的发展过程。 通过纸艺制作，了解纸与中华传统民俗文化的关系。 根据研究过程的收获和发现，共同完成研究报告。	了解纸的来源，了解纸与中华传统民俗文化的关系。进一步认识造纸术，加强对纸文化更丰富的理解认识。学习撰写研究报告，提升学生归纳总结能力。学生通过小组协作、共同探究，提高学生合作探究能力。
	六年级 探究"纸 的制造" 了解纸的种类及纸的制造过程。 通过网络、书籍等渠道，了解纸的种类、纸的制造过程。 对比探究。重点探究古今中外纸的制造过程的差异，对纸的质量、种类的影响。在探究的基础上，学生共同讨论，进一步探究纸的制造。 共同写作。学生共同撰写探究发现的实验报告。	了解纸的种类及纸的制造过程。培养学生搜索信息，分析信息的能力。学习撰写研究报告，提升学生归纳总结能力。学生通过小组协作、共同探究，提高学生合作探究能力。

二、项目实施

第一阶段 收集整理资料

在收集整理资料的阶段，教师和学生都要围绕项目研究的主题共同收集相关资料，这是顺利开展和有效实施项目学习研究的基础和保障。教师和学生围绕项目学习主题收集资料一定要广泛。教师在收集资料的过程中对项目学习的主题会有更深入的了解，这样对学生展开项目学习可以进行有效干预、引导、点拨。学生在收集资料的过程中对项目学习主题相关的知识也有了一定的了解，提升了认知。通过收集资料，更明确了项目学习研究的内容。收集资料类型要丰富，图片、文字、音视频、幻灯片等等。除了收集资料，教师和学生还要认真仔细的研读资料，进行筛选、提炼、归并、整理。根据收集整理相关资料，撰写项目学习计划书，做好具体安排。

第二阶段　课堂实践操作

在收集整理好相关资料后，教师要把资料中一些重难点的内容通过授课的方式帮助学生深入理解相关内容，解决学生的困惑，并有意识地引发学生思考，对于这个项目学习的主题可多视角、多方位地去探究，帮助学生梳理。再以小组为单位，思考将从哪方面或寻找哪一个突破口去展开研究，并确定好研究的问题，这样项目学习研究的目标就更明确了。

第三阶段　班级交流分享

通过一段时间的教师指导、学生练习，最终学生要完成各自的作品。作品的类型也不尽相同：有文档类、幻灯片类、音视频类、实物类等。每个年级交流展示的方式也不同：一年级是绘声绘色讲有关纸的故事；二年级是实物演示介绍纸的种类；三年级是说说关于纸的环保小倡议；四年级是现场演示巧手制作；五年级是幻灯片介绍纸的来源；六年级是幻灯片展示纸的制造。班级的交流分享给同学们提供了一个非常好的交际展示平台，大家畅所欲言，各抒己见，锻炼了同学们的自主参与、口头表达、分工协作、人际交往等综合能力。教师在其中始终扮演引导者、参与者、合作者的角色，鼓励学生自由大胆地表达，从而获得项目学习的成就感和幸福感。

第四阶段　校级成果展示

"纸的研究"项目学习活动从2019年9月开始，历经资料收集、课堂实践、形成作品、交流分享四个阶段，并于1月12日，在学校报告厅举行了全学科"纸的研究"项目学习分享会。通过一个学期的项目学习活动，各个年级围绕"纸的研究"主题，开展丰富多采的研究活动。学生们不仅能学习到丰富的知识，感受纸文化的魅力，还能享受探寻研究带来的乐趣。

三、学生成果展示

在全校"纸的研究"项目学习展示活动中，各年级学生表现都很优秀，都有不同程度的进步。此次项目学习实践活动一方面让学生们广泛了解了有关纸的各个方面的知识，提升了认知，积淀了素养，从内心感叹人类的智慧与结晶；另一方面通过项目学习研究的整个过程，锻炼了学生动手实践的能力，培养了学生收集和处理信息的能力，增强了合作与分享、探究与创新的能力。

四年级"纸载千秋"项目学习报告书

一、项目名称：纸文化的表现形式

二、项目内容

（一）提出问题

纸文化有哪些表现形式呢？

通过纸艺制作，加强对纸文化更深入的理解认识。

（二）项目研究过程

1. 小组成员一起讨论研究内容，确定研究方向。

2. 通过各种方法查找相关资料及具体内容，并整理出来。

3. 小组成员分工完成准备工作，并合力完成制作成品。

4. 完工后大家一起对过程和结果进行总结，分享各自心得体会。

5. 完成总结报告。

（三）我们的收获

民间美术是祖国灿烂辉煌的文化宝库中十分重要的组成部分。剪纸在民间美术中占有相当突出的地位，它是一朵鲜艳夺目的艺术奇葩，是中华民族的智慧结晶和宝贵遗存。

最初，我们用草稿纸来练习，那时还只会剪一个简单的"花朵""双喜字"。尽管样式简单，大家却感到颇有成就感。因为在那之前，我们动手能力并不强，剪纸时遇到很多问题，例如：不知道是从开口剪还是封口剪，不知道怎么画，不知道连接点在哪里。经过大家研究学习，剪出作品，慢慢展开的那一刹那，喜悦感油然而生。不仅如此，之后老师还为我们提供了更复杂、更漂亮的剪纸底样，并且从剪草稿纸练习过渡到用各色彩纸来剪，经过多次练习尝试，我们已经能够剪出很多复杂而又美丽的剪纸纹样了。为了能掌握剪纸这门艺术，我们自己总结了几条经验。

1. 多临摹，剪多了，就能悟出门道。

2. 找到喜欢的单色画，添加一些连接就行了。

3. 对一个主题反复练习，熟能生巧。

4. 对于初学者，先练习阴刻。

比如：先画出你喜欢形象的外形，再运用传统的剪纸语言（圆点、纺锤纹、燕尾纹、锯齿纹等）剪出花纹。

5. 至于在创作过程中哪里用阴刻、哪里用阳刻就全靠个人的悟性了。

这一次的项目学习，不仅锻炼了我们的动手能力，还使我们受到了艺术的熏陶，感受到艺术的魅力。

六年级"纸的制造"项目学习报告书（一）

一、项目名称：古与今纸的制造有何不同？

二、项目内容

（一）提出问题

1. 古代与现在造纸流程有什么变化？

2. 古代与现在造纸原料发生了什么变化？

3. 古代有什么纸，怎么分类？现代的纸怎么分类？

（二）调查的方法

1. 上网查找资料

2. 寻问老师

3. 查阅相关书籍

4. 与同学讨论

（三）研究记录

内容＼时代	古代	现在
造纸流程	斩竹漂塘，煮楻足火，舂臼，荡料入帘，覆帘压纸，透火焙干。	现代的造纸程序可分为制浆、调制、抄造、加工等主要步骤。
造纸原料	韧皮纤维或茎秆纤维多属单子叶植物，造纸时一般用其全部的茎秆。	针叶树木材，阔叶树木材，草类植物，韧皮纤维类，种毛纤维类，废纸纤维类。
纸的种类	麻纸、宣纸、棉纸、竹纸、洒金纸、薛涛笺、磁青纸、玉扣纸等。	印刷纸、书写纸、广告装潢纸、道林纸、涂布纸、膜造纸、图画纸、招贴纸、打字纸、邮封纸、香烟纸、格拉辛纸、新闻纸等。
纸的分类	麻纸、宣纸、棉纸、竹纸、其他。	1.按生产方式分为手工纸和机制纸 2.按纸张的厚薄和重量分为纸和纸板 3.按用途可分为包装用纸、印刷用纸、工业用纸、办公用纸、生活用纸和特种纸。

研究结论：从古至今，纸的种类越来越多，纸的质量也越来越好。小小的纸说明了纸的进步，也反映了时代的进步。我相信在以后的生活中，纸会运用得越来越广，我们的生活质量也会越来越好。

六年级"纸的制造"项目学习报告书（二）

一、项目名称：研究纸的制造过程

二、项目内容

（一）提出问题

探索古代的纸是如何制造的？

（二）研究过程

1. 造纸的原料有哪些？

2. 纸张是如何制造的？

3.纸的品种很多，如何分类？

4.完成实践报告

5.成果汇报

（三）探索结果

1.纸的原料

针叶树木材，如落叶松、红松、马尾松、云南松、樟子松等

阔叶树木材，如杨木、桦木、桉木等

草类植物，如芦苇、竹子、芒秆、麦草、稻草、龙须草、高粱秆、蔗渣等

韧皮纤维类，如亚麻、黄麻、洋麻、檀树皮、桑皮、棉秆皮等

毛纤维类，如棉花、棉短绒、棉破布

2.纸张是如何制造的

斩竹漂塘。斩竹嫩竹，放入池塘，裁泡一百日以上，利用天然微生物分解并洗去竹子之青皮。

煮楻足火。将以上所得之竹子，放入"楻"桶内与石灰一道蒸煮八日八夜。

荡料入帘。将被打烂之竹料倒入水槽内，并以竹帘在水中荡料，竹料成为薄层附于竹帘上面，其余之水则由竹帘之四边流入槽内。

覆帘压纸。然后将帘反覆过去，使湿纸落于板上，即成张纸。如此，重复荡料与覆帘步骤，使一张张的湿纸叠积上千张，然后上头加木板重压挤去大部分的水。

透火焙干。将湿纸逐张扬起，并加以焙干。焙纸的设备是以土砖砌成夹巷，巷中生火，土砖温度上升之后，湿纸逐张贴上焙干。干燥后，揭起即得成纸。

3.纸的品种很多，如何分类

麻料纸	白麻纸	黄麻纸	藏经纸	硬黄纸
皮料纸	白棉纸	黄棉纸	高丽纸	草茎纸
竹料纸	连史纸	毛边纸	万年红	机制有光纸

（四）探索结论

　　纸是中国古代劳动人民长期的经验的积累和智慧的结晶。纸的普遍使用，不但促进了书籍文献资料的猛增和科学文化的传播，而且促进书法艺术的发展、繁荣和汉字字体的变迁。在一片窄而坚硬的简牍上写字，笔锋受书写材料空间及质地所限制而不能充分施展。但用洁白平滑又柔韧受墨的大张纸上挥毫，情况就根本改观了。晋代之所以出现王羲之、王献之那样杰出的书法家，纸的普遍使用则是一个不可忽略的因素。晋代以后字体由汉隶过渡到楷隶，直至形成如今通行的楷书，草书也因而得到发展，汉字字体的变迁也因用纸而引起，因为在纸上可以随心所欲地挥毫，没有任何限制。

【案例三】黄志峰　郑桂芳
圆的周长公式应用——确定起跑线

一、项目概述

（一）项目说明

像"确定起跑线"这样数学综合实践课，过去我们的课堂教学由于受时间、空间的制约，实践操作很难有效的开展，数学实践往往是纸上谈兵。我们这次的项目学习，就给学生提供了充分实践活动的时间和空间，让学生经历情境观察，发现并提出问题，尝试提出解决问题的基本策略，还让学生自己在田径场上通过测量采集解决问题的数据，给学生开辟广阔的天地。给学生提供自我学习、自我表现、自我发展的机会。因此在课时安排上，本案例把原本一课时的内容扩展到了四个课时，给予学生充分的时间去经历发现问题、提出问题、分析问题、解决问题，回顾反思的过程。

（二）学习目标

"确定起跑线"是在学生掌握了圆的概念和圆的周长等知识的基础上开展的一个"综合与实践活动"。

1. 知识与技能：在解决问题的过程中，需要综合图形的认识、测量、数据调查、计算、推理等多方面的数学知识与技能。

2. 过程与方法：教材活动的设计意图是围绕"相邻跑道的起跑线应该相差多少米"这一核心问题开展实践活动，让学生在实践活动中初步经历和体会发现和提出问题、分析和解决问题的过程。

3. 情感态度价值观：既培养用数学的眼光看世界、发现生活中数学问题的习惯，又学习应用所学的数学知识解决生活中的实际问题，提高解决问题的能力。

（三）项目计划书

阶 段	课 时	内 容	目 标
第一阶段	1	学习"确定起跑线"相关数学知识，完成小组分工，初步提出解决问题的方案。	知识学习 小组分工
第二阶段	1	在田径场上实地测量数据，并进行相关计算。	实地测量 解决问题
第三阶段	1	各组汇报计算结果，探究确定起跑线的方法并总结规律。	合作探究 总结规律
第四阶段	1	整理学习活动中的文本、视频、图片等资源，完成实践报告并在班级分享。	填写报告 班级分享

二、项目实施

第一阶段　知识学习、小组分工

【学习目标】

1. 通过观看 100 米和 400 米跑比赛视频，进入学习情境。

2. 了解田径跑道的构造，尝试提出数学问题。

3. 小组讨论解决问题的基本思路，并设计出解决问题的基本方案。

【学习过程】

1. 创设情境

播放 2009 年世界田径锦标赛男子 100 米决赛，博尔特以 9 秒 58 分的成绩创造了新的世界纪录和 2009 年世界田径锦标赛男子 400 米决赛。

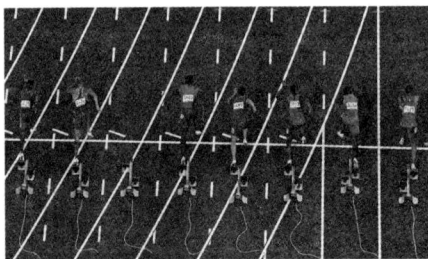

（100 米比赛起跑）　　（400 米比赛起跑）

"看了两场比赛，你们有什么发现，又有什么想法？"

预设：100米和400米的起跑线不一样。

2. 自主探究

（1）"为什么跑400米时运动员要站在不同的起跑线上呢？"

预设：跑400米时，外圈长，内圈短，如果终点相同，起点也相同的话，跑外圈的运动员跑的距离长。

"刚才这位同学说的对吗？让我们一起来看一看标准田径场的跑道是什么样的吧。"

（教师在大屏幕中展示了400米标准田径场的俯视图）

（2）小组交流：观察跑道图，说一说下面的问题。

①每一条跑道具体是由哪几部分组成的？

②在跑道上跑一圈的长度可以看成是哪几部分的和？

③内外跑道的差异是怎样形成的？

结论：①跑道一圈长度＝（　　　　）＋（　　　　）。

②内外跑道的长度不一样是因为圆的（　　）不一样。

（3）小组讨论：怎样找出相邻两个跑道的差距？你们打算测量哪些数据？

3. 小组分工

根据自己小组提出的数学问题和解决问题的基本方案进行小组分工，为实地测量做好准备。

第二阶段　实地测量、解决问题

【学习目标】

1. 实地测量获得数据，并尝试计算一条跑道的周长。

2. 解决自己小组提出的数学问题，计算两条跑道的周长差。

3. 完成实践报告，准备全班分享。

【学习过程】

各小组分组测量、计算，完成实践报告

第三阶段　合作探究、总结规律

【学习目标】

1. 以小组为单位分享测量和计算的结果，弄清计算跑道周长的方法。

2. 通过观察发现周长的变化规律，并探究起跑线的差距与什么相关。

3. 运用 400 米起跑线的计算方法，尝试确定 200 米及 800 米跑的起跑线，并了解 800 米比赛的规则，体会数学与生活的紧密联系。

【重点研究】

探究起跑线的差距与什么相关。

【教学过程】

教师：在第一课时我们从观看视频发现了 400 米比赛时起跑线与 800 米起跑线有所不同，并且提出了如何确定 400 米起跑线的问题。每个小组分工确定了研究任务并通过实地测量得到相关数据，下面我们依次汇报研究结果。

指名汇报各道周长（第 1 组详细汇报小组问题，探究过程、算式、算理、举图汇报，教师追问每一步算式的意义）。

教师根据汇报，把数据汇总到下表中。

	1	2	3	4	5	6
直径／米	72.5	75.1	77.8	80.3	82.9	85.5
圆周长／米	227.7	235.8	243.9	252.0	260.1	268.2
跑道全长／米	405.7	413.8	421.9	430.0	438.1	446.2
相邻两道周长差／米	8.1	8.1	8.1	8.1	8.1	8.1

教师板书：第一道周长 $=72.5\pi+89\times2$

对着你的图说一说 $72.5\times\pi$ 算的是什么？（折一折）89×2 呢？

哪个小组研究的第二道周长？请你们说一说研究的结果。

第二道周长 $=（72.5+1.3\times2）\pi+89\times2$

（直接说算式，追问其他学生 1.3×2 算的是什么）

第三道周长 $=（72.5+1.3\times4）\pi+89\times2$

（直接说算式，追问其他学生 1.3×4 算的是什么）

在第一课时中我们已经知道了相邻两道起跑线的差距就是相邻两道的周长差，我们一起来算一算相邻两道的周长差。（用计算器算）

教师：你们有什么发现？

预设：相邻两道的周长差都是 8.1

教师：为什么相邻两道的周长差都是 8.1 呢？这个周长差跟什么有关呢？（随机指名回答）

想不出来吧，那我们来回顾一下周长计算的过程。

第一道周长 $=72.5\pi+89\times2$

第二道周长 $=（72.5+1.3\times2）\pi+89\times2$

$\qquad\qquad\quad =72.5\pi+1.3\times2\times\pi+89\times2$

比较一下我们可以发现什么？

（相同部分可以画去，留下第一道和第二道相差数，框出 $1.3\times2\times\pi$）

我们再来看一看第三道的周长

第二道周长 $=（72.5+1.3\times2）\pi+89\times2$

$\qquad\qquad\quad =72.5\pi+1.3\times2\times\pi+89\times2$

第三道周长 $=（72.5+1.3\times4）\pi+89\times2$

$\qquad\qquad\quad =72.5\pi+1.3\times4\times\pi+89\times2$

也相差 $1.3\times2\times\pi$，这个周长差跟什么有关呢？

（只跟道宽有关）

如果我换了一个田径场，直径、直道、道宽都发生了变化，我们确定起跑线还需要测量直径和直道长吗？

（只需要测量道宽）测量出道宽以后怎样计算相邻起跑线的差距呢？

（道宽 ×2× π）

教师：谁能很快告诉我第四道圆的周长是多少呢？你真棒，你怎么算得这么快呢？

预设：依次增加 2.6π。

教师：这个 2.6 是怎么得来的呢？

预设：用 1.3×2 计算出来的。

相邻跑道起跑线的差距 = 跑道宽 ×2× π

练习：

1.200 米比赛、800 米比赛如何确定起跑线。

2. 我们学校也想在操场上设置环形跑道，请大家课后实地测量，画出设计图。

全课小结：

今天这节课你学到了什么？你是怎么学的？把你印象最深刻的部分用思维导图画出来。

第四阶段 填写报告、班级分享

【学习目标】

1.通过整理活动中的文本、视频、图片等资源，形成活动剪影。培养学生整理意识和提高学生信息技术水平。

2.完成实践报告，在班级内分享。提高学生的总结归纳能力和分享能力。

【教学过程】

1. 分享活动剪影

教师：通过前面的学习，我们已经知道了相邻起跑线的距离差只和跑道的宽度有关，可是在探究这个结果的过程中，相信每个小组都有自己最难忘的经历吧，那么请每个小组轮流展示你们的活动剪影，并汇报你们的活动过程。

学生分组汇报，并且互相评价。

2. 分享实践报告

教师：实践报告是我们忠实的伙伴，它如实记录了我们探究问题的过程，遇到的问题我们是怎样解决这些问题并最终得出结论的。因此一篇好的实践报告，往往可以给我们启示，遇到类似问题时我们可以用相同的方法去解决。现在我们一起来看看大家的实践报告吧。

学生分组汇报，并且互相评价。

3. 教师点评，评选优胜

听完了这么多的分享，你认为哪个小组的实践报告最棒呢？请用举手的方式进行投票吧。

三、学生成果展示

三道街小学"确定起跑线"项目学习实践报告

组长	学生A	组员	学生B、学生C、学生D、学生E
组号	3	分工	测量（带工具）、计算（带计算器）、分析列式、分享汇报

组长	学生A	组员	学生B、学生C、学生D、学生E
组号	3	分工	测量（带工具）、计算（带计算器）、分析列式、分享汇报

一、通过观察你发现了什么？你们小组提出的数学问题是什么？

　　我们发现100米跑的时候运动员站在同一条起跑线上，400米跑的时候运动员站在不同起跑线上，这是为什么呢？

二、你们是怎样解决这个问题的？通过测量得到了哪些数据？

　　我们通过观看视频、观察400米田径场的图片，发现100米跑的时候没有经过弯道，所以运动员都是站在同一条起跑线上。而跑400米时，运动员经过了两次弯道，每一道的弯道长度是不同的，因此跑400米的时候运动员站在不同的起跑线上。

　　我们想进一步知道400米跑时，该怎样设置起跑线呢，相邻两个跑道的差距是多少呢？

　　需要测量的数据是两个相邻跑道的周长。

三、测量出数据以后怎样计算呢？你们的问题解决了吗？

　　在测量的过程中我们借助无人机定位，测量出了第一道和第二道的周长。

第1道周长405米。

第2道周长411米。

　　通过计算我们知道了第一道和第二道的起跑线应该相距6米，同理可以知道后面跑道的起跑线应该依次相差6米。

四、通过这次学习你有什么收获？

1. 我们学会从生活中去发现问题。

2. 解决问题的时候，首先要确定好思路，要测量好数据，想好如何计算，如何分工。

3. 测量中的误差可以用估算法去解决，还有计算器可以提高我们解决问题的效率。

【案例四】杨宏伟

位置与方向

一、项目概述

（一）项目说明

　　2018年，三道街小学数学组在全校率先开展了"位置与方向"的项目学习活动。"位置与方向"的项目学习，旨在让学生把数学课堂中所学"位置与方向"的知识运用到生活实践中；通过分阶段学习，学生学会看线路图寻找目的地，解决生活中"位置与方向"的简单问题，培养学生动手动脑的实践能力、独立思考的精神与团结合作的意识。

在前期的准备工作中，数学组全体老师积极参与献计献策，设计合理、有趣的实践活动帮助孩子们学习在生活中运用数学。根据项目学习的安排。第一阶段，数学老师室内教学学习"位置与方向"相关知识，帮助学生巩固相关基本知识。第二阶段，进行操场实践，按线路图在校园内寻找目的地，通过实践过程培养学生实践操作能力。第三阶段，学生们走出校园，学习在实际生活中运用数学知识，活动中学生们分成小组，按线路图，在校外附近寻找目的地、并绘制出路线图。第四阶段，利用春游的契机，学生们走出校门到磨山公园中真正地去辨别方向。一、二年级的前后左右，三、四年级的"寻找目标点"，五、六年级的"寻宝路线图"，在数学组老师们的精心设计下，孩子们在实践活动的游戏中加深了对方向的认识，提高了指南针使用的熟练程度。

在活动的过程中，学生们积极参与，既培养了学生运用数学解决生活实际问题的能力，也培养了学生动手动脑的能力、独立思考的精神与团结合作的意识。这次活动也让我校的数学老师对于怎样运用项目学习提高学生关键能力产生了新的思考。

（二）学习目标

本次项目学习以年级为单位，根据学生的知识储备分年段完成。为了顺利地完成这次的项目学习，学校数学组老师根据学生年段特点确定了学习目标。

一、二年级的学习目标：

1. 知识与技能：使学生在活动中进一步认识前、后、左、右这些方位，并能用自己的语言表达清楚。

2.过程与方法：在活动中引导学生按一定顺序进行观察，初步培养学生的空间观念、有序观察和思考的习惯。

3.情感态度价值观：在活动中提高学生把知识应用于实际生活的能力，培养学生用所学知识解决实际问题的能力。

三、四年级的学习目标：

1.知识与技能：使学生认识东、南、西、北、东北、西北、东南、西南这八个方向，能根据指定的一个方向，辨认其余的三个方向。

2.过程与方法：能看懂简单的平面图，能描述平面图上物体所在的位置，拓展学生能力，加深对课本知识的学习掌握。

3.情感态度价值观：能在现实情境中根据给定的路线图找到指定的位置，培养学生探索研究的兴趣，提高学生发现问题的能力。

五、六年级的学习目标：

1.知识与技能：通过偏转角度和距离来描述物体的位置，培养学生使用指南针的能力，尤其是在现实场景中使用指南针辨认方向的能力。

2.过程与方法：能看懂简单的平面图，能描述平面图上物体所在的位置，培养学生独立思考、善于探究的精神。

3.情感态度价值观：能在现实情境中根据指定的路线图找到指定的位置，加强学生运用数学知识解决实际问题的能力，提高团队协作意识。

（三）项目学习计划书

阶段	时间	教师活动	学生活动	目标
第一阶段	3月23日	课堂教学	学习"位置与方向"相关知识。	一二年级：前后左右 三四年级：东南西北 五六年级：偏转角度
第二阶段	3月30日	校内实践	按线路图，在校园内寻找目的地。	培养学生实践操作能力。
第三阶段	4月13日	校外实践	按线路图，在校外附近寻找目的地。	培养学生动手动脑的能力、独立思考的精神和团结协作的意识。
第四阶段	4月20日	春游实践	按线路图，在磨山寻找目的地。	培养学生热爱生活、认真观察的能力。通过制作活动视频，提高学生的信息素养。
第五阶段	4月27日	指导学生完成实践报告。组织学生进行班级分享。	整理活动中收集的文本，视频，图片等，完成实践报告。并在班级内进行分享。	培养学生热爱生活、认真观察的能力。通过制作活动视频，提高学生的信息素养。

二、项目实施

第一阶段 课堂教学

【学习目标】

1.一、二年级认识前、后、左、右，三、四年级认识东、南、西、北、东北、西北、东南、西南这八个方向，五、六年级能根据给定的一个方向，辨认其余的三个方向。通过偏转角度和调整距离来描述物体的位置。

2.提高学生准确表述物体所在方向的能力和在现实场景中辨认方向的能力。

3.通过分工合作，培养学生团结合作的意识。

【教学过程】

各年级老师完成"位置与方向"相关知识的教学。四年级教学过程如下。

1.导入：亲爱的同学们，我们认识了东、南、西、北、东南、东北、西南、西北八个方向，在生活中，你会辨认方向吗？在辨别方向的基础上，你能根据地图找到标记的地点吗？

现在看看黑板上的地图，从①走到②我们需要运用到哪些数学知识？

学会收集信息：在平常生活中多留意仔细观察，你会发现许多知识与数学内容有联系。

（1）怎么辨别你所在位置的方向？

（2）你会看地图和指南针吗？怎样利用地图和指南针辨认方向？

（3）用什么来测量距离呢？

（4）在没有米尺的情况下，应该怎样寻找标记地点呢？动动脑筋，想一想。

2.发布实践调查任务单

我们利用学到的知识到学校的操场上开展"寻宝"活动。

观察任务单
①在组长的带领下，找到起点为观察点。
②全组成员依次找到你所在位置的东、南、西、北。
③根据地图依次找到后面的标记点。
④记录小组在走的过程中的数据。

3. 分工

六人小组合作，互相商量并进行合理分工。

各小组分工安排：

（1）组长：负责组织小组活动。

（2）计步员：负责在活动中记录步数。

（3）领航员：负责在路口（拐点）引领行走方向。

（4）记录员：负责记录行走的路线。

4. 组内交流活动方案。

第二阶段　校内实践活动

【学习目标】

1. 初步通过测量工具，估测步长计算距离，描述物体的具体位置。

2. 通过路线图寻找记号点，体会确定位置在生活中的应用，了解确定位置的方法。

3. 培养学生合作交流的能力，以及学习数学的兴趣和自信心。

【活动过程】

每个年级根据教学内容制订了校内实践活动的方案。接下来第二阶段就是让学生走出教室，到操场上开展实践活动。教师提前设计好路线图，让学生按照线路图在校园内准确找到目的地。

1. 老师制订六个不同的小组活动路线。分别为 A、B、C、D、E、F。

A：起→①→②→③→终　　　B：起→①→③→②→终

C：起→②→①→③→终　　　D：起→②→③→①→终

E：起→③→①→②→终　　　F：起→③→②→①→终

公布答案，解释说明

2. 由组长抽签决定路线。

（1）各组在校园内辨认东、西、南、北四个方向。

（2）各小组分别测量小组成员步长，估测一步的距离，并做记录。

（3）组长再次公布小组分工安排。

（4）小组根据路线图，找到各个转折点，并记录转折点处的记号，按路线完成任务。

3.学生活动。学生在组长的带领下分工合作，完成实践活动。

第三阶段　校外实践活动

【学习目标】

1.按照线路图，在校外附近寻找目的地，并绘制出路线图。

2.让学生运用"位置与方向"的知识，解决实际生活中出现的问题。

3.提高学生动手动脑的实践能力，培养独立思考与团结合作的意识。

【活动过程】

本次活动由数学组主办，德育部门协办，全体老师参与。在活动之前，各年级数学老师实地测量，绘制学生活动路线图，交由德育部门制订详细活动安排。

1.每班分成6个小组，每个年级依次编号，例如：一（2）班第一个小组编号为1.21小组，选出小组长，每个人具体分工：

①号为组长，负责拿旗子，维护组员纪律，全组行进中必须排队。

②号负责拿指南针或智能手机，确定方向。

③号负责计步，并计算行走距离。

④号负责画出简单的路线草图，特别是在转折点处，标记出标志性的参照物所有街道。

⑤号负责拍照记录全组的活动过程。

⑥号带领全组同学回班后一起整理出详尽的路线图，并画在任务单上。

2. 学生按小组拿到路线图分批出发，班主任在任务单上写下该组的出发时间，每3分钟出发一个小组，小组成员不得单独行动。

3. 到达目的地后要在终点老师处盖章，并由盖章老师写下到达时间。

4. 活动中如果迷失方向或遇到突发情况用手机联系数学老师或班主任，但视作该数学任务失败。

5. 按照数学任务完成时间进行班级评比（时间短的获胜）。

各年级由数学老师具体负责，蹲点进行协调。年级负责人要准备好路线图，规定谁在终点负责盖章，谁在值守点引导。

6. 规划活动线路。

一年级：胭脂山教堂（从校门口左转走700步，再左转走50步，再左转走80步，最后右转50步到达终点）。

二年级：文华中学（出校门右转走400步，再右转走375步，再右转225步，再左转走175步，最后右转走300步到达终点）。

三年级：昙华林（校门口向东走360米到路口，再向北走250米到红绿灯路口，最后过红绿灯向北走500米到达终点）。

四年级：黄鹤楼（校门口向南行走70米到路口，再向西行走530米上天桥，随后向南走170米，向东上台阶，继续向东走60米到达终点）。

五年级：红楼 [出校门向东走360米，再向南走45米（过马路），再向东走50米，再向西偏南30°走250米（进入地下通道），向西偏北45°走30米，再向西偏北30°走110米（走出地下通道），最后向西偏北15°方向走50米（到达终点）]。

六年级：首义广场（出校门口向东行300米→向南50米→向

东 50 米→向南 170 米→向西 190 米→向北 2 米→下行 20 米→向南 15 米→向东 20 米→向南 250 米到达终点）。

校外实践活动是根据年级在校园周边选择不同的目的地作为终点，老师提前设计好路线。每个值守点都安排一名老师，当学生小组到达值守点时，这名老师给学生任务单上记录到达时间盖章后，学生才能向下一值守点前进。学生的任务单上所有值守点的老师都盖章才算完成任务。

学生到达终点后，返回学校以小组为单位完成活动任务单，在任务单上画出路线图，并标出沿途标志性建筑。

第四阶段 春游实践活动

【学习目标】

1. 按线路图，在野外能寻找目的地，并绘制出路线图。

2. 进一步巩固"位置与方向"的知识，并能在实际生活中解决问题。

3. 春游与数学项目学习结合起来，提高学生探究实践的综合能力。

【活动过程】

位置与方向项目学习实践活动分为校内实践活动和校外实践活动。我们在开展了校园周边寻找目的地活动之后，利用春游的契机，结合学校德育部门的春游在东湖磨山开展了"位置与方向"的定向越野活动。让学生们走出校门到磨山公园中去实地辨别方向。

数学组协同学校德育部门制订了详细的活动方案，数学教师设计好活动内容，提前考察活动场地，设计活动任务单，并在活动当天提前去磨山布置场地。德育部门向全校教师明确活动安排和注意事项。

1. 每班分成六个小组，选出小组长，每个人有具体分工。

2. 各班按时间表进入场地。每一小组的组长首先在起点数学老师那里抽签，拿到任务单开始活动，小组成员不得单独行动。班主任和配班老师看护学生，捕捉学习镜头。

3. 活动中学生根据任务单提示按顺序在值守点老师处盖章。每一路线中设置三个交接点，学生达到交接点后，站在该点的老师判断学生路线是否正确。如果正确，盖章；如果不正确，请学生返回上一交接点。到达终点处后盖章，并由老师写下到达时间。

4. 班主任按时间节点在终点处（也就是起点处）集合所有学生离场。班主任按照数学任务完成情况发放奖品。（评比细则：①完成时间的长短。②团结合作精神。③遵守规定，文明有序。④线路图的完成情况。）

第五阶段 完成实践报告单、班级分享

春游定向越野实践活动结束之后，以班级为单位各小组将完成实践活动的报告单在班级分享。

三、学生学习成果

经过课堂教学、校内外的实践活动以及到磨山开展的春游实践活动，学生将以小组为单位活动的过程和结果，利于信息技术整理加工，总结经验，制成了精美的幻灯片和视频等作品在全班进行分享、总结。

通过这次的"位置与方向"数学项目学习活动，我们深深体会到了数学与生活的紧密联系，同时也明白了人与人之间要互相配合、合作，分工明确，这样事情才能做得更好，做到极致。

【案例五】陈琨　张世东

节约用水

一、项目概述

（一）项目说明

水是我们生活中的重要资源，很难想象如果没有了水，我们的生活会怎样。虽然地球表面71%被水覆盖，但可供我们生活使用的只有来自陆地上的淡水资源，仅占全球总水量的0.796%。随着人口的不断增加、日益严重的环境污染，水资源短缺问题越来越严重。"联合国水事会议"曾向全世界发出严正警告：继石油危机后的下一个危机就是水。"不要让我们的眼泪成为最后一滴水"，作为未来世界的主人，保护水资源，节约用水从我做起刻不容缓。在四年级的学生中通过这个项目学习，让孩子们意识到保护水资源的重要性，从小就开始培养学生节约用水的意识，了解节约用水的方法，并养成节约用水的好习惯。

（二）学习目标

知识与技能：通过项目学习，让学生养成收集数据的良好习惯。运用数学方法收集、整理、分析数据；了解节约用水的方法和意义；提高学生收集资料、相互交流、资源分享的能力。体会数学与生活的紧密联系，感受学习数学的乐趣。

过程与方法：教师指导学生运用统计知识收集、整理、分析数据，学习收集解决问题的有效信息，并将适合的节约用水方法运用到生活中。

情感态度价值观：在活动中提高学生运用数学解决实际问题的能力，培养学生节约用水的意识和团队协作意识，端正情感态度，提升情感能力。

（三）项目计划书

阶 段	内 容	目 标
第一阶段	1. 学习水资源相关知识，了解水资源匮乏的现状。 2. 准备活动的方案。建立学生团队，明确学习任务、学习方式、小组分工。	使学生初步了解节约用水的重要性，明确学习任务和分工，做好活动准备。
第二阶段	分小组，在学校或家里进行测量。并用自己喜欢的记录方法完成统计表中的数据填写。对测量的数据进行统计、分析。	会用简单的方法收集、整理数据，根据数据提出并回答简单的问题。培养学生的问题意识和数据分析的能力。
第三阶段	分析数据，收集节约用水的方法。组内交流，对节约用水提出自己的想法。	培养学生主动探究知识、小组合作的能力。
第四阶段	利用信息技术加工整理，总结经验，制作幻灯片与大家分享。	提高学生归纳总结能力；让学生学会在反思中创新。

二、项目实施

第一阶段 项目实施准备阶段

我们的生活中都离不开水，用得最多的就是自来水了。人们往往会觉得水能"自来"，殊不知我们所说的"自来水"不是"自来"，更不是取之不尽用之不竭的，这些能供我们生活用的水仅占全球总水量的 0.796%，而这些水资源现在正日益短缺。在这个项目学习的第一阶段首先就是让学生了解水是如何"流"到我们生活中的，以及水资源的现状。

在学生了解了水资源匮乏的现状后，再看看生活中一个非常普遍却又容易被人们忽视的现象：水龙头滴水。滴水可以穿石，滴水的力量可不容小觑。生活中，我们经常忽视了滴水的水龙头，有的是没有关紧，有的是水龙头坏了，其实这也是对水资源的浪费。教师让学生明确：这个项目学习从调查滴水的水龙头做起，了解生活中浪费水的各种现象，引起学生对生活细节的关注，意识到节约用水的重要性。引导学生思考：作为小学生可以做一些什么呢？保护环境、珍惜水资源、节约用水……这些都能缓解水资源的匮乏。如果每一个人都能付诸行动，并持之以恒，一定能为节约水资源贡献一己之力。

具体应该怎么做？可以用什么方法进行调查？你还有哪些疑问？学生可能会有各种问题，组织学生带着这些问题进行分组讨论。在组内分工、制订活动方案，老师适时地给予指导，确保每个小组的活动方案切实可行，为后期的活动提供有力的保障。

第二阶段　实践统计数据阶段

在明确了小组分工，活动实施步骤的前提下，学生以小组为单位，在学校和家中分别测量 3~4 个水龙头的漏水情况，完成数据的统计、分析。

组长合理进行分工，大家统一明确测量方法（由于四年级学生并没有学习容积的相关知识，所以测量工具建议以"杯"为单位，这是学生生活中常见的物品，而且平时生活中以杯来计量水的多少是该年龄段学生最为熟悉的计量方式）。步骤：将水杯（水杯大小相对统一）放在水龙头下面，在指定时间内，看看一个漏水的水龙头会滴多少水。各小组用自己喜欢的方式记录测量结果，可以用统计表或各种不同形式的统计图，也可以在老师的帮助下，测量水杯的大小，将数据转化成毫升来统计。

完成初步的数据收集、记录后，进行数据的分析、整理，算一算：一个漏水的水龙头一分钟会浪费多少水？估一估：多个滴水的水龙头会浪费多少水？也可以在组内讨论，通过这些数据，你还知道了什么信息，还想知道什么……完成实践报告的数据调查这一部分，并通过对数据的分析整理，体会到被人们忽视的水龙头其实会造成水资源很大的浪费。

第三阶段　收集解决方法阶段

通过前两个阶段的学习，学生已经了解了水资源的现状，对生活中"不起眼"的浪费现象也引起了重视，体会到了应对水危机的重要性。要缓解水资源匮乏的方法有很多，而对于现阶段的学生来说，能做些什么？这是在此项目学习的第三阶段要解决的问题。

此阶段的学生已具备一定的信息获取能力，明确了此阶段的学习目标，借助网络资源，让学生分小组上网收集节约用水的方法。收集后要引导学生对所收集的资料进行处理：在小组内交流，综合同学收集到的方法，结合学校、家庭的实际情况，筛选出适用的方法，并加以优化处理。将处理后的方法进行梳理，完成相应部分的实践报告。教师在学生组内交流的过程中，予以指导，帮助学生对收集节约用水的方法进行合理取舍，并给出科学的建议，使总结出的方法有效、可行。

第四阶段　交流分享成果阶段

找到好的节水方法，就要付诸实践。每个组通过实践一段时间后，把本组成员在生活中节水的方法、效果进行归纳、总结，形成实践报告。

完成实践报告后，为最后的全班分享交流做准备。各个小组内先确定好全班交流分享的方式和内容，再根据方案准备相应的资料。例如：有的小组借助幻灯片分享，可以将本小组整个项目学习的过程跟全班同学分享，学习过程中的做法、成果、收获通过文字、统计图表、照片等多种方式。可以一人汇报，也可以多人上台用更生动的方式汇报。分享的形式不限，给学生更多的发挥空间，个性化的展示舞台能让学生有更愉悦的学习体验。

在全班交流后，让学生比较每个小组不同的节水方法、实践效果；讨论交流，在众多方法中探究行之有效的方法，把最优化的方法在师生及家长中推广。

三、学生成果展示

数学学习来源于生活，又应用于生活。在这个项目学习中，学生用数学课上学到的统计知识收集分析数据，从中体会到，平时被忽略的"一滴水"汇集起来其实是很大的浪费。通过对水资源现状的了解，学生深刻感受到节约用水势在必行，再利用信息技术收集到了一些实用的节水方法，应用到生活中，解决了生活中的实际问题。整个项目学习的过程中，孩子们能在解决实际问题的过程中综合运用所学的知识、技能，同小组成员合理地分工、合作，不仅学到了知识，还培养了学生的科学精神和人文素养。

学生实践报告展示 1

内　容	调查一个滴水的水龙头五分钟的滴水量，收集节约用水的方法
学　具	量杯、计时器
成员及分工	第一小组全体成员调查数据、收集方法、制作幻灯片、全班汇报

实践过程：

1. 学习关于水资源的相关知识

2. 制订活动方案并进行小组分工

3. 按分工调查家里、学校水龙头的漏水情况

4. 分析调查的数据

5. 收集节约用水的方法，在组内讨论，找出一些我们可以用在日常生活中的方法

6. 在生活中做到节约用水，并观察效果

7. 全班交流分享

调查的数据：

单位：毫升

我们的收获：

　　通过这次项目学习，我们了解了"节水"是让人们合理用水、高效率用水、不浪费水资源。节约用水的根本目的是提高城市的合理用水水平，减少新水的取用和不必要的废水排放，从而提高我们用水的质量，切实保护我们赖以生存的水资源环境，为城市留下可持续发展的空间。节水的实践使我们真正认识到滴水的重要性、计划用水的必要性、节约用水的重要性、浪费水的危害性、破坏水的危险性、缺水的严重性，要从我做起，科学用水、计划用水、节约用水。我们也从网上学会了一些节约用水的好方法。

学生实践报告展示2

内　容	了解水资源现状，调查一个滴水的水龙头的滴水量，学习节约用水的方法
学　具	量杯、计时器
成员及分工	第二小组全体成员调查数据、收集方法、制作幻灯片、全班汇报

实践过程：

1. 全班一起了解关于水的相关知识、水资源的现状

2. 分组制订活动方案并进行组内分工

3. 开展调查活动：调查家里、学校水龙头的滴水情况

4. 收集节约用水的方法

5. 把学到的方法用在生活中，并观察效果

6. 全班交流分享

调查的数据：

名　称	水龙头 1	水龙头 2	水龙头 3	水龙头 4	水龙头 5
统计时间	3分钟	5分钟	1分钟	2分钟	3分钟
接水量	165毫升	237毫升	41毫升	89毫升	172毫升

我们的收获：

　　水是生命之源，珍惜水就是珍惜我们的生命。通过这次项目学习，我们了解到水资源的现状不容乐观，虽然我们还是小学生，但节约用水也与我们息息相关。平时看起来不起眼的一个水龙头，如果不关紧，也会造成很大的浪费。我们要从身边的小事做起，从我做起，节约每一滴水。每一次用完水之后，一定要检查水龙头有没有关好，不能让水白白地流走了。在家里冲厕所的水箱里可以放进一个装满水的瓶子，只要不妨碍水箱正常工作，这样出水量就会比以前少，也不会影响冲水效果。除了自己做好这些，我们还要倡议家长也要注意节约用水，让身边的每一个人都养成节约用水的好习惯。

学生实践报告展示3

内容	调查一个滴水的水龙头3分钟的滴水量，收集节约用水的方法
学具	量杯、计时器
成员及分工	第三小组全体成员调查数据、收集方法、制作幻灯片、全班汇报

实践过程：

第一阶段：学习关于水资源的相关知识；制订活动方案并进行小组分工

第二阶段：调查家里、学校水龙头的漏水情况，对调查的数据进行分析

第三阶段：收集节约用水的方法，在生活中按这些方法节约用水，并观察效果

第四阶段：全班交流分享

调查的数据：

单位：毫升

我们的收获：

　　我们生活的地球是一个蓝色的水球，大部分都被水所覆盖；正因为有了水，才使我们这个星球上的人类和动植物得以生存。我们通过学习才知道其中大部分是咸水，无法直接饮用，我们真正能够利用的淡水并不多，水资源不是取之不尽用之不竭的，所以我们要节约用水。节约用水可不是嘴上说说那么简单，我们应该从实际出发，从身边的小事做起，用洗脸水浇花，刷牙的时候及时关上水龙头，任何时候用完水后关紧水龙头……我们应该关注这些细节，从我做起，从自身做起，这样才能真正做到节约用水。

四、实施效果

水是人类生存和发展的基础，水资源可持续利用是社会可持续发展的重要保障，随着城市化和工业化的快速推进，水环境形式日益严峻，资源性、工程性和水质性缺水尤为严重，用水矛盾将更加凸显。节约用水、合理利用水资源，是关系到千秋万代的大事，实现可持续发展战略具有十分重要的意义。我们的学生作为未来的主人，从小培养节约用水的意识和习惯，更有益于环境的保护和社会的可持续发展。

学校把培养学生具有现代化思想的人放在教育教学的突出位置，始终坚持科学发展观统领学校教育教学科研工作，通过"节约用水"这样的项目学习，让孩子们在活动过程中体验自主、交流、合作，获得自信、成功与快乐。让学生真正成为课堂的主人，为学生终身学习奠定基础。

项目学习是将教育学生融入课程。"节约用水"项目学习是结合学生学过的量的计量、统计等知识设计的数学主题。教师首先组织学生学习水资源的相关信息，了解水资源现状，再通过活动中发现和收集浪费水的情况进行量化分析与计算，让学生根据班级浪费水的情况算一算全国的家庭一年要浪费多少吨水。同学们通过学习认识：虽然我们生活的地球71%被水覆盖，但其中大部分是咸水，无法直接饮用，我们真正能够利用的淡水并不多，仅占全球总水量的0.796%，水资源并不是取之不尽用之不竭的，所以我们要节约用水。

该项目学习促使学生综合运用所学的数学知识、技能和方法，科学地认识日常生活中水资源浪费的问题，意识到不论是从保护环境的大方面，还是从我们生活的小细节来看，节约用水都势在必行。再让学生通过网络等途径收集节约用水的方法，在实际生活中积累节约用水的经验，加强节水知识的学习，时刻让学生牢记节约用水的重要性，了解保护水资源的相关知识和节水措施，加强环保意识。有个孩子说："节约用水并不是嘴上说的那么简单，我们应从实际出发，从身边的小事做起，洗脸水浇花，刷牙的时候及时关上水龙头，任何时候用水后关紧水龙头……"还有孩子说："除了自己做好这些，我们还要倡议家长也要注意节约用水，让身边的每一个人都养成节约用水的好习惯。"

所以除了学生个体节约用水的意识、习惯培养外，在该项目学习的后期还加大了节水宣传力度，通过学生的行为习惯来影响老师、家长，提高全民节水意识。学生自主设计各种宣传方式和宣传标语。例如：在学校醒目位置放置节水为主题的宣传标语和宣传栏，LED大屏滚动播放节水口号，制作宣传画并印制节水手册，在卫生间、开水间等处张贴节约用水的提示用语，组织师生观看有关节约用水的宣传片和展览，积极参加节约用水的相关活动，增强师生的节水意识。通过这些宣传活动，让更多的学生参与到节约用水的行动中。孩子们的积极性更高了，参与感更强了，更加深刻地感受到自己就是学校的小主人，要为学校尽自己的一点力量。

在学生的影响下，学校全体教职员工也行动起来，制定了一系列的节水措施：1.加强组织领导，健全管理制度。成立了节水工作领导小组，并紧密结合工作实际，制定和完善各项节水管理制度，如制定了《三道街小学用水计量管理办法》，建立有利于节水的制约和激励机制，从而约束用水行为。同时根据学校实际情况，针对不同用水区域，制定相关节约用水标准，量化、细化责任目标和任务指标，建立分区域计量、定期检查报告等制度。2.加强科学管理。总务室发挥职能作用，加强监督与检查，实行定期检查制和不定期抽查制，发现"长流水"等情况及时制止，对造成明显浪费和较为严重后果的相关责任人予以处罚，对节约效果明显的相关人员给予表彰奖励。3.注重洗手间节约用水。加强用水设备日常维护管理，避免出现"长流水"现象，在显著位置设置节水提示，大力推广高位水箱冲水。在适当区域放置盛水器具收集保洁用水。4.注重绿化节约用水。提倡循环用水，绿地用水尽量使用雨水或再生水。5.大力推广节水应用技术。改造水箱、卫生间、用水设施，淘汰不符合节水标准的用水器具和设施，安装使用符合国家标准的节水型水龙头，节水型冲便器，加强水资源的利用率。6.加强设施维修改造。经常对供水设施进行检修，认真展开管网检查，尤其要关注预埋管道使用情况，发现问题及时检修，杜绝跑冒滴漏现象。通过校内开展的节约用水工作，不仅减少了学校用水量和污水排放量，降低教学成本，同时也培养师生的水忧患意识和节水意识，树立自觉节水的道德新风尚，并通过自身的行为辐射到家庭以及全社会，有利于促进全民节水意识的形成。在全校师生的共同努力下，我校被授予第五批"湖北省公共机构节水型单位"荣誉称号，对全社会提升节水意识起到了良好的示范引导作用。

对学生来说，此项目学习是一项长期的学习任务，要求他们通过学习，研究问题、得出结论；他们在学习过程中遇到了真实世界中的问题，并使用科技手段研究、分析、协作和解决问题；学生接触各个学科领域，使他们更容易理解概念，明白不同学科是如何相互联系和相互支持的。而"节约用水"这个项目的实施活动所给予同学们的，不仅是将来做事所需要的知识和能力，更多的是同学们将来所要做的事情本身。为孩子及环境的可持续发展奠定了坚实的基础。

【案例六】刘颖

"节约用电"项目学习案例

一、项目概述

（一）项目说明

节约能源是社会发展的需要，节约用电的意识也要从学生时代培养起来。电在生活中无处不在，与人们的生活息息相关，"电"中也包含着很多的数学知识。本项目学习内容是引导学生去了解"电"的相关知识，知晓电资源的宝贵，亲身经历收集、整理、分析相关信息和数据，提出合理"节约用电"方案。本项目在全体学生中展开，从"电是怎么来的？""家庭电费收费标准是什么？""每月家庭用电量是多少？""如何节约用电？"等问题出发来研究，通过本次项目学习，同学们强化了数学运用意识，提升了统计总结能力、组织和语言表达能力，并且认识到能源的重要性，增强了节约用电的意识。

（二）学习目标

知识与技能：了解电的来源及用途，并知晓家庭的用电现状，掌握节约用电的常用方法。

过程与方法：会运用统计学相关知识收集、整理、分析数据，在实践过程中运用收集资料、小组学习、合作交流等方法研究解决实际问题；项目学习中要渗透统计思想和方法，让学生体会用数学解决生活问题的全过程，总结节约用电的方案。

情感态度价值观：培养学生独立思考、善于探究的精神，增强团队协作意识，端正情感态度与提高情感能力，感受节约用电的实际意义，培养节约资源的生活习惯。

（三）项目计划书

阶 段	时 间	内 容	目 标
第一阶段：制订活动方案	第一周	了解电的主要来源以及电在生活中的运用。复习本年级相关统计知识，明确学习的目标。小组为单位，分工合作，制订活动方案。	使学生初步体验数据的收集、整理、描述和分析过程，感受节约用电的意义，提高小组分工、协作交流能力。
第二阶段：课外收集整理信息	第二周	收集电的相关知识，利用统计表、条形统计图或折线统计图记录家庭每个月的用电量以及家庭用电器情况，分小组按活动任务单进行活动。	能用简单的统计表或统计图，整理、分析数据，提高学生观察、记录能力。
第三阶段：组内交流	第三周	组内交流收集的数据，以小组为单位，对数据分析、归纳、整理。讨论交流节约用电小方案，并完成小组报告。	培养学生科学探究精神、问题意识以及数学语言表达的能力。培养学生主动探究知识、小组合作的能力。
第四阶段：全班汇报	第四周	整理整个实践活动中收集的文本、图片、数据、研究报告，利用信息技术整理加工，总结经验，制作幻灯片全班分享。	培养学生善于探究的精神，提高学生总结归纳能力，让学生学会在反思中创新，在分享中进步。

二、项目实施

第一阶段　制订活动方案

制订合理的活动方案是项目活动重要的一环。教师前期完成了学生对电相关知识的掌握情况调查后，撰写本年级的项目计划书，做好课时安排。做到备课充分，教案完整认真，具有指导意义和实践性。

根据不同年龄段学生的掌握情况，教师在课堂利用视频、幻灯片、情境导入、提问等方式让学生了解生活中电的主要来源，以及电在生活中的运用，让学生初步感受到节约用电的重要性，从而提出本次项目主题。根据本年级教学目标，各年级教师引导复习相关数学统计知识。如一年级统计表的使用和数的大小比较，二年级统计表的填写和 100 以内数的加减法，三年级整理、分析统计表，四年级条形统计图的特征，五年级分段付费，六年级折线统计图等知识。并明确学习目标和统计任务。明确调查数据的要求后，以小组为单位，在组长的组织下，组员们商量活动分工、制订活动方案，并以小组为单位在班级内交流分享本组的方案，老师和其他同学给出合理的优化建议，完善各组活动方案。

第二阶段　课外收集整理信息

课堂初步感受电的重要性后，课外收集电相关资料，认真研读进一步加深学生对电的认识。老师一方面引导学生通过查阅书籍、杂志、报纸、网络等途径收集与电相关的资料，获得更多、全面的信息。另一方面更是鼓励学生自主通过查询网站、实地去电力局上缴电费、查看手机 APP、前往银行查询、查看电费缴纳单等方式了解家庭每月用电情况。

一年级利用统计表记录家庭半年或一年的用电量以及家庭用电器情况，并会比较大小；二年级利用统计表记录家庭半年或一年的用电量，并进行 100 以内数的加减计算；三年级利用统计表记录家庭半年或一年的用电量，并进行分析数据；四年级利用条形统计图统计家庭半年或一年的用电量；五年级查询武汉市电费收费标准以及用统计表、条形统计图分别记录数据，会计算电费；六年级使用折线统计图记录数据家庭半年或一年的用电量变化情况。完成数据统计后，观察数据并进行分析，横向研究家庭用电量的变化，知晓电量多或少的月份，结合用电器使用情况分析原因，找出节能的好办法并记录便于后面的讨论交流。

老师在这期间也要收集资料，整理信息，以获取更全面的相关知识。

第三阶段　组内交流

在组长有序组织下，以小组为单位，组员依次发言分享收集电相关资料，组员也可举手补充，组长进行整理登记。其次全体组员分别介绍家庭用电情况，对数据进行分析、归纳、整理，总结节约用电方案。低年级同学通过比大小，高年级同学通过观察统计图的最高数据，得知自家哪个月份用电量多，并根据生活经验和统计的电器使用情况理出原因。组员还在组内进行了纵向比较。比较组员之间哪个家庭用电量最少，及时询问节约用电小妙招；关注哪个家庭用电量最多，分析原因，推荐节约用电的方法。每位组员在组内畅所欲言、发表观点、集思广益，讨论交流节约用电小方案，并完成小组报告。教师在各组之间进行巡视、聆听，关注每个组的讨论情况和进度，对于好的建议提出表扬，对于有疑惑的问题正确引导学生思考，每个组都按时完成了研究报告的填写。

第四阶段　全班分享汇报

通过上次小组交流、总结，各班组内完成了研究报告，梳理整个实践活动中收集的文本、图片、研究报告，利用信息技术整理加工，总结经验，制作精美幻灯片或视频在全班分享、汇报。一、二年级学生以研究报告为主，并分享给全班同学。三年级学生通过对比统计表数据，分析解说。四年级学生利用条形统计图直观地对比同组同学家庭用电情况并进行分析。五年级学生从武汉市电费分段收费角度出发，计算并比较用电量。六年级学生以精美的幻灯片为主，关注不同电器的功率，利用折线统计图清楚地表示电量的变化情况，最终各年级都从不同角度总结了合理的节约用电方案。

学生在倾听的过程中对知识点有了更深刻的理解，对本组作品不完善的地方加以补充。在交流过程中，学生学习到更好的数据整理方式、更巧妙的节约用电方案、更精确的调查数据、更丰富的调查方式，提高了学习能力和实践探索能力。全班汇报形式多样化，有的组是一个人上台代表全组总结分享，有的组全体成员一起上，分板块进行分享，这样的汇报方式给学生们提供了一个展现自我风采的平台，锻炼了语言表达能力、组织能力等综合能力。每一个组汇报完毕，其余的同学可以提问或点评，最终全体投票选出最优风采组。

三、学习成果

在整个项目活动过程中，孩子们经历了制订活动方案，课外收集资料；亲自经历查看电表、调查、收集、整理家庭用电量的统计过程，组内分享讨论合力完成研究报告，最后站上讲台向全班进行汇报分享。孩子们的每一步都有收获、进步，每一份作品都有数学的严谨性。这次项目学习让孩子们用数学的眼光去观察、数学的角度去思考、数学的知识去了解和解决生活中的问题。孩子们不仅有了独立思考、善于探究的精神，同时也提高了他们团队协作意识、态度与能力，让他们从实践中感受到节约用电的重要性，重视培养节约资源的生活习惯。

三年级学生研究报告

三（2）班	第 2 组（组长、成员）	
组号	2	分工	查找资料、提出问题 解决问题、整理资料

要解决的问题：

1. 分析 2019 年 1 至 11 月家庭用电量。

2. 找到高峰期并分析原因，提出节约用电的方案。

探究的过程：

一、组内制订活动方案，分工合作

二、课后收集资料、统计组员家庭 2019 年 1 月至 11 月用电量情况

月份	1 月	2 月	3 月	4 月	5 月	6 月	7 月	8 月	9 月	10 月	11 月
学生 1	294	321	102	177	96	250	250	206	308	175	181
学生 2	355	523	349	378	401	377	342	621	924	936	273
学生 3	239	300	268	251	201	176	138	242	318	136	157
学生 4	632	756	750	262	212	268	590	1365	1277	727	292

　　我们发现大部分组员家庭用电的高峰期都在 9 月和 2 月，我们讨论发现 2 月是因为比较冷，会开暖气或空调才会用那么多的电；9 月是因为很热会开空调和冰箱次数比较多，所以才会出现用电量加大。

三、节约用电的建议

　　夏天减少开冰箱门的次数，在外出时要关掉电视、灯等电器，家庭热水器可以使用太阳能加热，白天在家时可以利用自然光线，关闭不必要的照明灯。

我们的收获：

1. 这次数学项目学习活动令我受益多多，我们的生活处处离不开电。

2. 认识到节约用电的重要性，也让我们了解到生活中合理节约用电的方法。

3. 用数学的眼光看待世界、用数学的角度去思考问题很有收获。

四年级学生研究报告

四（1）班		第3组（组长、组员）	
组号	3	分工	查找资料、提出问题 解决问题、整理资料

要解决的问题：

1. 记录家庭每个月用电情况。
2. 根据每个月用电量调节家庭用电方案，掌握节约用电的方法。

探究过程：

1. 小组内制订活动方案，课后收集有关电方面的资料
2. 统计家庭1月到11月的用电量，并进行分析，总结节约用电方案

1月	2月	3月	4月	5月	6月	7月	8月	9月	10月	11月
431	485	451	308	228	216	257	367	381	196	216

　　根据上述图中所示，在每年的1月到3月和7月到9月用电量呈增长趋势，这说明用电量根据季节的变化而变化，在冬季和夏季用空调比较频繁，所以用电量大。故针对节约用电的建议是：①空调夏天温度设置于26℃至27℃为宜，冬天空调最好是20℃左右。②在日常生活中，热水器温度一般设定在40℃到60℃之间。③在日常生活中，冰箱不要放入温度过高的食物，需要放入冰箱的食物一定要等到和室温相差不多，再放入冰箱。④目前家家都有电脑设备，我们不应该让电脑总是处于开启的状态，毕竟这样是非常耗电的，不用时应将电脑关机。⑤其余家用电器也是这样，不用时不要待机状态，因为待机也耗电，一定要关闭电源。节约用电，要从我们身边的一点一滴做起。

我们的收获：

　　通过本次项目学习使我们认识到我们的生活离不开电，电资源不是无穷的，我们在生活中要用正确的方法去使用电器，养成节约用电的好习惯。同时增强了制订计划、收集信息和处理信息的能力，还加强了节能环保的重视。

五年级学生研究报告

五（4）班		第5组（组长、组员）	
组号	5	分工	查找资料、提出问题 解决问题、整理资料

要解决的问题：

1. 电有什么好处？ 2. 如何分段计费？ 3. 家庭每月的电量统计。 4. 怎么节约用电？

探究的过程：

1. 收集资料，了解电给人们生活带来的便利

温暖
光明 → 给人们带来了动力
快乐

航天
飞机 → 高科技

电给我们带来的便利

照明 电灯
路灯

温暖 凉爽 空调
风扇

保存食物药品 冰箱
冷库

2. 网上查询资料，了解武汉市居民用电标准，电费按分段付费也是国家提倡节约用电的一种方式

档次	标准	电价
第一档	0~180 千瓦时	0.57 元 / 千瓦时
第二档	180~400 千瓦时	0.62 元 / 千瓦时
第三档	400 千瓦时以上	0.87 元 / 千瓦时

3. 记录本组 3 名同学 2019 年 1 月到 8 月家庭每月电费

　　观察下页图发现整体上来看 3 号学生家庭用电量最大，特别是 2 月，经过询问得知，2 月正值过年期间，家里来了很多客人，天气寒冷，开空调暖气的次数很多，所以这个月份电费特别高。整体来看，三位同学 7—8 月的电量都有所增加，跟夏季到来开空调有很大关系。

　　结合以上的电费和武汉电费标准，根据所学的分段付费知识，总结出武汉电费的计算方式：

总电费 = 第一档电费 + 第二档电费 + 第三档电费

第一档电费 = 第一档标准以内的电量 ×0.57 元 / 千瓦时

第二档 = 超出第一档标准并且在第二档标准以内的电量 ×0.62 元 / 千瓦时

第三档电费 = 超出第二档标准的电量 ×0.87 元 / 千瓦时

续表

4. 小组讨论节约用电的方案

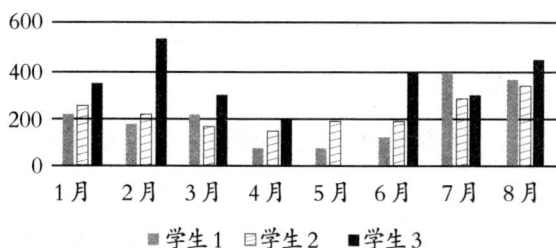

（1）夏季空调温度不低于26℃，冬季不高于20℃，开空调不开门窗，无人不开空调，人走关机。

（2）使用节能灯，并做到人走关灯。养成及时关灯的习惯，从细节做起，节约每一度电。

（3）家用电器不要处在待机状态。如家用电器处在待机状态，既耗电又伤机器。

（4）把普通的灯泡都换成节能灯，节能灯比较节约电量，根据调查发现，在同样亮度的情况下，节能灯会比普通灯泡节约1/5的电量。

我们的收获：

1. 知道电主要是由烧煤转化的，需要消耗大量的不可再生资源，我们要节约每一度电。

2. 通过这次学习，我们知道了如何计算分段计费类型的问题。

3. 虽然过程中碰到困难，但是我们都克服了，办法总比困难多。

4. 我们学会了与他人合作，变得更加团结，对下次项目活动充满期待和信心。

【案例七】陈丽媛

Colours 项目学习计划

一、项目概述

（一）项目说明

作为初学英语的年龄段，孩子们更喜欢生动有趣的英语活动。孩子们日常生活中能接触很多的谈论话题，更能激发孩子们的兴趣，通过项目学习的体验、实践、参与、合作与交流等方式，能够培养他们的语言综合运用能力。

本学习项目是三年级学生通过学习有关 colours 的相关话题，

自主归纳语言知识，收集整理东西方国家有关颜色的文化知识，描述和交流物品颜色，呈现不同形式的语言。大家在自主学习和合作学习的过程中了解颜色的文化特色，运用颜色的相关话题进行语言表达交流，培养学生跨文化意识，提升语言综合运用能力。

（二）学习目标

1. 知识与技能：学生能掌握不同颜色的英文说法，了解不同颜色在东西方国家的不同含义和各国国旗的图案，能用英语交流有关颜色的话题。

2. 过程与方法：学生能用不同渠道收集和整理信息；通过小组协作，共同探究，分享交流来完成项目学习任务。

3. 情感态度价值观：激发学生学习兴趣，打开学生国际视野，培养学生跨文化意识。

（三）项目计划书

	时间	教师活动	学生活动	目标
第一阶段 发布活动方案	第1周	发布活动方案，学生分组。	建立活动小组，明确活动任务和方式。	熟悉活动内容和方法。
第二阶段 收集分享信息	第2周	指导学生收集不同颜色在东西方国家的不同含义的资料。	学生通过网络、书籍等渠道收集资料。	1.了解不同颜色在东西方国家的不同含义。 2.培养学生收集整理信息的能力。
第三阶段 交流与记录	第3周	组织学生说说自己喜欢的颜色及拥有的该颜色物品。	学生说说自己喜欢的颜色及拥有的该颜色物品。	1.锻炼学生的理解和口语表达能力。 2.培养学生合作交流的能力。
第四阶段 制作与展示	第4周	组织学生绘制各国国旗并交流展示国旗的颜色信息。	分小组制作国旗并进行交流展示。	培养合作交流和口语表达能力。

二、项目实施

第一阶段 发布活动方案

在这个阶段，需要让学生知道本次项目学习的内容和方法，让他们明确在活动中"做什么"和"怎么做"。

1. 明确活动内容

让学生清楚知道我们的项目学习主题是"颜色"。

2. 布置活动任务

以 6 位同学为一小组。独立或合作完成以下任务：

任务 1：了解不同颜色在东西方国家的不同含义。

任务 2：讨论自己最喜欢的颜色及自己拥有该颜色的物品。

任务 3：绘制各国国旗，描述这些国旗的颜色。

3. 明确活动方法

（1）通过网络、书籍等渠道收集整理信息。

（2）小组成员进行交流讨论，利用表格做好记录。

（3）动手绘制，并大胆表达。

第二阶段 收集分享信息

在这个阶段，要指导学生通过他们触手可及的资源去收集不同颜色在东西方国家的不同文化含义。可以通过网络或其他书籍来进行查找。在这个过程中，学生要从众多信息中去繁化简，把信息条理化。

信息整理好之后，学生先在小组交流，听听其他小组成员收集到的信息，看看自己的信息是否需要补充。在这个交流的过程中，要关注学生的参与程度，鼓励每个学生都将信息进行交流，无论收集到的信息多少，应及时补充所获知的新信息。

小组对所有成员的信息进行补充更新后，教师将所有小组分为两大组，一组派学生代表来说说某种颜色在中国的含义，一组则来说说这种颜色在外国的含义。通过两大组竞赛的方式给予评价和奖励。

第三阶段 交流与记录

这个阶段的活动在口语交际这一块设置得十分便于学生操作，所涉及的单词和句型是他们之前学过的，更利于口语交际活动的开展。他们在小组内进行交流互动，并在表格中进行记录。

组长在活动中的组织和协调很重要。他给组员编号，可以组织组员采取轮流问答 1—2—3—4—5—6 的形式进行交际，也可以采取 1—2、3—4、5—6 这样的"一对一"形式来进行。在活动进行中，组长可以适当帮助口语能力较差的同学。

这个阶段活动的难点在于对交流结果的记录。应当鼓励学生正确书写单词。当然，也可以让他们通过画图的方式表示事物。

第四阶段 制作与展示

这一阶段的活动刚好在武汉举办军运会期间开展，教师将学生的视野从身边的事物拉到世界的广度，让学生试着了解不同国家国旗的图案和颜色，并试着画一画，用自己学过的有关颜色的句子描述它们。

首先，教师要让学生选择自己喜欢的国家国旗，用英语说出国名；并能简要介绍这个国家的情况。然后让学生独立完成绘画。在学生绘画的过程中，教师应提醒学生正确绘制国旗图案和书写国名，强调国名的第一个字母要大写。

学生完成了国旗的绘画后，有序地在组内交流自己画的是哪个国家的国旗，它是由什么颜色组成的。教师巡视过程中要及时纠正学生语言表达上的错误。

在小组交流活动结束后，由各组派出一名代表到讲台上来大胆展示自己绘画的国旗并介绍它的颜色组成。各小组为其他小组的表现打分，教师给予评价和奖励。

在活动过程中，应关注语言表达能力较差的学生，鼓励他们在小组内多练习，并勇于上台展示。

三、学习成果

通过一个多月项目学习活动的开展，学生们了解了不同颜色在东西方国家的不同含义和各国国旗的图案，能用英语交流有关颜色的话题；他们能运用不同渠道收集和整理信息；他们通过小组协作、共同探究、分享交流来完成项目学习任务，提高了语言综合运用能力。同时，他们对于英语学习的兴趣更浓厚了，他们的视野更广阔了，对东方的文化有了更多了解。

【案例八】周雪婷

Festivals

一、项目概述

（一）项目说明

在全球日趋一体化的今天，中国与国际的联系越来越紧密，西方的各种节日和文化也迅速传入中国。作为中国当代的学生，我们在接受西方节日、文化方面往往走在社会前沿，有必要了解东西方的传统文化。而英语作为东西方文化的桥梁，我们有必要学好这门语言，同时学习语言背后的文化。中华文化博大精深，中国传统节日也深受外国人好奇和喜爱，学习好英语也是为了能把我国的传统文化更好地传播到世界各地。

六年级上册第三单元的话题是 Festivals（节日），主要是通过学习让学生们了解东西方的重要节日，了解节日来源、节日的习俗和节日饮食。本单元的话题共由四篇文章组成，分别介绍了两个中国传统节日和两个重要的西方节日。但是东西方的重要节日还有许多，孩子们在学习了四篇文章后只是训练了听和读的能力，对于说和写的能力没有训练到。因此设计了关于东西方节日的一个项目学习，希望学生们以课本上的四篇文章为窗口，去学习和了解其他自己喜欢的或者想更深入了解的节日。学生收集、整理了有关东西方节日的来源、饮食文化、习俗等资料。学生根据自己收集到的资料进行分组讨论，信息归纳，信息整理，最终按小组形成口语表达，向其他同学介绍本组研究的某个节日。每个组分享不同的节日，大家在自主学习和合作学习的过程中更加了解了东西方的传统节日和节日文化。

（二）学习目标

1.提升读写能力：会用英语介绍东西方传统节日，了解东西方传统节日和节日文化。

2.提升技术使用能力：能够运用网络收集和整理信息，能够运用幻灯片制作课件。

3.提高合作探究与口语表达能力：小组协作，共同探究，完成项目计划。在小组内用英语介绍自己喜欢的节日。

4.提高归纳总结能力：分小组形成语言表达思维导图，提升信息归纳能力。活动后进行总结和反思，提升总结和反思能力。

（三）项目计划书

阶　段	时　间	课　时	教师活动	学生活动	目　标
第一阶段：准备阶段	第1周	1课时	1.准备学习方案、学生分组，发布方案。 2.指导学生收集东西方传统节日的相关资料。	1.明确研究任务、研究方式。 2.学生通过网络、书籍等渠道收集资料。	1.熟悉研究内容。 2.了解研究方法。
第二阶段：信息分享和分组	第2周	2课时	1.组织学生讲一讲自己喜欢的节日。 组织学生按喜好进行分组。	1.学生说说自己喜欢的节日和喜欢的理由。 2.根据本组喜好，整理归纳节日介绍板块。	1.锻炼学生的理解和口语表达能力。 2.通过归纳锻炼对语言信息进行整理能力。
第三阶段：交流与作品制作	第3周	3课时	1.指导学生在小组内完成思维导图并分任务交流。 2.指导学生制作幻灯片。 3.指导学生完成话题作文。	1.完成思维导图，进行口语交流并相互修改。 2.分小组制作活动作品并进行汇报交流。 3.每个人完成话题相关作文。	1.提高学生英语口语表达能力、读写能力和幻灯片制作能力。 2.培养合作交流能力。
第四阶段：成果展示	第4周	4课时	组织学生进行班级成果展示。	全班学生分小组上台展示节日介绍课件，每位组员分任务介绍本组选定节日。	培养学生的口语表达能力和小组合作能力以及自我展示能力。

二、项目实施

第一阶段 准备阶段

1. 明确研究内容

让学生清楚我们的研究内容是传统的东西方节日及其文化。

2. 布置研究任务

任务 1：了解东西方主要传统节日有哪些？通过网络、书籍等渠道，了解关于这些传统节日的相关信息。

任务 2：拓展研究，讨论自己最喜欢的节日并说出理由。

任务 3：收集和整理东西方传统节日的信息。说一说这些节日的时间、传统食物、来源和习俗。

任务 4：分小组完成本组最喜欢的节日的介绍课件，并以小组为单位向全班同学介绍这个节日。

3. 了解研究方法

（1）通过网络、杂志、书籍等途径收集一些主要东西方传统节日的资料。

杂志、书籍：让学生从报纸或杂志中收集有哪些主要的东西方传统节日。

网络：从互联网上收集有关这些节日的时间、食物、习俗和来源。

（2）整理收集到的资料，归纳提炼出对自己有用的信息，将这些信息记录下来。

（3）组内进行信息交换和分享

（4）全班进行成果展示。

第二阶段 信息分享和分组

在这个阶段，首先请部分同学上台分享自己收集到的节日资料，然后在介绍自己喜欢的节日，并说说自己喜欢这个节日的理由。

然后全班范围内调查同学们对东西方传统节日的喜好，将相同或相近喜好的同学分在一个组，将全班同学分为六个组。大家在组内把自己收集到的信息进行分享，每个小组整理出本组节日介绍的板块。教师提醒学生重点关注以下几点：1.东西方的传统节日有哪些？它们的英文说法以及发音如何？ 2.东西方的传统节日的节日？ 3.庆祝东西方传统节日时会吃哪些食物？ 4.东西方传统节日的时间。5.东西方传统节日的习俗。6.这个节日对于人们的意义。为了让学生介绍板块更加清晰，教师建议每个组提前画出思维导图，每个组员负责介绍其中一个板块。

第三阶段 交流与作品制作

在这个阶段，每个组的每个成员要在教师的指导下完成本组的思维导图，在导图中归纳介绍每个板块要表达的内容，在本组内试着交流。比如说以端午节为例，我们可以介绍端午节的时间、由来、传统习俗，吃什么食物，对我们来说有什么意义，为什么喜欢这个节日等。小组成员可以讨论在最后的展示阶段给全班同学介绍些什么内容，确定下来后每位同学用思维导图记录下来，然后在本组试着交流自己的想法。在交流的过程中大家互相发现问题，并提出修改意见，最终形成本组的口语展示内容。然后每个组制作一个本组的东西方节日介绍的幻灯片，要求制作精美，图文并茂，方便其他组获取本组所展示的信息。为了让每个学生明确本次活动的意义，提升学生的读写能力，教师要求每个人在交流展示后以"Festival"为主题，撰写作文。

第四阶段 成果展示

"Festival"项目学习活动历经一个多月，从收集整理资料、课堂分组讨论交流、制作思维导图、课件到最后的课堂成果展示，孩子们收获到的不仅是英语口语能力和写作能力的提高，同时也丰富了自己的文化素养。经过这个项目学习，他们对东西方国家的文化都有了进一步的认识。同时本项目学习活动也锻炼了孩子们的信息技术整合能力，从收集到的零散资料到最后的分类汇总，再制作成课件展示给全班同学观看，他们的信息素养也得到了提高。这个活动也锻炼了孩子们的胆量，以前很多孩子上课都不敢举手发言，这次所有人都上台演讲，教师发现了很多孩子的闪光点。有的孩子英语发音很好听，有的孩子演讲思路清晰，有的孩子在台上稳重端庄……这次项目学习活动让教师重新认识了学生们。六个组的同学依次上台用英文介绍了中国的传统节日春节、清明节和端午节，还有西方的传统节日情人节、万圣节和圣诞节。通过他们的讲解，同学们对这些节日背后的文化和习俗有了更多的了解，开拓了自己的视野。

三、学习成果

本次项目学习源于真实的教学情境，根据学情，利用现有资源，拓宽学生视野，锻炼学生多种能力，整个项目学习始终以学生为中心。学生在活动过程中知道可以通过思维导图来归纳和整理自己收集到的信息。同时提升了读写能力，将自己的口语展示内容以文字形式记录下来，积累的经验也可以供其他同学学习和参考。他们还锻炼了课件制作能力，信息技术与英语学科的融合也使得本次项目学习展示效果非常好。总的来说，本次项目学习锻炼了学生的各种能力，老师和学生都收获满满。

【案例九】曾艳嵘

气温与环境

一、项目概述

（一）项目说明

全球气候在变暖已是不争的事实。气温上升不仅有自然因素，也有人为因素。由于温室效应不断积累，导致地气系统吸收与反射的能量不平衡，能量不断在地气系统累积，从而导致温度上升，造成全球气候变暖。全球变暖正悄悄地改变着地球的"模样"。冰川融化改变了北极地貌，海平面上升将让一些沿海城市慢慢消失，栖息地被毁可能让小丑鱼从地球上灭绝……开展这一项目学习旨在加强学生对全球天气温度的调查、分析、比较，从而更加关注地球环境，增强环保意识。

（二）学习目标

知识与技能：通过此次项目学习让学生认识到气候变化、气温升高的严重性，了解气温与环境之间的关系。

过程与方法：每个年级围绕"气温与环境"这一主题确定不同的项目学习内容，通过查找资料，数据记录、分析、比较，运用表格、柱状图、折线图呈现气温变化情况。

情感态度价值观：学生通过研究报告来记录分享探究的过程、发现和思考，增强学生关注自然环境，形成环境保护的意识。最终形成研究成果，并愿与他人分享。

（三）项目计划书

阶段与时间	内 容	目 标
第一阶段： 9月计划方案	项目学习负责人撰写各年级项目计划书	形成各年级项目计划书
第二阶段： 10月知识普及	1.讲授项目学习的主题及本年级研究的任务。 2.根据自己任教年级学生特点，围绕研究主题讲解查询气温、绘制图表的方法，了解气温与环境之间关系的相关知识。	1.进行相关知识普及，明确研究的目的与方向。 2.设计授课教案并执教，录制5~10分钟教学视频。
第三阶段： 11月查询记录	1.学生根据研究任务查询相关资料，通过表格、柱状图、折线图等方式进行数据的记录和整理。 2.指导学生依据数据发现"气温与环境"的具体问题。 3.学生以小组为单位进行分工，用心收集，认真记录，绘制图表。	1.学生通过手绘图表或电子绘图，完成查询记录。 2.通过数据及相关资料的调查，引发学生思考和探究。 3.分工合作，收集汇总各项资料，为形成研究报告做好准备。
第四阶段： 12月实验报告	1.设计实验报告呈现形式。 2.指导学生有计划、有步骤地落实项目学习各项任务，并解决研究过程中遇到的困难。 3.撰写研究报告。	1.确定研究报告呈现形式。 2.提交研究报告。
第五阶段： 12月底成果分享	学生以小组为单位把自己研究的成果用自己喜欢的方式分享给大家。	学生通过制作幻灯片，拍摄微视频，撰写研究报告等形式，与大家分享研究成果。

二、项目实施

一年级：使用温度计测量武汉某一天的气温变化（每小时一次）并把记录制作成表格，根据记录描述一天中气温变化的规律，找到一天中的最高温和最低温，了解温差及不同温度带给人的不同感受。

二年级：查找武汉某一周中的气温变化，记录每天的天气类型、最高温和最低温，算出一天的温差并制作成表格，根据记录描述一周中气温变化的规律，找到温差最大的一天和温差最小的一天，体验温差大小带给人的不同感受。

三年级：

1 班：查找武汉 2019 年 1 月的气温变化。

2 班：查找武汉 2019 年 4 月的气温变化。

3 班：查找武汉 2019 年 7 月的气温变化。

4 班：查找武汉 2019 年 10 月的气温变化。

注：隔一天记录一次当天的天气类型、最高气温，制作条形图，分析什么样的天气气温高，什么样的天气气温低，体验不同月份气温带给人的不同感受。

四年级：

1 班：查找武汉 2019 年第一季度每周同一天的气温变化。

2 班：查找武汉 2019 年第二季度每周同一天的气温变化。

3 班：查找武汉 2019 年第三季度每周同一天的气温变化。

4 班：查找武汉 2019 年第四季度每周同一天的气温变化。

注：记录这一季度三个月每周一（或者每周相同的一天，比如都是周三）的天气类型、最高温和最低温，制作折线图，分析气温变化趋势及成因。

五年级：

1 班：查找武汉市与北京市 2019 年每个月同一天的最高气温。

2 班：查找武汉市与上海市 2019 年每个月同一天的最高气温。

3 班：查找武汉市与广州市 2019 年每个月同一天的最高气温。

4 班：查找武汉市与成都市 2019 年每个月同一天的最高气温。

注：查找中国两个城市每个月同一天（比如每个月 1 日）的最高气温，在同一表格中制作折线图，分析一年中气温变化规律

以及两地气温变化差别及成因。

六年级：

1班：查找中国武汉与美国洛杉矶2019年每个月同一天的最高气温。

2班：查找中国武汉与澳大利亚悉尼2019年每个月同一天的最高气温。

3班：查找中国武汉与新加坡2019年每个月同一天的最高气温。

4班：查找中国武汉与肯尼亚内罗毕2019年每个月同一天的最高气温。

注：查找不同国家两个城市每个月同一天（比如每个月都是1日）的最高气温，在同一表格中制作折线图，分析一年中气温变化规律以及两地气温变化差别的成因（地理、地轴的倾斜等）。

附：六年级"气温与环境"项目学习指导教案

（一）教学目标

知识与技能

通过引导学生绘制2019年每个月相同一天的最高气温，查找美国洛杉矶、澳大利亚悉尼、新加坡、肯尼亚内罗毕2019年每个月跟前面武汉相同的一天的最高气温，在同一表格中制作折线图，分析一年中气温变化规律以及两地气温变化差别。

过程与方法

采用小组合作的方法，通过绘图和读图的训练，培养学生动手操作能力和合作意图；采用多媒体教学、课外实践，化繁为简，激发学生学习热情，提高课堂学习效率。

情感态度与价值观

通过本课的学习，着重培养学生的动手操作的习惯，小组合作的意识和求真务实的学习态度。

教学重点

绘制美国洛杉矶、澳大利亚悉尼、新加坡、肯尼亚内罗毕2019年每个月跟武汉相同一天的最高气温，在同一表格中制作折线图。

教学难点

根据折线图分析一年中气温变化规律以及两地气温变化差别。

（二）教学过程

1. 观察一年中气温的变化。

老师提问

（1）气温的日变化和年变化

（2）如何表示气温在时间上的变化

（3）学习绘制和判读折线图

某地气温资料　　　　　　　　　　　　　　　　　单位℃

月份	1	2	3	4	5	6	7	8	9	10	11	12
气温	−5.5	−3.5	5.3	13.5	19.7	25	28.6	25.5	16.4	11.3	3.6	−2.5

口诀：

一、横月

二、纵温

三、定点

四、连线

五、写名

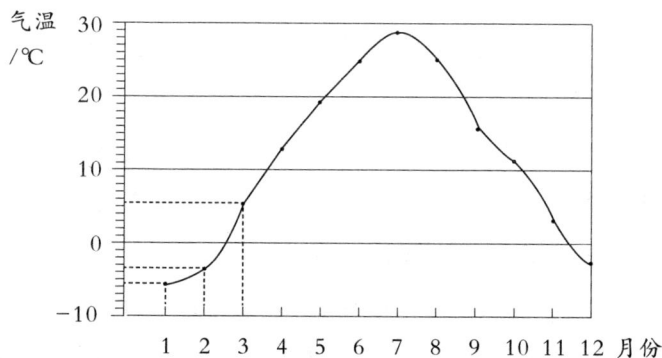

（教师出示某地气温折线统计图）

提示：

图中的横坐标表示什么？纵坐标表示什么？

2. 通过网站查找数据完成表格填写。

3. 绘制气温变化折线图。

活动1：根据武汉全年中某一天气温资料绘制气温变化折线图。

给学生出示绘制气温变化曲线图步骤口诀：

横轴是日期，纵轴是气温，定点，连线。

学生根据收集的资料绘制图，教师在学生中间巡视，指导绘图，提醒学生注意：

（1）把握图标大小以及坐标温差大小，要满足气温最高值和最低值的需要。

（2）就相应的月份和气温画一条"十"字交叉线，然后在交叉线标上点。

（3）要用直尺比着画直线，也要让直线通过每个点的中间。

教师提示：在制作图表时，一定要在表的上面或下方注明整理的时间和整理人，便于以后查找和使用。

4. 分析。一年中气温变化规律以及两地气温变化差别（地理，地轴的倾斜）。

5. 根据这些数据和折线图，总结气温与环境的关系。

当人们对环境造成破坏时，就导致了生态恶化。工厂、农场、汽车以及房屋建筑所产生的化学物质和废物会造成污染，给我们生活的自然环境造成十分严重的破坏。气候是人类生存环境的重要因素之一，也是人类生产生活的重要资源。随着人类生存活动规模的扩大，人类活动对气候变化也产生了越来越大的影响。

大气污染：工厂、发电站、机动车辆产生的废气、炭黑和灰尘等，排放到空气中，就会造成大气污染。被污染的空气不仅对人体有害，还会形成酸雨，对树木、河湖中的生物及建筑物等造成损害。

水污染：水是人类赖以生存的重要资源，如果水所含物质的数量和种类可能对人、动物、植物和环境造成危害，那么水就被污染了。酸雨会造成湖泊和河流的污染。此外，有些地方把未经处理的污水直接排放到河流或大海中，甚至还排放有毒的化学物质和废物，都会造成水污染。

全球气候变暖：全球变暖是全球气温的持续升高。全球变暖主要是因为工业化的发展，使大气中一些温室气体的浓度不断增长，这是温室效应造成的。气候变暖既危害自然生态系统的平衡，更威胁人类的居住环境。

三、学习成果

一年级学生研究报告

"气温与环境"项目学习研究报告					
项目名称：武汉一日气温变化					
班级：一（2）班		小组成员：第一小组组长及组员			
研究内容：使用气温计测量武汉 2019 年 6 月 24 日的气温变化（每小时一次）并记录制作表格，根据记录描述一天中气温变化规律，找到一天中的最高温和最低温，体验不同温度带给人的感受。					
调查方法：1.访谈法 2.调查法 3.测量法					
数据记录表：					

时间	气温	时间	气温	时间	气温
0 时	23℃	8 时	30℃	16 时	26℃
1 时	23℃	9 时	30℃	17 时	26℃
2 时	23℃	10 时	30℃	18 时	25℃
3 时	23℃	11 时	30℃	19 时	25℃
4 时	23℃	12 时	30℃	20 时	25℃
5 时	22℃	13 时	30℃	21 时	24℃
6 时	25℃	14 时	28℃	22 时	24℃
7 时	27℃	15 时	27℃	23 时	23℃

项目学习收获：

武汉的夏天，早晨8点气温就相当高了，高温一直持续到下午1点。妈妈说她早上去买菜出了一身汗。一天中气温最低的是23点到凌晨4点。每天家里的空调都会设置在8小时后定时关闭。

二年级学生研究报告

"气温与环境"项目学习研究报告						

项目名称： 武汉一周气温变化

班级：二（1）班	小组成员：第一小组组长及组员

研究内容： 使用气温计测量武汉 2019 年 11 月 11 日到 11 月 17 日的气温变化，每天记录并制作表格，根据记录描述一周中天气类型、气温变化和温差，找到一周中的最高温和最低温，了解一周不同温度带给人们的影响。

调查方法： 1. 访谈法 2. 调查法 3. 测量法

数据记录表：

日期	11月11日	11月12日	11月13日	11月14日	11月15日	11月16日	11月17日
最低温度	13℃	12℃	5℃	7℃	10℃	17℃	6℃
最高温度	24℃	18℃	19℃	20℃	23℃	24℃	17℃
温差	11℃	6℃	14℃	13℃	13℃	7℃	11℃
天气类型	多云	阴	阴	晴	晴	多云	小雨
风向	东风	北风	北风	东南风	东南风	东南风	北风
风力	微风	北风4~5级	微风	微风	微风	微风	微风

项目学习收获：

11 月 11 日—11 月 17 日这一周武汉的天气以多云、阴天、晴天为主，很少下雨，温度适宜，适合穿外套、内衣等保暖衣物。早晚温差较大，要注意增减衣物。空气质量是良，适宜户外活动。星期六温度最高，可以和家长出游。武汉冬天一般刮东南风和北风。星期二北风 4~5 级，温度降低，此时要注意防寒保暖。

三年级学生研究报告

"气温与环境"项目学习研究报告

项目名称：武汉2019年1月气温变化	
班级：三（1）班	小组成员：第二小组组长及组员

研究内容：查找武汉2019年1月的气温变化，隔一天记录一次当天的天气类型、最高气温，制作柱形图。分析什么样天气气温高，什么样天气气温低，体验不同月份气温带给人们不同感受。

调查方法：隔一天记录一次当天天气类型、最高气温，制作柱形图。

一、数据记录表：（气温单位为℃）

日期	天气类型	最高气温	日期	天气类型	最高气温
1月1日	多云	5	1月17日	晴	8
1月3日	多云转小雨	8	1月19日	小雨转多云	8
1月5日	小雨转多云	6	1月21日	多云转晴	9
1月7日	多云	7	1月23日	晴	15
1月9日	小雨	5	1月25日	多云	11
1月11日	小雨转多云	6	1月27日	阴转多云	7
1月13日	多云	10	1月29日	小雨	7
1月15日	小雨转雨夹雪	6	1月31日	多云转晴	−2

二、柱状统计图

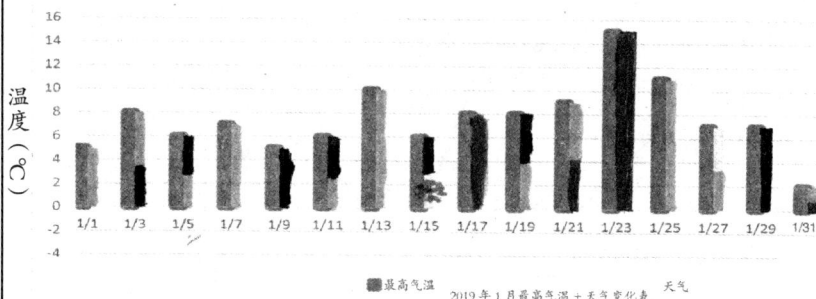

■最高气温　　2019年1月最高气温+天气变化表　　天气

项目学习收获：从数据上看，我们认为当天最高温与当天的天气现象没有直接的关联：1月31日为"多云转晴"，但最高气温只有−2℃；1月29日为"小雨"，最高气温有7℃，比31日要高。同样是"多云"，1日、7日、13日、25日分别是5℃、7℃、10℃、11℃，其中1日和25日之间相差了6℃。

四年级学生研究报告

"气温与环境"项目学习研究报告						
项目名称：武汉 2019 年第四季度气温变化						
班级：四（4）班			小组成员：第四组组长及组员			
研究内容：记录第一季度 3 个月每周一（或者每周相同的一天，比如都是周三）的天气类型、最高温和最低温，制作折线图，分析气温变化趋势及成因。						
调查方法：上网查找资料						

一、温度记录表

日期	10 月 7 日	10 月 14 日	10 月 21 日	10 月 28 日	11 月 4 日	11 月 11 日	11 月 18 日
天气类型	多云	阴转多云	阴	晴	晴	小雨转阴	晴
最高温	18℃	24℃	29℃	22℃	23℃	23℃	11℃
最低温	15℃	17℃	15℃	10℃	11℃	11℃	1℃

日期	11 月 25 日	12 月 2 日	12 月 9 日	12 月 16 日	12 月 23 日	12 月 30 日
天气类型	多云	晴	多云	多云	阴	霾
最高温	8℃	12℃	17℃	13℃	10℃	12℃
最低温	2℃	1℃	3℃	9℃	4℃	4℃

二、温度折线图

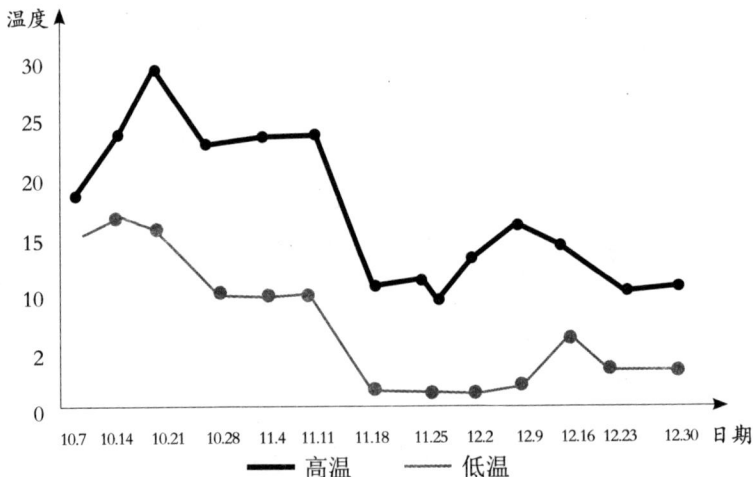

项目学习收获：10—12 月最低温度是 1℃。10—12 月最高温度是 29℃。10 月 7 日—11 月 11 日的星期一温度较高，应适当减少衣量。11 月 18 日—12 月 30 日的星期一温度较低，出门应多穿衣服。根据折线图，我们清晰地看到 10—12 月的温度逐渐降低，武汉慢慢进入冬季，但是总体温度不是很低，由于温室效应，武汉的冬天变得暖和了。

五年级学生研究报告

"气温与环境"项目学习研究报告		

项目名称：武汉、上海2019年的气温变化

班级：五（2）班	小组成员：第六小组组长及组员

研究内容：查找武汉、上海2019年的气温变化（每个月同一天）并记录制作表格和折线统计图，根据记录分析一年中气温变化规律以及两地气温变化差别及成因。

调查方法：在网上查找相关资料，制作表格和折线统计图。

一、数据记录表（平均气温）：

时间	武汉气温	上海气温	时间	武汉气温	上海气温
1月1日	3℃	5℃	7月1日	28℃	26℃
2月1日	6℃	6℃	8月1日	32℃	32℃
3月1日	7℃	10℃	9月1日	24℃	23℃
4月1日	16℃	14℃	10月1日	27℃	25℃
5月1日	19℃	18℃	11月1日	19℃	20℃
6月1日	24℃	23℃	12月1日	5℃	9℃

二、折线统计图

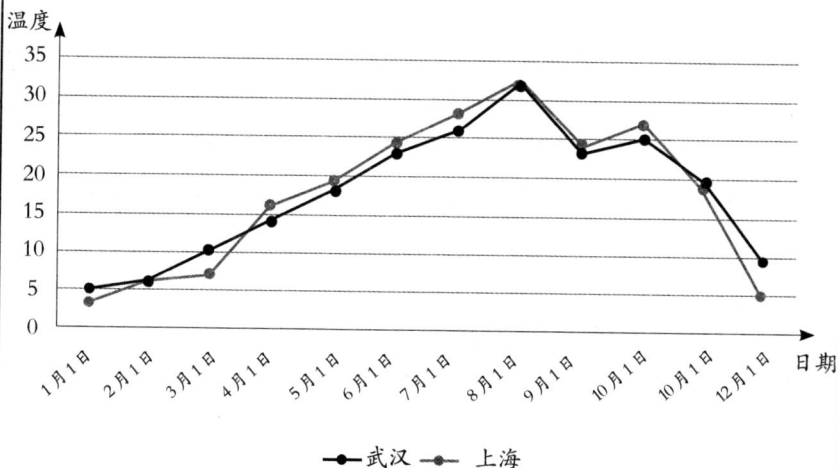

武汉、上海2019年大气变化情况

项目学习收获：上海的天气和武汉相比较，上海的气温较高，武汉气温偏低。在12月1日时，两地温度相差最大。在2月1日和8月1日时，两地天气相同。而在上海，12月至次年3月，气温比武汉高。因为武汉是内陆城市，而上海是沿海城市。冬季时，海洋比内陆气温高，所以上海地区平均温度比武汉高。

六年级学生研究报告

"气温与环境"项目学习研究报告												
项目名称：武汉与新加坡 2019 年每个月 1 日气温变化												
班级：六（3）班　　　小组成员：第二小组组长及组员												
研究内容：查找武汉 2019 年每个月 1 日的最高气温，查找新加坡 2019 年每个月 1 日的最高气温，在同一表格中制作折线图，分析一年中气温变化规律以及两地气温变化差别。												
调查方法：查找武汉和新加坡 2019 年每个月 1 日的最高气温，制作折线统计图												

温度 /℃

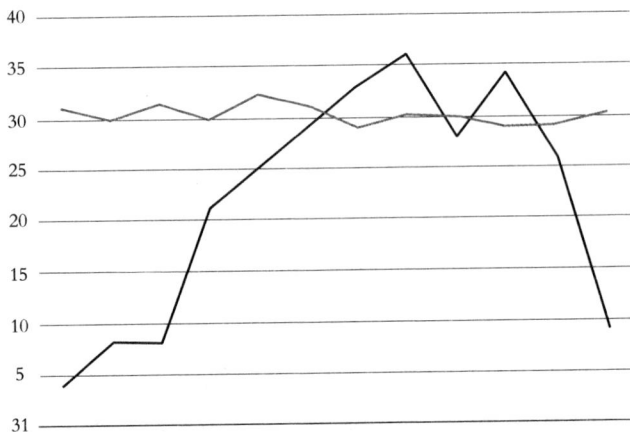

	1月	2月	3月	4月	5月	6月	7月	8月	9月	10月	11月	12月
武汉	4	8	8	21	25	29	33	36	28	34	26	9
新加坡	31	30	31	30	32	31	29	30	29	29	29	30

——武汉　——新加坡

续表

项目学习收获：

一、数据分析

　　武汉 2019 年每个月 1 日中，1 月 1 日气温最低，为 4℃；8 月 1 日气温最高，为 36℃。武汉 2019 每个月 1 日最高气温相差 32℃，夏季热，冬季冷，温差大。新加坡 2019 年每个月 1 日在 29℃ 至 32℃ 之间。新加坡 2019 年每个月 1 日最高气温相差 3℃，全年高温，温差小。

二、结论

1. 武汉气候原因

　　武汉属亚热带季风性湿润气候区，具有雨量充沛、日照充足、四季分明，夏季高温、降水集中，冬季稍凉湿润等特点。武汉位于长江中下部，这里河湖众多，但是因为这里海拔低，人口较密集，太阳辐射较多，所以夏季很热。

2. 新加坡气候原因

　　新加坡地处热带，常年受赤道低压带控制，为赤道多雨气候，气温年温差和日温差小。新加坡为热带雨林气候，气候特点是全年高温多雨。地处赤道附近，纬度低，获得太阳辐射热量多，全年高温。

3. 造成气候差异的原因

　　地理位置的不同造成了气候差异：武汉市属北亚热带季风性（湿润）气候，海拔低，人口密，太阳辐射较多，所以夏季热，冬季冷；新加坡地处热带，获得太阳辐射热量多，所以全年气温高。

【案例十】陈凯

航模——纸飞机

一、项目概述

（一）项目说明

　　航模教育通过融合科学、信息、科技制作等学科，让学生在"玩中学"。对于小学生而言，航模属于极具科技感和创造力的活动，对于培养和激发学生的动手能力、探索能力及创新能力具有不可替代的意义。

　　武昌区三道街小学位于武汉市武昌区老城区，学校占地面积 7047 平方米，建筑面积 5687 平方米，校园绿化覆盖率达 40%。学校只有 200 平方米的运动场，学校校园两边是高大的树木，学校四周是高层建筑，从高空看像一口深井。武昌区三道街小学的这种地形应该是极不适宜开展航模活动的。三道街小学的航模教育却开展得很好，分别获得2018年第二十届和2019年第二十一届"飞向北京——飞向太空"全国青少年航空航天模型教育竞赛活动总决赛金牌，2018年首届VR飞行挑战赛全国总决赛团体第三名。三道街小学的航模也引来全国各地教育同人参观学习，正是本着因地制宜、扬长避短的原则进行航模设计的。

纸飞机对场地要求不高，科学性强，安全性高，便于普及。结合本校和三年级学生的实际情况，选择纸飞机开展三年级航模教育。纸飞机拓展性强，有纸折飞机、电动纸折飞机、悬浮纸飞机、遥控纸飞机等多种类别。武昌区三道街小学是一所历史悠久的全国现代教育技术实验学校，学校的电教师资力量和设备资源丰富，科学专用教室拥有6台一体机和4台台式电脑。学校配有乒乓球活动教室1间，240平方米左右，室内空间宽阔。利用学校的这些优势，同时为回避学校室外场地小的劣势，选择了飞机理论学习、模拟飞行到纸飞机的项目学习。

（二）学习目标

知识目标

1.知道固定翼飞机的基本构造和飞行原理。

2.知道通过调节飞机的副翼、尾翼可以控制飞机的飞行姿态。

3.了解不同种类的纸飞机，知道它们之间的相同点和不同点。

技能目标

1.掌握模拟飞行软件Realflight G3.5安装、校准和富斯SM600模拟遥控器的操控方法。

2.运用模拟飞行的方法发现飞行的一些简单规律。

3.掌握纸飞机的折叠和调节方法。

4.掌握推板类飞机的折叠方法并能利用推板推动纸飞机飞行。

情感目标

1.创设学生感兴趣的活动，拓展学生的丰富想象，使学生能积极地投入制作航模活动。

2.使学生养成耐心、细致的学习习惯。

3.引导学生把设想与制作完美结合。

（三）项目计划书

阶 段	时 间	内 容	目 标
1	9月	学习固定翼飞机的构造和飞行原理。	知道常见的固定翼飞机的构造以及飞行原理。
2	10月	通过模拟飞行发现飞行的一些简单规律。	通过模拟飞行加强理解固定翼飞机副翼和尾翼对飞机动力的控制，使用遥控器控制副翼和尾翼达到最终控制固定翼飞机的目的。
3	11月	折叠直线距离最远的纸飞机和飞行时间最长的纸飞机，学习调节纸飞机尾翼等控制纸飞机的飞行姿态。	能利用A4纸折叠各种各样的纸飞机，利用前面学习掌握的知识调节纸飞机的重心，通过调节纸飞机尾翼控制纸飞机的飞行姿态。
4	12月	通过推板给纸飞机一个气流使纸飞机可以一直在空中飞行。	会折叠悬浮纸飞机和组装飞翼，会调节悬浮纸飞机和飞翼的重心等要素，可以通过推板推动气流控制纸飞机的速度和方向。

二、项目实施

第一阶段　飞行原理讲解

随着科技的发展，飞机的种类也越来越多。除了像旋翼机特殊形式的飞机外，大多数飞机都由机翼、机身、尾翼、起落装置和动力装置五个主要部分组成。

本阶段主要讲解最常见的固定翼飞机的构造和飞行原理，一方面引导学生通过网络、报纸、杂志、书籍等途径收集固定翼飞机构造和飞行原理的相关资料，另一方面老师也要有针对性地提供一些资料给学生参考。鉴于本次项目学习的主要内容是纸飞机，没有起落装置和动力装置。在飞行原理讲解阶段主要讲解机翼和尾翼，另外由于纸飞机不是成品飞机，需要自己动手制作，因而飞机的重心也是讲解的重点。

固定翼飞机机翼的主要作用是产生升力支持飞机在空中飞行，在机翼上一般有副翼和襟翼两部分，副翼可以控制飞机横滚，襟翼可使飞机升力增大。尾翼包括水平尾翼和垂直尾翼。水平尾翼可控制飞机仰头升和俯冲降，垂直尾翼可控制飞机的左右转向。尾翼的作用是控制飞机俯仰和转向，保证飞机能平稳飞行。

对于一架飞机来说，重心尤为重要，重心不稳，飞机就会很难控制，严重的甚至坠毁。对于制作完成的固定翼飞机可采用悬挂法和通过轻抛观察飞行姿态的方法检查重心并进行调节。

飞机是重于空气的飞行器，当飞机飞行在空中，就会产生作用于飞机的空气动力，飞机就是靠空气动力升空飞行的。流动的空气就是气流，流速大的地方压力小，流速小的地方压力大。对于固定翼飞机，空气流到机翼前缘，分成上下两股气流，分别沿机翼上下表面流过，在机翼后缘重新汇合向后流去。机翼上表面比较凸出，空气流速加快，压力降低。而机翼下表面比较平缓，空气流速减慢，压力增大，这样机翼的上下表面就产生了压力差，垂直于气流方向的压力差就是飞机的升力。

第二阶段　室内模拟飞行

模拟飞行具有飞机种类多样、飞行场景丰富等特点，作为一种新的信息工具，理解模拟飞行和现实飞行的联系，模拟飞行有助于现实飞行。为了加深对固定翼飞机机翼和尾翼的理解应用，纸飞机学习也从模拟飞行开始训练。理解遥控器通过对飞机动力、副翼、尾翼的操控，进一步控制飞机的飞行。认识与了解模拟飞行软件和模拟遥控器，能说出至少两种不同类型的模拟飞行软件和模拟遥控器；掌握模拟飞行软件 Realflight G3.5 的安装、校准和富斯 SM600 模拟遥控器的操控方法。掌握飞行技巧，完成软件 Realflight G3.5 训练场中大圆筒、方框障碍飞行任务。

了解模拟飞行软件 Realflight G3.5 解压、安装、校准的步骤和方法，了解这一款软件如何切换视角、起飞地点和重新起飞，了解这一款软件包含多种机型和场地以及切换方法，重点介绍本节课选用的机型 yak54、训练场地机场（training course），通过幻灯片和微课的形式进行讲解。

了解富斯 SM600 这一款模拟遥控器的连接、微调以及摇杆控制。

教师使用上述介绍的遥控器和软件完成障碍飞行，在演示过程中对于飞行技巧进行穿插讲解。

以老师分好的小组，在组长的组织下，规范有序地练习，完成本节课大圆筒障碍飞行任务。学生飞行，教师来回各小组巡视，发现问题及时指导。

第三阶段　纸折飞机

由于纸飞机没有动力装置，纸飞机的飞行是利用重力与升力的两种力量交互作用形成的。纸飞机本身由于地球的引力导致机身向下掉落，纸飞机因为重力滑落，机翼此时会利用空气的流动产生升力，让纸飞机在空气中飘浮。一上一下的两股力量，再加上投掷时给予纸飞机向前滑行的动力，就能飞出优美姿态。

纸飞机的折叠千变万化，平时学生也喜欢折着玩，但没有思考其中的科学道理，也不清楚纸飞机每一部分的作用和调节方法，先让学生自己尝试折叠一架纸飞机，一起去操场比一比，既可以比飞行距离也可以比飞行时间，看看谁的纸飞机飞得最远，谁的纸飞机飞行时间最长，对比自己的纸飞机和其他同学折叠的纸飞机，看看能找到哪些相同点和不同点。

教师讲解纸飞机重心、尾翼和副翼控制纸飞机的飞行轨迹和方向的方法，学生利用老师讲解的方法调节自己的纸飞机后再比一比。最后查阅资料了解目前直线飞行距离最远和飞行时间最长的纸飞机，比较两种类型的纸飞机之间的区别。以苏珊纸飞机和空中之王纸飞机为例，学习纸飞机的折叠方法、调试、操场放飞和改进。

苏珊纸飞机是吉尼斯世界纪录飞行直线距离最远的纸飞机，创造了 69.14 米的世界纪录。每位同学用 A4 纸在教室折叠一架苏珊纸飞机，分组去操场进行放飞，比一比看谁飞的直线距离最远，观察探讨原因并对自己的纸飞机做进一步改进，然后再次放飞。

空中之王纸飞机是吉尼斯世界纪录飞行时间最长的纸飞机，创造了 27.9 秒的世界纪录。每位同学用 A4 纸在教室折叠一架空中之王纸飞机，分组去操场进行放飞，比一比看谁的飞行时间最长，观察探讨原因并对自己的纸飞机做进一步改进，然后再次放飞。

第四阶段　推板类纸飞机

纸飞机种类多样，有加动力装置的电动纸飞机，也有可以遥控飞行的遥控纸飞机，这类纸飞机和常见纸飞机相比最显著的特点是具有动力装置，但这类纸飞机价格相对较高，危险系数相对较高，对场地要求也较高。考虑到成本、安全和场地问题，有没有一种纸飞机成本低，危险系数低，对场地要求也不高，便于大面积普及，同时还能像具有动力装置的纸飞机一样有较长的飞行距离和飞行时间呢？我们发现，悬浮纸飞机和飞翼可以这样，它们的共同特点是都需要推板给予一个上升气流，只要你操作得当，悬浮纸飞机和飞翼可以一直在空中飞行。

悬浮纸飞机又称冲浪纸飞机。悬浮纸飞机是利用非常轻薄的专用纸折叠形成，因为纸比较轻薄，折叠难度大，容易损坏，悬浮纸飞机比较轻，需要在室内无风的情况下进行飞行。而飞翼主要通过组装完成，折叠难度小，不易损坏，飞翼相对悬浮纸飞机较重，既可以在室内无风的情况下飞行，又可以在室外微风的情况下飞行。悬浮纸飞机飞行速度相对较慢，飞翼的飞行速度相对较快。对于悬浮纸飞机需要进行反复折叠练习，折叠的悬浮纸飞机的好坏对于后期的飞行影响很大。飞翼一般只需要简单的调节重心即可，但在练习飞行时需要注意速度的控制。

在山坡的迎风面，气流会因为遇到山坡而向上升，形成的气流叫作地形上升气流，悬浮纸飞机和飞翼就是利用这一原理，利用上升气流把飞机托起来。在飞机飞行时，用一块略微向后倾斜的纸板，跟随纸飞机向前推动纸板，在纸板的前方就会形成上升气流，让飞机在空中持续飞行。

三、学习成果

航模活动是人们接触航空、学习航空、研究航空的一种途径，航模不仅对小学生的素质培养具有积极作用，而且顺应了当前素质教育的要求。通过小学阶段的航模学习，可以引起学生对于航空航天的关注与兴趣，为以后从事航空航天事业奠定了基础。通过航模学习，可以更好地把理论和实践相结合，培养学生手脑并用的能力。航模向充满求知创造欲望的学生提供这样一个实践机会，通过制作和放飞纸飞机，使他们在感受纸飞机飞上天空的乐趣的同时又能学到航空航天科技知识。

在教师讲解阶段，学生能够积极参与讨论，回答教师提问，理解固定翼飞机的构造，每部分的作用和飞行原理。在学生模拟飞行阶段，学生能够掌握模拟飞行软件 Realflight G3.5 和模拟遥控器 SM600 的调节操控方法，学生能够在小组长组织下有序进行练习，相互促进并完成模拟飞行任务。在学生纸飞机实践阶段，能够亲自制作苏珊纸飞机和空中之王飞机并进行放飞，能结合自己的纸飞机的放飞情况和老师讲解，对自己的纸飞机进一步改进并再次放飞。在推板类纸飞机实践阶段，学会悬浮纸飞机的折叠方法，能够独立折叠一架合格的悬浮纸飞机，能够独立组装飞翼并调节重心，能够使用推板推动悬浮纸飞机和飞翼飞行较长一段时间和控制方向。

【案例十一】陈燕

我的情绪我做主

一、项目概述

（一）项目说明

情绪伴随着人的生长过程，对人的身心健康具有一定作用，可以说是情绪影响着健康。情绪虽说是人的心理活动，但它与个人的学习、工作和生活等方方面面都息息相关。四年级的学生正在慢慢地形成独立人格，已经具有比较丰富的情绪体验，或高兴，或烦恼，或愤怒，学生的情绪表现又很不稳定、不成熟，容易冲动且肤浅、强烈、不协调，两极性明显，自我控制能力较差。本项目在四年级 4 班全体学生中进行，通过对情绪的认识、体验、调节等研究，引导学生正确认识情绪，根据自己情绪变化的特点，合理宣泄不良情绪，主动调控情绪，保持积极的、良好的情绪状态。通过项目学习，学会运用情绪管理方法控制自己的情绪，培养乐观向上的心态，获得健康快乐的人生。

（二）学习目标

1. 知识与技能

学会甄别积极情绪与消极情绪，运用情绪管理方法控制自己的情绪，合理表达自己的情绪。

2.过程与方法

学生在实践过程中运用收集资料、完成调查问卷、记录测试表等方式，通过小组学习、合作交流、分享展示等途径对情绪的相关知识及调节情绪的技能进行系统学习，并在小组、班级中分享探究过程和探究发现。

3.情感态度价值观

感悟情绪多样与复杂的基础上，树立"我的情绪我做主"的掌控意识，进而培养乐观向上的心态。

（三）项目计划书

阶 段	课 时	内 容	目 标
第一阶段计划方案	1课时	撰写项目活动计划书，发布方案。将全班学生分组，建立学生团队，在教师指导下开始交流。	明确学习任务、学习方式。
第二阶段实践操作	5课时	收集、阅读情绪的相关资料。在生活中，细致观察自己及他人的情绪表现，在老师指导下进行问卷调查，对调查结果进行数据统计，并完成分析报告。结合生活经验，运用同伴互助方式，共同寻找、总结调节情绪的办法，并尝试运用。以"我的情绪我做主"为题，撰写研究报告。	了解情绪的特点及基本分类。学会甄别不同情绪，合理表达自己的情绪。体验情绪的多变性、多样性，知道每个人在学习、生活中都遇到的情绪问题，并学习接纳自己的情绪问题。寻找调节情绪的办法，在实践中尝试运用这些方法调节情绪。
第三阶段交流分享	1课时	学生以小组为单位把自己研究的成果用喜欢的方式分享出来，例如：制作幻灯片，拍摄微纪录片，小报，讲故事，表演等形式。	通过分享，学生感悟情绪多样与复杂，树立"我的情绪我做主"的掌控意识，进而培养乐观向上的心态。

二、项目实施

第一阶段 计划方案

项目的选择要以学生的兴趣和需求为起点，在真实合理的情境中解决真实的问题，有效地关注到学生内心深处的学习需求。在日常学习生活中，我们发现四年级4班学生十分活泼好动，个性鲜明，情绪丰富而强烈，但很多同学不能正确排解自己的负面情绪，学生迫切地需要去了解、解决这些情绪困扰。因此在学生的学习能力范围之内，选择"我的情绪我做主"这一具有探索性的项目学习内容，能够引发学生在学习过程中的认知冲突，激发学生的内在动力，指导学生生活。

确定主题后，首先成立项目学习小组。在成立项目学习小组的过程中，既要充分尊重学生的自主选择，又要考虑学生的实际学习水平、学习能力以及个性特征，把不同层次的学生穿插安排到项目学习小组中去，实现小组成员之间互相学习的目的，达到项目学习的高效化。每一位学习者都要明确本小组成员之间的合作形式和自己在小组中的角色任务，分头执行各自的任务。项目学习小组成立之后，学生在小组内根据实际情况对项目学习的计划进行具体制订。在小组成员之间互相讨论的基础上，制订出完整的项目实施计划表，包括：资料收集、小组人员分配、完成调查问卷、数据分析、观察记录等。学生在小组内制订出项目学习计划之后，各项目学习小组要派代表在班级范围内对自己组的项目学习计划进行宣布，教师组织全班学生对各小组的项目学习计划进行讨论交流，进行修改或调整，直到最后符合要求才允许通过，最终形成项目学习方案。

第二阶段 实践操作

以 5 位同学为一小组，合作完成以下任务：

任务 1：了解情绪。

心理健康老师利用心理健康课进行课堂学习，讲解情绪的特点及基本分类。学生课外通过网络、报纸、杂志、书籍、课堂学习等途径，收集情绪的相关资料，并把资料整理汇编，阅读收集的资料，从这些资料中获取有关情绪的有效信息，为研究活动做好参考。

任务 2：辨别情绪。

运用观察法，指导学生在生活中，细致观察并填写观察表，记录自己及他人的情绪表现，学会甄别不同情绪，了解情绪和身体语言之间的秘密，合理表达自己的情绪。

任务 3：接纳情绪。

完成"小学生情绪问题调查问卷"并撰写调查报告，运用数据分析法，体验情绪的多变性、多样性，知道每个人在学习、生活中都遇到的情绪问题，并学习接纳自己的情绪问题。

任务 4：调节情绪。

在对情绪有了基本认识的基础上，学生共同探讨，寻找调节情绪的办法，记录"一周情绪测试表"，在实践中尝试运用这些方法调节情绪。

任务 5：共同写作。

学生以小组为单位，共同撰写研究报告，形成研究成果。

第三阶段 交流分享

本项目的问题符合学生兴趣和实际需求，使得他们积极投入，不仅在课堂和同伴辩论探讨，课外也饶有兴致与家长讨论，和身边人互动。学生沉浸在自己的学习项目中，而且愿意花费额外时间去思考和完成。在项目学习活动中，学生收集了大量关于情绪的资料，并对资料进行了整理；在老师的指导下，进行了问卷调查，并对调查结果做了简单的数据分析；各小组细致观察自己及他人的情绪表现，认真做好记录，这些都是学习过程中宝贵的资料。在第三阶段，学生将这些活动记载、体验、收获、思考，通过制作展示幻灯片、讲心情故事、分析案例、手抄报展览、制作调节情绪小锦囊等方式，进行全班分享交流。对于同一个活动主题，不同小组根据自己组员讨论并进行改进，最后呈现不同的项目研究侧重点，这些不同类型的分享作品是学生创造力、思考力和团队力的结果。通过分享交流，学生互相观摩学习各自项目研究的经验和不足，互助成长。多次交流磨合，让他们学会如何表达自身想法，如何倾听他人观点。通过分享交流环节，学生们从心理到思想上得到了升华，为今后的学习、生活奠定了良好的基础。

三、学习成果

在项目学习的过程中，充分发挥学生的主体地位，在对情绪的认识、体验、调节等不同研究环节中，通过收集资料、观察现象、分析数据、实践操作等活动，学生带着问题在真实自然世界和生活中寻找答案，在共同探究中不断思考发现，并围绕问题进行协作研究。学生对情绪的认识逐渐清晰，在活动过程中渐渐变得更愿意和大家分享自己的情绪体验，并撰写"我的情绪我做主"研究报告，来记录分享学生探究过程中的发现和思考。通过项目学习，孩子们不仅学习了心理健康相关知识，也提高了信息收集、整理、分析的能力。通过合作完成任务，感受团队的力量和成功的快乐，有效地引发他们的探究学习，成为帮助学生发现自我成长的原动力，为学生的全面发展搭建平台，让孩子们快乐成长、筑梦向未来。

"我的情绪我做主"项目学习研究报告

班级　四（4）班　　组别　第1小组

一、问题提出

我们每个人遇到不同的事情，都会有不同的反应，有时很开心，有时很生气，有时很沮丧……情绪是怎么来的？情绪有好坏吗？我怎么从别人的表情、身体语言去辨别他的情绪？我的情绪应该怎么表达？有什么控制、调节情绪的好办法吗？我想弄明白这些事。

二、项目名称

我的情绪我做主

三、猜测

情绪有好的和坏的，情绪可以通过身体表现出来，人应该可以控制情绪。

四、项目研究过程与方法

1. 成立项目学习小组

小组成员以及分工

同学A（组长）	同学B	同学C	同学D	同学E
组织协助组员完成任务	完成观察表填写	完成调查问卷数据收集	完成测试表填写	完成小组研究报告

2. 收集和情绪有关的资料，整理资料，学习资料。

3. 在生活中体验、观察自己和他人的情绪，填写表格。

五、项目数据及分析

（一）他人情绪观察表

班级 四（4）班   记录人 同学 B

观察时间	观察对象	情绪状态	推测理由
2019.10.22	同学 1	高兴	哈哈大笑，手舞足蹈
2019.10.22	同学 2	得意	说了很多瞧不起人的话
2019.10.22	妈妈	生气	大声和爸爸吵架
2019.10.23	同学 3	伤心	流了很多眼泪
2019.10.23	同学 4	兴奋	大喊大叫，跑来跑去
2019.10.24	同学 5	害羞	脸红
2019.10.24	爸爸	愤怒	用手打我，一直骂我
2019.10.25	同学 6	高兴	一直在笑
2019.10.25	同学 7	炫耀	下课就在教室门口点击显示屏，要我看他的蜜蜂章
2019.10.25	同学 8	郁闷	在座位上闷闷不乐

　　我们的发现：可以通过人的动作、表情、身体姿势、声音语调等表现，推测出他的情绪。

（二）自我情绪观察表

班级 四（4）班   记录人 同学 D

时间	事件	情绪	身体表现
2019 年 10 月 28 日	体育课跳绳	兴奋	很有力量
2019 年 10 月 29 日	期中考试	紧张	心跳很快
2019 年 10 月 29 日	考试后对答案	沮丧、后悔	没有劲，不想说话
2019 年 10 月 30 日	和同位吵架	气愤	忍不住流眼泪
2019 年 10 月 30 日	老师夸我	害羞	别人说我脸红了
2019 年 10 月 31 日	中餐不守纪律，被点名批评	难过	不想吃饭
2019 年 10 月 24 日	爸爸	愤怒	用手打我，一直骂我

我们的发现：人在不同情绪下，会有不同的身体反应。比如害羞会使脸发烫，紧张时心跳会加速。

（三）一周情绪测试表

班级 四（4）班　　记录人 同学E

时间＼类型	快乐	喜爱	害怕	气愤	……	调节方法	效果
星期一	√						
星期二			√			深呼吸	有效
星期三				√		和好朋友倾诉	有效
星期四	√					告诉爸爸妈妈	全家都开心
星期五					后悔	把试卷重新做了一遍	有信心
星期六					伤心	听歌	有效
星期日		√				告诉家人	分享快乐

我们的结论：情绪是可以调节的，运用合适办法，可以帮助我们调节情绪。

六、项目学习结论

通过"我的情绪我做主"项目学习，我们知道人有不同的情绪，情绪并没有好坏之分，每个人都可能产生积极情绪，也可能产生消极情绪，我们可以分享积极情绪带来的美好，也可以接纳消极情绪带来的困扰。

当心情不好时，可以试试以下几种方法，让自己快乐起来。第一，寻求社会支持。向老师、父母、朋友等寻求帮助与支持。第二，合理宣泄。通过运动等释放压力、烦闷、苦恼和愤怒等情绪。另外，大哭一场，也能缓解委屈、悲伤等情绪。第三，转移注意力。例如：当要求暂时得不到满足、面临恐惧、害怕时，玩玩游戏、唱唱歌，想一些有趣或开心的事。第四，采用合理的方式消除挫折来源，摆脱困境。

七、项目学习收获

通过"我的情绪我做主"项目学习，我们有很多收获。

1.我们了解了很多关于情绪的知识，并能在生活中运用。

2.我们学会了填写观察表、调查表、测试表，会对数据进行收集和分析。

3.小组同学合作完成任务，感受团队的力量和成功的快乐。

"我的情绪我做主"项目学习研究报告

班级　四（4）班　　组别　第3小组

一、问题提出

人的情绪多种多样，在遇到不同的事情时，我们会有不同的情绪。表达自己的情绪，除了语言，还能有什么别的方法呢？我怎能从别人的表情、身体语言去辨别他的情绪？情绪和身体语言之间有什么小秘密？……我想弄明白这些事。

二、项目名称

我的情绪我做主

三、猜测

表达情绪的方法有很多种，可以通过身体动作表现出来，通过身体语言可以推测到别人的情绪。

四、项目研究过程与方法

1. 成立项目学习小组

小组成员以及分工

同学A（组长）	同学B、同学C	同学D、同学E
组织协助组员完成任务并撰写研究报告	完成他人情绪观察表填写	完成自我情绪观察表填写

2. 查阅书籍、上网，收集有关情绪和身体语言关系的资料。

3. 在生活中体验、观察自己和他人的情绪，填写表格。

五、项目数据及分析

（一）他人情绪观察表

班级 四（4）班　　记录人 同学B、同学C

观察时间	观察对象	观察现象	推测情绪状态	实际情绪状态
2019年10月16日	同学1	回答问题时低着头	不自信	害怕答错
2019年10月16日	同学2	不停笑嘻嘻	高兴	高兴
2019年10月18日	同学3	做作业时抓头	焦虑	焦虑
2019年10月19日	老师	同学回答问题后给他竖起大拇指	高兴	满意
2019年10月23日	爸爸	下棋时把棋子摸来摸去	犹豫	犹豫
2019年10月25日	同学4	脸红	害羞	害羞
2019年10月28日	妈妈	随便抓个东西打我	愤怒	愤怒
2019年10月28日	同学5	在座位上发呆	郁闷	无聊
2019年11月4日	同学6	给我看他新买的文具	炫耀	得意
2019年11月6日	同学7	和老师说话时站得很直，一动不动	紧张	紧张

我们的发现：在现实生活中，就算别人没有说出他的情绪，通过观察面部表情、身体动作大致就能猜测出他的情绪状态，这是个神奇的发现。

（二）自我情绪观察表

班级 四（4）班　　记录人 同学D

时间	事件	身体表现	情绪
2019 年 10 月 12 日	老师突然要我去办公室	心跳加快	紧张
2019 年 10 月 12 日	换课，多上一节体育课	跳了起来，往教室外跑	高兴、兴奋
2019 年 10 月 14 日	妈妈误会我	忍不住流眼泪	难过
2019 年 10 月 16 日	考试没考好	不想说话，闷闷不乐	难过
2019 年 10 月 18 日	老师夸我	心跳快，脸红	兴奋、害羞
2019 年 10 月 22 日	数学作业不会做	发呆，转笔	茫然
2019 年 10 月 23 日	被点名批评	不想吃饭	难过
2019 年 10 月 28 日	周一晨会全校发言	不停上厕所	紧张
2019 年 10 月 30 日	同学邀请我去他家玩	一路蹦蹦跳跳，有说不完的话	高兴
2019 年 11 月 3 日	体育课接力赛	特别有力量	期待

我们的发现：人在不同情绪下，面部表情、身体反应是不同的，我们的行为反映了我们的情绪。

六、项目学习结论

人都会有情绪，表达情绪的方法有很多。除了直接用语言说出自己的情绪外，人们最主要和最直接的方式就是通过面部表情的变化和身体姿态的改变来表达情绪。

现实生活中我们要善于观察，就算对方没有说出由某件事产生了何种情绪，通过观察面部表情大致就能猜测出。同样地，我们也会通过身体语言无声地告诉别人自己的情绪。在人际交往中，我们可以通过身体语言表达消极负面的情绪，也同样可以借此向对方传达自己积极的情绪，我们要学着用身体语言来为情绪表达加分，能更好地与他人进行沟通。

七、项目学习收获

在"我的情绪我做主"项目学习中，我们组重点研究了情绪和身体语言的关系，解开了他们之间的很多小秘密，我们有很多收获。

1.我们了解了很多关于情绪和身体之间关系的知识，知道用身体语言去表达情绪，也能通过观察身体语言来感受别人的情绪，更好地与人沟通。

2.我们学会了仔细地关注自己、观察别人，学习填写观察表，会对观察到的现象进行分析。

3.小组同学合作完成任务，感受团队的力量和成功的快乐。

第二节 跨学科项目学习

【案例十二】杜洁燕

多彩世界杯

一、项目概述

（一）项目说明

国际足联世界杯（FIFA World Cup）简称"世界杯"，是深受全世界人民推崇和喜爱的体育赛事，是世界上最高荣誉、最高规格、最高竞技水平、最高知名度的足球比赛，是全球各个国家在足球领域梦寐以求的神圣荣耀，也是各个国家（或地区）所有足球运动员的终极梦想。本项目学习内容是引导学生了解"世界杯"的相关知识，探寻世界杯蕴含多彩的世界文化，并能运用学科知识解决实际问题。本项目在全学科中开展，所有学生参与，各个学科围绕"多彩世界杯"主题，确定子课题，开展各具特点的学科活动。通过项目学习，同学们不仅加深了对学科知识的理解与运用，也从中收获了运动与健康、审美与激情、坚毅与勇敢、自由与快乐，全面提升了综合素养。

（二）学习目标

知识与技能：深入挖掘和探讨世界杯中蕴含的各学科知识，并能学以致用，解决实际问题。

过程与方法：学科教师在本学科指导本年级学生在实践过程中运用收集资料、小组学习、合作交流、分享展示等方式对世界杯足球赛的相关知识与技能、历史与文化进行系统学习，并在小组、班级中分享探究过程和探究发现。

情感态度价值观：感受世界杯的精彩与激情，培养学生健康阳光、积极向上的生活态度，形成坚毅勇敢的品格，提高审美情趣，增强对世界多彩文化的热爱。

（三）项目计划书

阶段	时间	学科	内容	目标
第一阶段：9月 课外收集整理资料		体育	了解足球这个运动项目，学习简单的足球知识和动作技术：左右拉球、前后拉球、原地踩球、交替踩球、原地拨球、进间拨球、脚背正面运球、脚内侧运球、脚内侧传球。	通过世界杯了解足球这个运动项目，并通过学习简单的足球知识和动作技术，对足球战术有基本了解，激发学生对足球的兴趣，培养学生足球球性，从而提升学生的协调性、灵敏性、速度等综合能力。
第二阶段：10—11月 学科课堂实践操作		音乐	了解世界杯主题曲的创作背景、风格特色、歌曲含义和节奏旋律特点变化。学会经典节奏在歌曲中用舞蹈、鼓点等音乐活动表现。	感受歌曲情绪和表达的情感，激发对音乐的热爱，学习世界杯球员们拼搏向上的积极乐观主义精神。
		美术	了解世界杯各国（或地区）旗帜、球衣、吉祥物、足球明星等相关知识，并运用彩绘、刮画、剪贴等方式完成美术作品。	在欣赏、描述、分析的过程中提升学生的审美素养，培养学生热爱艺术，热爱生活的积极态度。
第三阶段：12月 班级交流分享汇报		语文	阅读有关足球的绘本故事，讲足球故事；以"我最喜欢的球队或者球员""足球赛场上的精彩瞬间"为题，开展演讲比赛；进行"足球解说模仿秀"；举行"足球比赛引进电脑裁判是利大于弊还是弊大于利"主题辩论赛。	通过故事会、演讲比赛、模拟解说、辩论等形式，培养学生的口语表达能力、倾听能力，思辨能力。感受球员身上闪光点和所代表的体育精神。

续前表

阶段	时间	学科	内容	目标
第四阶段：1月 校级学习成果展示		数学	提出与世界杯相关的数学问题。收集资料，运用统计表、条形统计图、折线统计图，整理分析数据得出结论，完成研究报告。	让学生养成统计的意识，培养学生收集数据、整理数据的能力，体会数学与生活的紧密联系。
		英语	用英语口语介绍世界杯举办国的国名、国旗、地理位置、风土人情、著名球星和足球术语	锻炼孩子们英语口语表达能力和交际能力，培养孩子们开放、多元的足球文化意识，懂得这些国家举办世界杯的优势所在。
		科学	充分借助信息技术与学科工具，进行手工制作、电脑绘图、趣味编程、机器人竞技、3D打印以及无人机飞行操作。	培养学生热爱世界杯文化，提高学生动手动脑能力，提升学生信息素养。

二、项目实施

第一阶段 课外收集整理资料

课外收集世界杯相关资料非常重要，也是工作量很大的一环，而且老师学生都要收集资料，并不是学生单方面的行为，这是进行本项目学习的基础和保障。一方面老师引导学生自主通过网络、报纸、杂志、书籍等途径收集和本学科相关的世界杯资料，另一方面老师也要有针对性地提供一些资料给学生参考。例如：体育着重关注足球知识、赛事；音乐收集世界杯主题曲及欣赏知识；美术收集各国国旗、球衣、吉祥物、球星图片；语文收集和足球有关的绘本、故事、世界杯精彩瞬间等镜头；数学收集世界杯分组、比分、排名等数据；英语收集世界杯举办国风土人情、地域特点、出过哪些著名球星等资料；科学着重了解世界杯吉祥物等文化元素以及 3D 打印等相关软件知识。

依据学科性质的不同，老师布置学生收集资料的种类也不同，有音视频、图片、书籍、文档、幻灯片等。学生除了收集资料，还要认真研读资料，从整体上大概了解世界杯历史文化、足球赛事等知识，由于学生收集的是七个学科的资料，所以自己要善于加以整理，提炼有效信息，记录下来，然后班主任帮助学生在云盘分门别类、科学有序地建立资料文件夹，以便需要时调用。老师的工作除了收集资料外，还要撰写本学科的项目计划书，做好课时安排，备课、教案必须清楚完整，具有指导意义和实践性。

第二阶段　学科课堂实践操作

在收集整理资料、备好课的前提下，老师组织学生观看 2018 年世界杯，并提出：在观看足球世界杯前，思考自己都有什么问题。让学生带着自己的问题进行观看，并着重关注本学科的知识点。引导学生在观看足球世界杯的过程中有怎样的发现，做好记录。教师课上指导点拨，解决困惑、难点，学生具体实践操作。

体育：

教师讲解、演示足球基本动作和技术，学生通过练习掌握方法，从低年级到高年级、从原地到行进间难度逐渐加大，让学生在熟悉球性的基础上，掌握动作技术，发展学生控球、运球能力。一年级：拉球，训练左右拉球、前后拉球。二年级：踩球，训练原地踩球、交替踩球。三年级：拨球，训练原地拨球、行进间拨球。四年级：运球，训练脚背正面运球、脚内侧运球。五年级：传球，训练脚内侧传球。六年级：射门，训练脚背正面射门、脚内侧射门。

音乐：

通过观看视频、教师教授、学生自学、小组学习、音乐游戏等方法赏析歌曲。一年级《生命之杯》：通过哼唱旋律、节奏游戏，锻炼孩子们聆听音乐和表现音乐的能力。二年级《非洲时刻》：通过音乐游戏，更深刻体验非洲音乐的特点。三年级《我们是冠军》：学习打击乐演奏的方式，锻炼学生鉴赏音乐和表现音乐的能力。四年级《别样的英雄》：学唱歌曲，了解歌词含义，锻炼学生鉴赏音乐的能力。五年级《旗帜飞扬》：通过舞蹈的表现，体验非洲音乐的特点。六年级《意大利之夏》：通过思维导图对比出三个不同版本歌曲的风格特点和差异，培养学生分析歌曲风格特点的能力。

美术：

运用创设情境与讲授的教学方式，以绘画与欣赏两个内容为主，通过作品展示，提高学生审美素养及表达能力。一年级画国旗：通过颜色、符号认识各国国旗，完成两面国旗的绘制。二年级画球衣：示范讲解绘画球衣的基本方法，绘制球衣一套。三年级足球比赛时刻刮画：学会运用刮画的形式表现比赛的激烈场景。四年级足球比赛时刻剪贴画：综合运用绘画与剪贴的方式制作立体的足球世界杯的比赛一角。五年级画吉祥物：描述吉祥物的外观特征并将其绘制出来。六年级画球星：介绍不同球星的足球成绩、面部特征及招牌动作，画出你最喜爱的球星。

语文：

老师课上与课下充分结合，通过足球世界杯这一主题课上讲授阅读、演讲、辩论等方法，课下学生自主练习，最后分小组汇报。运用这样的综合形式提高学生口头表达能力和与人交际的能力，促进学生语文素养的提升，激发学生对体育精神的向往和对美好世界的热爱。一年级：阅读有关足球的绘本故事，召开班级故事会。二年级：讲一个关于足球赛的趣味故事，情景剧表演。三年级：以"我最喜欢的球队或者球员"为题，开展演讲。四年级：脱稿演讲，演讲主题"足球赛场上的精彩瞬间"。五年级：开展"足球解说模仿秀"活动。六年级：以"足球比赛引进电脑裁判是利大于弊还是弊大于利"为主题，开展辩论赛。

数学：

师生讨论共同明确本年级提出的问题和统计任务。一年级：2018足球世界杯分组情况及各组参赛球队情况。二年级：近五届足球世界杯进球最多的球队。三年级：近五届足球世界杯举办国前期投入、后期收益与什么相关。四年级：我喜欢的球队近五届足球世界杯参赛情况。五年级：三个国家在近五届足球世界杯的参赛场数。六年级：哪个国家队在历届足球世界杯中夺冠次数最多。老师课上讲授统计知识，小组内进行任务分工。学生课下通过收集的原始数据，完成统计表，全班交流，得到一些收集数据的方法，小组再整理数据，汇总完成统计图。师生分析数据得出结论，并解决提出的问题。学生完成研究报告，在全班进行分享。

英语：

各年级确定研究点，着重通过足球世界杯利用英语表达和口语交际了解多彩的世界各国文化，对各个国家的国旗、国名、地理位置、风土人情、著名球星的成长经历等进行介绍，以口语交流、情景表演、小导游等方式展示。世界分为五大洲。三年级选取日本和韩国、四年级选取南非、五年级选取四个美洲国家、六年级选取几个欧洲国家，介绍其具体地域特点、风俗特征、出现了哪些著名的球星、取得的足球成就等，研究其成功举办足球世界杯的原因及意义。

科学：

教师讲授足球世界杯基本知识和信息技术原理，学生分年级自选技术工具，通过实践操作练习技能，社团培训加以强化。一年级：陶泥捏国旗。了解足球世界杯、认识世界各国国旗，完成泥塑。二年级：软件画足球。了解足球形状、颜色等构造，运用软件绘制足球。三年级：学习足球小游戏。设计足球游戏小程序。四年级：机器人足球比赛。给机器人编程，进行足球比赛。五年级：3D打印足球世界杯历届会徽。画设计图、建模、3D打印。六年级：3D打印大力神杯。画设计图、建模、3D打印大力神杯，并表述制作技巧。

第三阶段　班级交流分享汇报

通过一段时间的教师指导、学生练习，最终学生要完成每一个学科的作品。每个学科作品的类型不一样：有文档类、幻灯片类、音视频类、实物类、研究报告等。每个学科作品的内容也不一样：体育是展示一种足球动作技能；音乐是表演歌曲或舞蹈等；美术用作品展示；语文是举行故事会、演讲比赛、辩论赛等；数学是分享研究报告；英语用口语情景表演；科学是通过软件工具设计作品。虽然学生作品的内容不同、种类不同、形式不同，但检验学生作品的标准是相同的。即：通过项目学习这一过程，达到解决问题的目的没有？学生对足球世界杯有没有一定的认识和了解？学生透过足球世界杯对世界文化和体育精神产生了怎样的情感态度价值观？学生在完成作品后，要在全班进行交流分享，学生在倾听的过程中会对自己的作品加以修正、补充、完善，大家相互学习，取长补短，在交流碰撞中潜移默化提高学习能力和逻辑思维能力。同时，全班分享也给同学们提供了一个非常好的交际展示平台，大家可以畅所欲言，各抒己见，锻炼了同学们的口头表达能力、交往能力、判断能力等综合能力。老师在这一过程中始终处在一个引导者、参与者、合作者的角色，鼓励学生大胆表达、质疑，最终帮助他们在独立研究的道路上迅速前进。

第四阶段　校级学习成果展示

"世界杯"项目学习活动从 2018 年 9 月开始，历经收集整理资料、学科课堂实践、完成作品、作品分享四个阶段，并于 12 月 29 日，在学校报告厅（体育在操场）举行了全学科"多彩世界杯"项目学习分享会。通过近半年的项目学习活动，各个学科围绕"世界杯"主题，开展各具特点的学科活动。学生们不仅学习到了学科知识，也感受到了足球的真谛，享受足球世界杯带来的欢乐。

体育：全校学生在操场分年级展示了他们学到的足球技能，一年级拉球、二年级踩球、三年级拨球、四年级运球、五年级传球、六年级射门，孩子们动作较为娴熟流畅，一个个就像生龙活虎的足球小健将，充分表现了学生对足球运动的兴趣与热爱，培养了他们坚强勇敢的品格。

音乐：一年级表演《生命之杯》虽稚嫩，但动作整齐，用鼓槌打出了歌曲基本节奏。二年级用热烈活泼的舞蹈演绎《非洲时刻》，孩子们穿上草裙，舞出了奔放的舞姿，很有非洲舞步的特点，五年级同学则分坐在两旁用鼓打击节奏。三年级啦啦操跳出了《我们是冠军》的自豪与奔放。四年级深情演唱了《别样的英雄》，用歌声表达对英雄的崇敬之情。

美术：一年级运用彩绘的方式，绘制出自己喜欢的两面国旗。二年级通过绘画各国足球队球衣，认识了解了各国球衣的特点和含义。三年级的刮画特色鲜明，生动表现了足球比赛场景。四年级通过剪贴的方式将绘画变为立体的场景，栩栩如生。五年级通过临摹绘制的吉祥物呼之欲出。六年级用抓住球星面部特征的方式，用简洁的线条表现人物特点。同学们在欣赏、描述、分析的过程中提升了审美素养，反映出积极追求美好生活的愿望和态度。

语文：一年级阅读了和足球有关的绘本，讲起故事来绘声绘色，有模有样。二年级学生演绎了生动的课本剧《足球发烧友》，让人忍俊不禁。四年级学生激情演讲《我最喜爱的球星》，感染了在场所有同学。五年级现场解说足球世界杯精彩瞬间。六年级同学就"足球世界杯比赛引进电脑裁判的利弊权衡"展开激烈的辩论。各年级的表现都让人眼前一亮。

数学：同学们选取跟足球世界杯有关的主题，用数学视角、数学语言、数学方法进行数据分析，娓娓道来，条理清晰，过程清楚，结论正确。一份份严谨、规范、准确的研究报告引得观看的老师和同学一片赞叹。

英语：同学们用流利的英语进行 10 个主办国的基本介绍，大方而充满自信。三、四年级学生互相配合，三年级拿着自己绘画的各国国旗介绍国名及国旗的样子，四年级则相机介绍该国最为耀眼的球星。五年级现场演绎足球术语"颠球""扑球""控球""射门"。六年级用小导游的形式带大家游览各国，了解举办国的风土人情。

科学：一年级同学手工制作了各国国旗，对世界各国国旗的图案、颜色以及在地图上的位置有初步的认识。二年级学生现场利用画图软件进行了足球的绘制。三年级同学利用 Scratch 趣味编程软件设计了多个足球小游戏。四年级同学为大家带来了一场机器人世界杯比赛，两队选手利用遥控操作机器人，推球进门。五年级同学利用 3D 打印技术再现了具有四届"世界杯"代表性的会徽作品，并介绍了每一枚会徽的设计思想和精神内涵。六年级同学操控大疆四轴无人机运送世界杯的象征大力神杯从后方飞入会场，将气氛引入高潮。

三、学习成果

在全校全学科的"多彩世界杯"项目学习展示活动中，孩子们的作品和他们的表现让所有在场老师赞叹不已，很多都充满了创意和奇思妙想，同时也具有学术的严谨规范性。项目学习活动让菁菁校园充满了活力。一方面大家一起看球、评球、踢球，锻炼了身心，充分感受到了足球的魅力和世界杯的人文精神；另一方面通过项目学习，提高了孩子们动手动脑能力、口语表达能力、艺术审美能力、科技创新能力，学会了与人合作、沟通、交往，从而促进了自身全面发展。

【案例十三】石玉立

百花园

一、项目概述

（一）项目说明

"一年之计在于春，万物逢春百花开"。为了让孩子们在春天的美好时节了解植物的生长过程，学习到一些科学知识，培养善于观察的良好习惯，激发他们的科学兴趣，学校拟开展"百花园"项目学习活动。参与百花园项目学习的对象是全校1~6年级学生，有较好的科学基础。本着"让每一个孩子享受公平而有质量的教育"的学校办学理念，百花园项目学习旨在让学生平等享受优质资源和教育，开阔视野，增长见闻，丰富学识。项目学习更加关注引导学生"怎么做"，以学生为主体参与的方式，通过活动安排，围绕特定的主题，开展项目式学习。项目将利用网络资源和校外学习场所，让学生走出教室，走进自然，在实践中学习、体会、应用，潜移默化地增强创新与问题意识、人格与公民意识、分享与合作意识，形成健康体魄，提高有层次的思考与动手解决问题的能力。

（二）学习目标

知识与技能：通过让学生亲自动手种植、栽培植物，学习用科学探究的方法观察植物生长的过程，了解植物生长的秘密，体验科学探究的乐趣，培养学生尊重科学、热爱科学的精神。

过程与方法：六个年级分别种植一种植物，学生通过种植、观察、记录、实验、探究，体验一系列种植活动，发现和解决植物生长过程中的具体问题，形成研究成果，并乐于与他人分享。

情感态度价值观：学生通过自然笔记来记录分享种植的过程、发现和思考。

（三）项目计划书

项目学习时间表

阶段	时间	教师活动	学生活动	目标
第一阶段	第1周	撰写项目计划书，准备学习方案、学生分组，发布方案。	建立学生团队，在教师指导下认识对方，开始交流，明确学习任务、学习方式。	熟悉学习内容和学习伙伴。
第二阶段	第2周	科学老师根据自己任教年级学生特点，选定种植植物，给学生讲解该植物的相关知识。	学生通过网络、书籍等渠道收集资料。	了解选定植物的相关知识。
第三阶段	第3周	指导学生进行播种。	每个孩子买好种子，准备小花钵，准备自然笔记本。	种植植物，提出问题。

续前表

阶段	时间	教师活动	学生活动	目标
第四阶段	4~10周	指导学生发现植物生长过程中的具体问题，观察实验，探究解决问题。指导学生写自然笔记，收集学生种植全过程中播种、发芽、长叶、开花四个阶段的图片、视频。	以小组为单位种植花卉，组内分好工，用心观察，认真记录，写好自然笔记。	通过实验来验证植物生长、闭合等和天气、温度、湿度、光照等的关系。
第五阶段	11~12周	设计实验报告，指导学生怎样撰写实验报告、科学小论文。	提交实验报告和科学小论文。	提高学生写作水平。
第六阶段	13~14周	组织学生撰写项目报告、制作作品并组织交流汇报。	以小组为单位把自己种植研究的成果用自己喜欢的方式分享出来。	培养合作交流能力。

二、项目实施

第一阶段：计划方案（2月底）

项目学习负责人撰写各年级的项目计划书，准备学习方案、学生分组，发布方案。建立学生团队，在教师指导下认识对方，开始交流，明确学习任务、学习方式。

一年级学生在实践过程中运用观测、实验等方法对太阳花与光照进行探究；二年级学生在协作中运用观察、测量等策略对鸡冠花共同探究；三年级学生对凤仙花茎的生长速度与时间的关系共同探究；四年级学生在远程协作中运用观测、实验等策略对吊篮的培育方法——水培、土培共同探究；五年级学生是运用观测、实验等策略对含羞草的行为进行共同探究，在整个活动过程中始终以"空气温度、湿度对含羞草闭合的影响"这个问题为纽带进行协作研究；六年级学生通过种植牵牛花，观察牵牛花，对牵牛花开花时间的探究，并通过网络及时分享探究过程和探究发现。各年级在小组、班级分享自己的探究过程和探究发现。在整个活动过程中始终以问题为纽带，让学生在共同探究中不断发现问题，并围绕问题进行协作研究；进一步探索光照、温度、湿度等对植物的发芽、长高及开花形态的影响。让学生学着撰写研究报告、科学小论文，以此来记录学生对它们的观察和思考。

第二阶段：知识普及（3月）

科学老师根据自己任教年级学生特点，选定一种植物，花一课时时间给学生讲解该植物的相关知识，形成教案、5~10分钟视频。请蒲公英阅读推广人——吴锦萍老师讲如何做自然笔记。学生通过网络、书籍等渠道收集资料。

在课堂上老师给学生介绍植物的大致分类，并讲解几种具体的植物的特性，帮助学生了解植物的分类方法。通过学生讲述喜欢的植物，对分享的植物进行投票，选择大家准备一起种植的植物。学生兴趣浓厚，学习非常认真。他们对植物的分类有了一个大致的了解，能够说出几种生活中常见的植物属于什么类，能对自己喜欢的植物进行讲述，并通过投票选出大家一起种植的植物。经过上课反馈，学生对种植方法有了一定了解。

自然笔记类似于日记。它采用文字、图画、视频等形式，对身边大自然的各种现象进行记录；它是一种多学科融合的综合实践活动。但它不是原原本本简单的观察记录，还要加入自己的思考和发现。教学老师们要激发学生的学习兴趣，引导学生去观察大自然、了解大自然，把自己所看到的内容记下来、画下来，学会做自然笔记，学会发现问题、思考问题、解决问题，全面提高学生的综合能力和科学素养。

第三阶段：活动准备（3 月）

科学老师指导学生进行播种，给学生讲解种植方法以及注意事项，并将教学幻灯片发到各个班群给家长参考。每个孩子买好种子（一年级种太阳花，二年级种鸡冠花，三年级种凤仙花，四年级种紫罗兰，五年级种含羞草，六年级种牵牛花。）准备小花钵、自然笔记本。接着，每个年级每个班的学生按照不同的项目学习任务进行分组，各个小组选出组长。组长策划具体的研究方案，分配组员任务并协助组员完成任务。组员明确活动任务，做好充足的准备。

第四阶段：观察记录（3~6 月）

语文老师用一课时指导学生写自然笔记，形成教案、5~10 分钟视频。自然笔记既要科学记录，又要生动形象，图文并茂。此外还要收集学生种植全过程中播种、发芽、长叶、开花四个阶段的图片、视频。班主任要负责督促孩子们坚持到底。

科学老师指导学生发现植物生长过程中的具体问题，观察实验，探究解决问题。要有相关指导的图片、视频。比如：对播种过程中不规范的行为进行纠正，提醒学生按时给种子浇水，每天观察。植物的茎越长越高，要求同学们移植和换较大的花盆。移植过程中植物的根带土移植，要小心保护植物在移植过程中不受损伤。提醒学生注意每天观察记录并手绘观察日记（图画和文字）。

学生们以小组为单位种植花卉，组内分好工，用心观察，认真记录，写好自然笔记（有变化就要写）。学生对照老师讲授的内容思考自己的种植，了解移植的意义和必要性，对自己种植过程中的不足进行修正。绝大部分的同学移植过程很成功，植物也在移植后健康成长。在实践中尝试画播种和发芽的观察日记，记录具体时间和手绘植物生长进程。提醒学生认真观察，描述和画出具体细节。交流观察日记，及时改进。通过对不同同学的种植记录分析原因，提高同学们对植物的认识。

第五阶段：实验报告（6月）

科学老师设计实验报告形式，语文老师专门讲授怎样撰写实验报告、科学小论文，形成教案。学生提交实验报告和科学小论文。（只3~6年级写小论文）

第六阶段：制作分享（7月）

学生以小组为单位把自己种植研究的成果用自己喜欢的方式分享给大家。例如：制作幻灯片，拍摄微纪录片，小报，讲故事，表演等形式。有的班级还将活动的成果进行汇报和交流，受到观课老师的一致好评。同学们在汇报时，根据内容自主选择、自由发挥。有的小组借助幻灯片中图片、文字、视频（网络查询、整理的资源）向大家介绍了植物名字的由来、生活习性、如何栽培等信息。有的小组展示自然笔记，将平时所画的自然笔记拍成图片，以幻灯片的形式呈现，并介绍植物生长的整个过程，以及自己的种植感受。有的小组进行现场试验，介绍试验对象、器材，组长讲明人员分工、注意事项等。有的小组将平时研究、绘制的研究报告拍成图片，以幻灯片的形式呈现，介绍研究报告的核心内容。有的小组以科学小论文的形式汇报项目学习的收获。还有的小组介绍观察植物的"形色"APP，在汇报时，现场使用"形色"APP，投影出查询结果，并介绍植物的相关知识。

三、学习成果

在2018年开展"百花园"项目学习时，本校学生都具备了一定的科学素养，掌握了基本的科学知识和科学严谨的探究方法。学生作为学习的主体，通过独立或小组完成项目学习活动，把理论与实践有机地结合起来，不仅提高了理论水平和实际操作技能，而且还在教师有目的地引导下，提高了合作、解决问题等综合能力。

以几个年级为例，看看他们制作的研究报告是什么样的。

"百花园——植物生长的秘密" 项目学习研究报告

班级 <u>五（2）班</u>　　组别 <u>第一小组</u>

一、问题提出：

每当我们触碰含羞草时，含羞草的闭合速度有时快、有时慢，我们组便产生了一个疑问：含羞草的闭合速度与温度和湿度有什么关系呢？

二、项目名称：

含羞草的闭合速度与温度和湿度的关系。

三、猜测：

含羞草的闭合速度与温度和湿度有关系。温度高，闭合快；温度低，闭合慢；湿度高，闭合慢；湿度低，闭合快。

四、项目准备

1. 种养材料：含羞草种子、花盆、土壤、小铲子、喷壶。

2. 种植时间：3月22日。

3. 种植地点：武昌区司门口广福坊18号。

4. 数据采集工具：温湿度计、秒表、记录本、笔。

五、项目研究过程与方法：

小组成员以及分工

组长	组员1	组员2	组员3	组员4
策划方案，协助组员完成含羞草任务	温度研究（闭合速度）	湿度研究（闭合速度）	记录自然笔记	收集含羞草资料

1. 种植含羞草时，花盆里需要肥沃的土壤，合适的种子，并

定期给它浇水。

2. 含羞草长到一定阶段时，可以开始本组的试验。

3. 运用对比实验（改变条件与不改变条件）。研究温度时，湿度要始终保持稳定，温度依次增加度数；研究湿度时，温度要始终保持稳定，湿度依次增加。注意分组实验做三次。

4. 做实验中，一人触摸含羞草，一人计时，数3、2、1，实验开始……最后确认时间。

5. 做完实验后，整理研究过程，反复确认研究结果，并对比其他小组实验结果，发现其中的不同。

6. 整理本组表格，让本组成员学到知识，获得快乐，学会如何预测天气。

六、项目观察数据和实验数据：

含羞草的生长过程

日　期	生长图片	文　字
3月1日 晴天		今天下午，我去花店准备好了种植的材料，并在家里播了种，浇了水。
3月6日 晴天		今天一大早，我观察到有一棵含羞草发芽了，我的心情十分激动，心想：我的含羞草终于发芽了，然后我给它浇了水。
3月13日 多云		今天，我一大早就发现在花盆里的含羞草陆陆续续地都发了芽，它们的叶子绿油油的，我希望它们能茁壮成长。

续表

日　期	生长图片	文　字
3月20日 晴天		今天，我的含羞草长大了不少，已经占据了一个花盆左右，并且长了许多小叶子，然后给它浇了水。
3月28日 晴天		今天一早，我发现含羞草已经长出了许多羽片。
4月4日 晴天		今天一早，我发现了含羞草的左半部分已经长得很高了，并给它浇了水，对它十分期待。
4月14日 晴天		今天下午，我发现我的含羞草又长大了不少，我心想：我能把一盆含羞草养成这么大，很不容易，对自己十分佩服。
4月25日 晴天		今天，我看到我的含羞草已经长得非常大了。我心想：植物的成长离不开主人对它的细心呵护，要想养好一盆植物，就得对它有爱，要勤劳，不要懒惰。

湿度对含羞草闭合的影响（一）

次 数	日 期 天 气	时 间	温 度	湿 度	闭合速度 （秒）	感 受
1	6.15 多云	下午 2:38	32℃	60%	2	我觉得含羞草闭合速度很慢
2	6.15 多云	下午 2:38	32℃	60%	2	含羞草闭合速度比上次快些
3	6.17 多云	下午 2:39	32℃	60%	2	温度不改变，闭合速度为2秒
4	6.17 多云	下午 2:39	32℃	63%	3	含羞草闭合可能与湿度有关
5	6.17 多云	下午 2:40	32℃	63%	3	含羞草闭合比上次慢
6	6.17 多云	下午 2:40	32℃	63%	3	湿度改变3%闭合为3秒
7	6.17 多云	下午 2:41	32℃	68%	4	怎么突然闭合变慢呢
8	6.17 多云	下午 2:41	32℃	68%	4	含羞草闭合可能与湿度有关
9	6.17 多云	下午 2:42	32℃	68%	4	湿度改变后闭合为4秒

温度对含羞草闭合的影响（二）

次数	日期 天气	时间	温度	湿度	闭合速度（秒）	感受
1	6.17 多云	早上 8:10	27℃	70%	2	含羞草的闭合与温度有关
2	6.17 多云	早上 8:19	27℃	70%	2	含羞草闭合与触摸程度有关
3	6.17 多云	早上 8:23	27℃	70%	2	闭合速度越来越快了
4	6.17 多云	中午 13:35	30℃	70%	1	中午比早上闭合的快
5	6.17 多云	中午 13:37	30℃	70%	1	是什么原因让闭合变慢了
6	6.17 多云	中午 13:39	30℃	70%	1	其他原因是否会影响闭合呢
7	6.17 多云	下午 3:31	28℃	70%	1	温度越适中，闭合速度也适中
8	6.17 多云	下午 3:32	28℃	70%	1	相同的温度下闭合速度也相近
9	6.17 多云	下午 3:32	28℃	70%	2	含羞草的闭合速度有快有慢

注：上表为项目学习研究 1 组的成员们进行"温度对含羞草闭合的影响"的实验。

七、项目学习记录数据分析

对同一盆含羞草的同一片叶，在同一时间，光照温度是30℃（空调房）内的条件下，含羞草叶片的闭合时间与湿度的关系进行了9次的观察记录和数据采集，分析记录数据后发现含羞草的叶片的闭合时间与湿度的关系是：<u>湿度越高，闭合越慢；湿度越低，闭合越快</u>。

对同一盆含羞草的同一片叶，在同一时间，室内湿度是70%的条件下，含羞草的叶片的闭合时间和温度的关系进行了9次的观察记录和数据采集，分析记录数据后发现含羞草的叶片的闭合时间与温度的关系是：<u>温度越高，闭合越快；温度越低，闭合越慢</u>。

八、项目学习结论

通过本组记录数据分析发现：

温度不变、湿度变化数据记录

湿度	60%	63%	68%
温度（不变）	30℃	30℃	30℃
闭合时间	2秒	3秒	4秒

通过数据发现，湿度不断增多后，含羞草闭合时间也随之变长，结合表格得出结论：湿度低于60%，闭合速度为0.2~3秒；湿度大于60%，闭合速度为3~5秒。

湿度不变、温度变化数据记录

温度	27℃	28℃	30℃
湿度（不变）	70%	70%	70%
闭合时间	2秒	1秒	1秒

通过数据可发现温度不断升高后，含羞草闭合时间随之变长，升温越快，闭合越快，升温越慢，闭合越慢。从而结合表格得出结论：温度高于30℃，闭合速度为1~2秒；温度低于30℃，闭合速度为2~3秒。

对比其他小组记录数据还发现：

别组的数据与我们这组非常接近，但我们本组还做了含羞草与温度的实验。

九、项目学习收获

通过"百花园——植物生长的秘密"（含羞草）项目学习，我们有很多收获。

1. 我们学会了如何研究含羞草这一类的实验（对比实验）。

2. 我们学到了许多关于含羞草的知识，各有各的心得与收获；当实验成功那一刻，我们十分激动。

3. 懂得了"团结就是力量""失败是成功之母"的深奥道理。

4. 组员们学会了如何预测天气：当含羞草叶片闭合得慢时，空气中的湿度大，预示要下雨了。相反，当含羞草叶片闭合得快时，空气中的湿度小，预示雨过天晴。

5. 通过课外知识查阅，我们还知道如果含羞草叶片白天闭合、晚上张开的对立变化，预示着可能会有地质灾害发生。

"百花园——植物生长的秘密"项目学习研究报告

<table>
<tr><td colspan="2" align="center">项目名称：研究牵牛花开花与闭合的规律</td></tr>
<tr><td>班级：六（1）班</td><td>小组成员：组员 1
组员 2
组员 3</td></tr>
</table>

问题的提出：牵牛花什么时候开花？什么时候闭合？与什么因素有关？

猜测：牵牛花早上开花，晚上闭合，开花可能与阳光、空气、水分有关。

项目准备：

1. 种养材料：铲子、土壤、花盆、种子、水壶

2. 种植时间：2018 年 3 月 24 日

3. 种植地点：武昌区民主路 252 号

4. 数据采集工具：直尺、温度计、湿度计

调查的方法：

1. 上网查资料

2. 查看相关书籍

3. 观察记录

4. 向老师询问

5. 与同学交流

项目研究过程与方法

小组成员及分工

组员 1	组员 2	组员 3
收集整理资料，写研究报告。	种植牵牛花，记录牵牛花生长过程，写自然笔记。	观察牵牛花生长过程中拍照、录视频。

1. 做好播种前准备：买种子和花盆

2. 播种：将种子泡在水中 10 小时，撒在土壤表面，再盖一层土

3. 养护，观察，并记录

4. 写自然笔记

5. 写实验报告，完成科学小论文

6. 学习成果汇报

项目观察记录数据

牵牛花开花与闭合时间

日期	生长图片	文字
2018 年 3 月 24 日		今天，我种下了牵牛花，牵牛花的种子是黑黑的颜色，边缘有些不规则。
2018 年 3 月 30 日		种子发芽了，我很高兴。叶子形状像蝴蝶一样，颜色很绿。
2018 年 4 月 14 日		小苗越长越高，有的长出了三四片叶子。新长出的叶子是心形的。
2018 年 4 月 21 日		小苗缠绕起来了，生机勃勃。
2018 年 5 月 4 日		长出花苞了，会是什么颜色？
2018 年 5 月 11 日		牵牛花开花啦，是不是很漂亮？

花形变化记录表

开花时间	开花形态	闭合时间	变化
2018 年 5 月 11 日 5 点	漏斗形，边缘有些不规则，花瓣近似五边形，玫粉色。	2018 年 5 月 11 日 11 点半	花瓣向内卷缩。
2018 年 5 月 14 日 4 点	漏斗形，边缘有些不规则，花瓣近似五边形，淡蓝色。	2018 年 5 月 14 日 10 点	花瓣向内卷缩。
2018 年 6 月 20 日 5 点	漏斗形，边缘有些不规则，花瓣近似五边形，梅红色。	2018 年 6 月 20 日 18 点	花瓣向内卷缩。
2018 年 6 月 20 日 5 点	漏斗形，边缘有些不规则，花瓣近似五边形，淡蓝色。	2018 年 6 月 20 日 18 点	花瓣向内卷缩。

第几朵花	时间	天气	温度	湿度	光照	开花时间	闭合时间
1	2018 年 6 月 20 日	阴	25℃	82%	弱	5:40	18:00
2	2018 年 6 月 20 日	阴	25℃	82%	弱	5:30	18:30
3	2018 年 6 月 21 日	阴转晴	23℃	91%	弱	5:40	13:50
4	2018 年 6 月 21 日	阴转晴	23℃	91%	弱	5:45	14:00
5	2018 年 5 月 14 日	晴	30℃	50%	强	4:00	11:30
6	2018 年 5 月 14 日	晴	30℃	50%	强	4:00	11:20

项目学习记录数据分析：

通过对牵牛花的为期90天的观察记录和数据采集，分析记录数据后发现：牵牛花一般在早上四五点钟开花，中午或傍晚会向内卷起。花朵都很嫩，充满水分。

项目学习结论

通过本组记录数据分析发现：

牵牛花一般在早上四五点钟开花。牵牛花开花需要阳光，适宜的温度和湿度。当太阳照射到花朵时，花里的水分在较短时间内便会蒸发干了。如果牵牛花在阴凉处，可能会一直开到下午。

通过查资料还发现：牵牛花是有"生物钟"的，一般是放在阴凉处8到10小时再开花。如果在开花前一天晚上延长花的光照时间，牵牛花开花时间会延迟，如果在开花前一天晚上缩短花的光照时间，牵牛花开花时间会提前。

项目学习收获：

通过这次"百花园——植物生长的秘密"项目学习，有很多收获。

1.牵牛花一般都会在清晨四五点开花，而到中午花就闭合了。它们仿佛和人类一样，有着自己的生物钟，提醒它们什么时候该开花、什么时候该休息。究其原因，原来是牵牛花的花又大又薄，含有丰富的水分。中午太阳照射强，花里的水分会迅速蒸发，所以它们就闭合了，避免太阳灼伤娇嫩的花冠和花蕊。而在阴凉的地方，牵牛花的活跃时间也许会稍长一些，到了下午还能见到它们的艳丽。

2.第二天的早晨，牵牛花又开放了，但这却不是前一天蔫的花，它们是又一批新开的花。

3.决定开花时刻的主要因素，虽然植物种类繁多，各有不同，但大多数的植物，都有一个生物学上的"钟"（内在的节律）。植物的开花时间，很多都是由这个钟所决定的。退一步而言，至少可以认为牵牛花的开花时间是由生物钟所支配的。

4.牵牛花属于虫媒花，它需要蜜蜂、蝴蝶来传粉，而蜜蜂、蝴蝶习惯早晨拜访牵牛花，所以牵牛花也就应时而开了。

5.有些地方把牵牛花叫作"勤娘子"，意在它能鸡鸣即起，催促人们早早开始一天的劳动。牵牛花代表着爱情、平静、虚幻渺茫的恋爱、"暂时的恋爱"。牵牛花的生日花语是：若是你拥有完美的爱情，请珍惜你的青春美丽，好好地享受这份爱，你的幸福生活开始充满欢乐。牵牛花的意义在于顽强，它的不屈不挠的精神，顽强求生的欲望，才是生命存在的真正价值和意义。

6.牵牛花除栽培供观赏外，种子为常用中药，名丑牛子(云南)、黑丑、白丑、二丑(黑、白种子混合)，入药多用黑丑，白丑较少用，有泻水利尿、逐痰、杀虫的功效。

7.在项目学习中懂得了团队合作，提高了组员们的科学探究能力、交际能力、语言表达能力、写作能力。

8.对植物的认识进一步加深，明白了做什么事情都要做好准备，坚持下去，总有一天，你的努力会有回报的。

【案例十四】余蓓

变态动物——"蚕的一生"

一、项目概述

（一）项目说明

蚕是小学生特别喜欢的动物，好多小孩在儿时有过养蚕的经历。蚕也是一种很特别的动物，它的一生要经历蚕卵、蚕蛹、幼虫、蚕蛾4个阶段。"蚕的一生"项目学习主要针对学校三年级全体学生，拟通过课堂教学，课后观察记录，撰写观察日记和研究报告，了解蚕从出生、生长发育、繁殖到死亡4个阶段的变化。通过各学科教师的指导学习，在观察中发现问题，再进一步解决问题，认识到坚持不懈地观察记录对知识的积累十分重要，提高学生收集资料、相互交流、资源分享的能力。学会用文字和图画记录蚕的变化，掌握多种学习方式，激发学生对学习的兴趣；培养学生对生命的敬畏之情。

（二）学习目标

知识与技能：认识蚕的一生要经历蚕卵、蚕蛹、幼虫、蚕蛾四个阶段，蚕是蚕生命周期中的幼虫，蚕蛾是蚕的成虫，蚕蛾交配繁殖后死亡。

过程与方法：在教师的帮助下能够借助工具对蚕卵、蚕蛹、幼虫和蚕蛾进行观察，并完成观察日记和科学小论文的撰写，将自己观察、研究的结果进行分享交流。

情感态度价值观：借助本次项目学习活动培养学生独立观察、勤于思考、善于探究的精神，以及对生命的敬畏之情，培养创新意识和团队协助能力。

（三）项目计划书

阶段	时长	学科	内容	目标
第一阶段课外收集资料课堂学科知识学习	4个课时	科学	科学教师讲解蚕的生长的四个周期，学生收集资料，学习了解蚕从蚕卵到蚕蛾的变化过程，包括大小、外形和颜色的变化。	提高学生资料整理分析的能力，协作交流的能力。
第二阶段课外观察记录	60天	语文美术	在语文、美术教师的指导下，学生利用各学科所学知识观察蚕生长各周期的变化，记录数据。	培养学生观察、记录的能力和持之以恒的精神。
第三阶段总结提炼	1~2天	科学	根据记录的数据，描写的观察日记，得出结论，科学教师指导学生完成科学小论文。	培养学生写作能力、科学探究精神和严谨的科学态度；提高学生数据分析的能力。
第四阶段合作创意	一周	信息音乐	信息教师指导学生合作完成分享幻灯片，音乐教师指导学生完成创意表演。	通过制作活动幻灯片，提高学生的信息素养。通过创意表演，提高学生艺术素养。
第五阶段成果分享展示	1~2天	科学	科学教师指导学生完成实践报告，以小组为单位向全班展示交流分享所获得的结论。	培养学生团结合作的精神和解决实际问题的能力。锻炼学生语言表达能力。

二、项目实施

第一阶段　收集资料与课堂学习

第一阶段的学习主要以科学学科为主，这个阶段的学习需要4个课时的时间，科学教师精心备课，设计好项目学习活动方案，用4个课时的课堂教学时间进行蚕从蚕卵、蚕蛹、幼虫到蚕蛾进化的整个过程教学，每个阶段是什么样子的，有什么特点，每个学生掌握知识要点。在讲解蚕的一生经历的4个阶段后，提出学生课后学习的基本方法，学习步骤和学习要求。

同时，学生要提前通过各种方式收集资料，了解蚕的一生变化的特点，在课堂上结合书本进行拓展介绍。在课堂教学中，教师组织学生以小组为单位，分工合作；选取有组织能力的学生当组长，其他小组成员在组长的带领下制订学习的方案，明确自己的任务。然后在班级内与其他小组交流分享自己的方案，老师可适当给出合理的优化建议。

第二阶段　观察记录与实践活动

第二阶段的学习，以学生自主活动完成，每个学生利用课堂所学知识，各自在家里开始养蚕。小组成员确定活动方案，包括养蚕的环境、温度、蚕卵数。制订记录表格式和记录方法，开始实施养蚕活动。首先是蚕卵的购买，观察蚕卵的孵化，并记录蚕生长的4个周期中各个变化，进行记录、统计，培养观察能力和持之以恒的态度。

第三阶段　撰写日记和研究报告

第三阶段的学习，主要由语文教师、科学教师和美术教师指导学生来完成。首先是学生根据记录的数据，坚持写观察日记。语文教师指导学生如何写观察日记，注意日记的格式；日记的内容力求真实、有童趣，重在观察，并在美术老师的指导下，仔细观察蚕一生变化的样子和特点，精准、形象地画出每个阶段的变化。根据观察、记录的数据得出结论。科学教师指导学生完成科学小论文和研究报告，让学生明白，科学小论文和研究报告的写法和区别；要有数据说明，要严谨、准确、具有科学性和说服力。

第四阶段　小组合作与总结提炼

第四阶段的学习以小组为单位完成，重在组内成员的相互合作。首先在小组内，每个成员交流自己的研究成果，以及遇到的问题，组内成员共同解决问题。汇报数据，从数据中提炼结论，进行讨论，将研究成果提炼、验证，得出最终结论，达成共识，最后在组长的带领下组内进行汇总。

第五阶段　分享交流与成果展示

根据研究活动的过程和结果，以小组为单位，组员共同商量以什么样的方式汇报研究成果，并将研究结果制成幻灯片或微视频。还可以请音乐老师指导将蚕的一生的变化编成舞蹈进行展示，或者是将研究结果以思维导图方式绘制出来，也可以将自己写的实验报告、科学小论文、观察日记进行展示，在全班分享学习收获和学习结论，评选出最佳小组。

三、学习成果

学生实验报告

三道街小学学生科学实验报告

班级：三（1）班

实验者：陈文蕴　时间：2019 年 3 月

一、实验名称	研究温度对蚕卵孵化的影响
二、实验器材	3000 枚蚕卵、3 个恒温器
三、结果猜想	保证 75% 的湿度下，温度为 10℃、20℃、30℃，我猜想 20℃ 的温度下孵化率最高。
四、实验步骤	1. 调节 3 个恒温器，保证湿度在 75%，每个恒温器里放入 1000 枚蚕卵。 2. 将 3 个恒温器的温度分别调成 10℃、20℃、30℃三个不同的温度，并做好记录。 3. 每天观察记录 3 个恒温器，精准记录每天孵化出来的条数以及孵化的天数。
五、实验数据	温度　天数　条数　孵化率 10℃　11　218　21.8% 20℃　9　918　97.8% 30℃　8　682　68.2%
六、实验结论	通过观察、记录和统计，我发现在 10℃、20℃、30℃三种不同的温度下，20℃时，蚕卵孵化率最高，30℃时，蚕卵孵化天数最短。我们可以在 20℃的温度时，对蚕卵孵化进行进一步研究。

五、实验数据表格：

温度	天数	条数	孵化率
10℃	11	218	21.8%
20℃	9	918	97.8%
30℃	8	682	68.2%

学生科学小论文

探究温度对蚕卵孵化的影响

武汉市武昌区三道街小学 三年级 2 班 陈兆君

今年的养蚕活动和以往不同，整个过程是在科学老师的指导下进行的。在养蚕的过程中，我发现不同的小组蚕卵的孵化率是不一样的，到底是哪些因素影响了蚕卵的孵化率呢？

我猜想可能是温度和湿度等因素影响了蚕的孵化率。因而在研究温度的时候，我尽可能做到除温度外其他可能影响到蚕卵孵化率的因素一样，并且控制这些因素在合适的区域范围内。

我选择 10℃，20℃和 30℃ 3 种温度进行研究，为避免蚕卵太少造成的偶然误差过大，我选择 3000 枚蚕卵，为了保持温度恒定，我准备了 3 个恒温器，每个恒温器各放入 1000 枚蚕卵。3 个恒温器的湿度我设定为 75%，第一个温度调节为 10℃，第二个温度调节为 20℃，第三个温度调节为 30℃，每天观察并记录蚕卵孵化的过程。

我发现在第 8 天时，30℃的恒温器中的蚕卵开始孵化了，我兴奋地赶紧数了数，共有 682 条孵化出来了，及时做了记录，记下时间和孵化的条数。紧接着，在第 9 天时，温度为 20℃的恒温器里面的蚕卵也开始孵化了，我数了数有 918 条，基本全部孵化出来了。怀着急切的心情，我开始等待第三个恒温器中的蚕宝宝能早点出来，终于在第 11 天时，温度为 10℃的恒温器中，里面的蚕卵也开始有动静了，但相比 30℃和 20℃的恒温器，这个恒温器中孵化出来的蚕宝宝很少，只有 218 条。

通过实验我总结出，30℃时，蚕卵的孵化时间是最短的，20℃时是不是孵化率最高的呢？我打算在 20℃左右的温度做进一步的实验研究。

除了温度和湿度，还有哪些因素对蚕卵的孵化有影响呢，我迫不及待想一探究竟。

从这个探究实验中让我明白，来年春天再养蚕的时候，我会时刻关注天气和温度的变化，温度大概在20℃左右时养蚕可以提高蚕的孵化率，而要缩短时间，可以选择在30℃时进行孵化。这次实验探究的经历让我懂得了：很多动物的生长都要遵循规律，只有认真探索，反复实验才会发现很多自然界的奥秘。

养蚕调查思维导图：

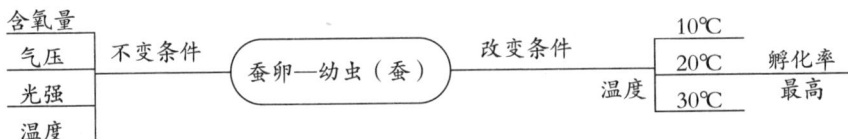

学生创意表演

第三节 个性化项目学习

【案例十五】胡峰 胡秋荣

人工智能课程——智能搬运车

一、项目概述

(一) 项目说明

人工智能正与互联网、大数据、云计算和物联网、5G 通信技术等新兴信息技术相结合，悄然融入人们生活的诸多领域，给我们带来了意想不到的变化。能否了解和使用图形化编程工具，利用简单的算法解决生活中的实际问题就成了人类新时代的必修课之一。2017年7月《新一代人工智能发展规划》的正式出台，更是将人工智能发展提高到了国家战略层面，鼓励在中小学阶段设置机器人相关的人工智能类课程。

本项目学习是学校五年级学生参与的人工智能课程之一。在本项目中，学生将利用科学风暴机器人套件和Scratch趣味编程软件，来深入学习物流仓库搬运机器人的设计思路和控制方法。

在活动过程中，我们始终以任务目标为导向，让学生在共同探究中发现问题，并围绕问题进行记录分析协作研究。

（二）学习目标

知识与技能：

1.了解科学风暴机器人套件的电子器件和结构件。

2.掌握Scratch编程软件中电子模块指令的综合运用。

过程与方法：

1.借助网络信息工具，自主探究和小组合作相结合，设计一个模拟搬运机器人的机器人小车，完成硬件的搭设。

2.了解电子器件的使用方法，并通过编程软件设计程序，控制机器人小车从直行、转弯到巡线前进。

情感态度价值观：

1.激发学生对学习人工智能课程的兴趣，培养其热爱科技、大胆实践、勇于创新的精神。

2.提高学生的信息意识、计算思维、数字化与创新能力，以及信息社会责任感。

（三）项目计划书

阶 段	课 时	内 容	目 标
1. 了解硬件	1	通过网络、书籍等渠道，初步了解机器人电子器件的正确名称和基本功能；借助微课或图纸，利用结构件材料和电子器件进行组合，完成机器人小车的拼装任务。	了解科学风暴机器人的硬件组成。
2. 掌握软件	1	借助拼装好的机器人小车，自主将电子模块中的各种指令下载其中进行测试，观察小车的运行状态，直观地体会每条指令的具体作用。	熟悉 Scratch 软件的电子模块。
3. 正常运用	1	通过 Scratch 电子模块"设置马达？转速为？"的指令和其他基本指令的搭配，设置机器人马达参数，让小车能以设定的速度前进和后退，会左转和右转并能走出既定的弧线。	通过编程控制机器车直行和转弯。
4. 巡线前行	1	通过光电传感器对自然环境下各种颜色的测试，了解其用法并侦测出地面引导线的光度值，利用 Scratch 编程的逻辑语句，让小车能巡线前进。	通过编程控制机器车巡线前进。
5. 总结汇报	1	学生归纳每次活动的过程记录，遇到的问题和解决问题的方法等，图文并茂地在武汉市教育云空间上发布，组与组间互相阅读学习，最后由代表进行项目学习总结汇报。	完成项目学习资料总结和汇报。

二、项目实施

第一阶段　了解科学风暴机器人的硬件组成

1.在教师的引导下，学生拆开科学风暴机器人套件的包装。按照积木零件清单，清理各种零件并将收纳盒放在指定区域，方便今后取用。

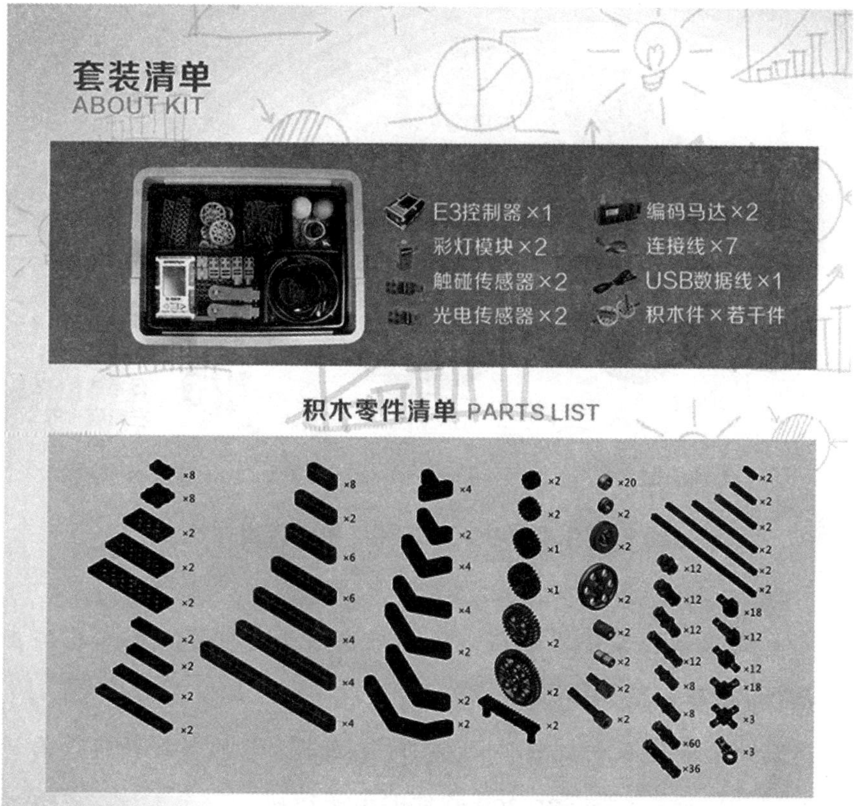

图1　了解机器人套装的电子器件和积木零件

2.学生通过科学风暴配套教材或上网搜索电子器件的名称，从而了解它们的基本功能和使用途径。

3.学生根据教师给出的步骤图纸、微课视频或观察机器人小车的原型机，完成自己小组内机器人的拼装任务。

搭建 根据搭建手册搭建一台双光电巡线小车。

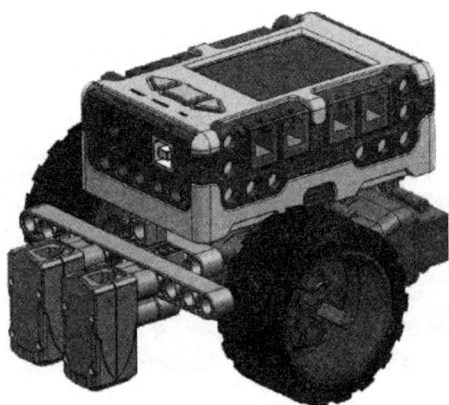

接线
左马达：M1
右马达：M2
左光电：P1
右光电：P4

图 2 学生需要拼装成的搬运机器人原型机

4. 对比已拼装小车和原型机，确保本组的机器人小车已经正确拼装。

5. 完成本阶段的过程性记录，对自己本节课的学习进行评价。

第二阶段 熟悉 Scratch 软件的电子模块

1. 学生会打开 Scratch 软件，通过观察 Scratch 软件电子模块中的各条指令，猜想它们的功能，以及对小车的影响。

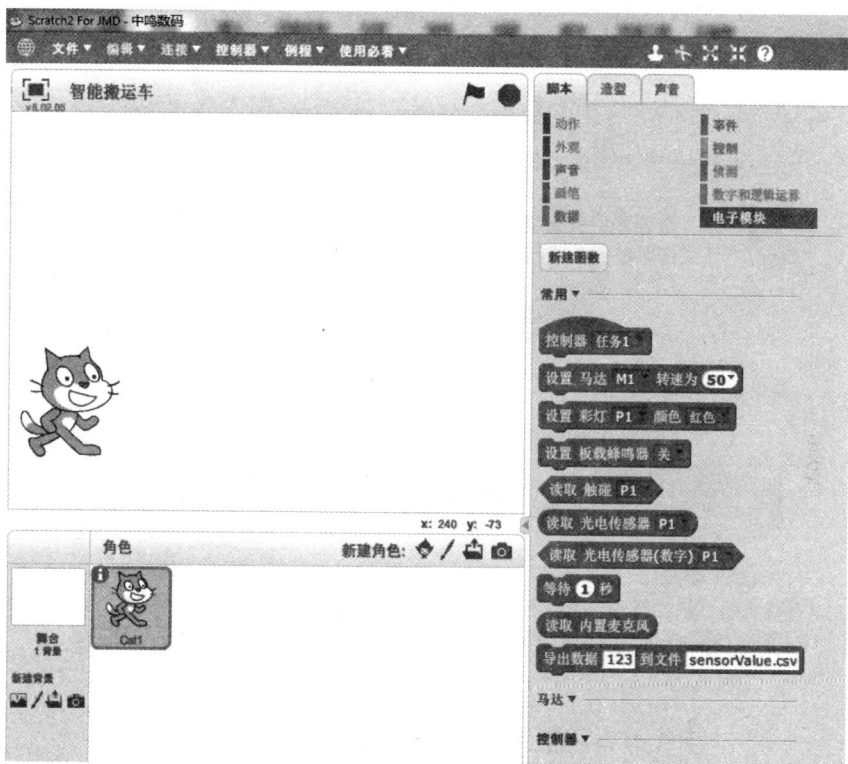

图 3 Scratch 编程软件中控制机器人的相关模块

2. 学生利用数据线连接电脑和机器人，学会编译下载程序到控制器测试，进一步确认每条指令的具体作用。

想将程序下载到控制器上，需要在程序中添加【控制器任务】的图卡，才能进行编译下载的操作，具体操作如下

● 第一步：软件操作

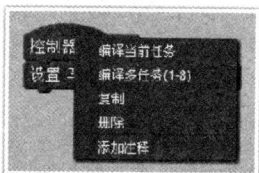

① 将鼠标移动到控制器图卡上　② 选择编译当前任务　③ 弹出等待信息框

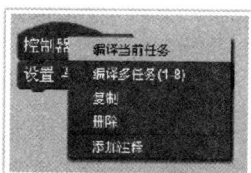

④等待一段时间弹出下载信息框　　⑤点击下载，等待硬件连接

提醒　编程区没有重复的控制器任务图标时，可以采用快捷的方式：点击【编译多任务】进行编译下载。

编译多任务(1-8)　　Wi-Fi连接控制器

● 第二步：硬件连接

①确认将下载线与电脑USB口连接　　②另一端与控制器连接，并打开电源　　③点击屏幕的【磁盘下载】，等待软件提示【下载完成】。

图 4 从电脑软件上编译下载程序到机器人的方法

3. 学生会保存自己编写的程序，并养成随时保存文件和正确命名文件的习惯。

4. 完成本阶段的过程性记录，对自己本节课的学习进行评价。

第三阶段　通过编程控制机器车直行和转弯

1. 领取活动记录表，看清楚本次活动实验活动的要求。

表 1 马达速度设置与小车运行状态的研究记录表

实验序号	左马达 M1 数值	右马达 M2 数值	M1 和 M2 的关系	小车运行状态

2. 利用控制器和马达指令，学生自主设置左轮马达 M1 速度和右轮马达 M2 速度，并观察记录此时机器人小车的运行状态。

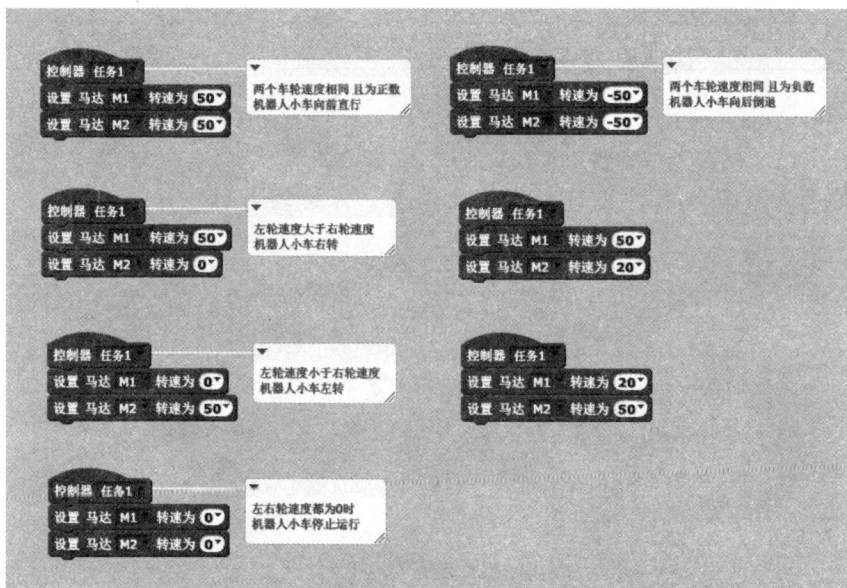

图 5　马达速度设置与小车运行状态的程序研究

3. 学生根据自己的数据和研究结果，查询相关的机械科学知识，做出结论并绘制思维导图。

4. 完成本阶段的过程性记录，对自己本节课的学习进行评价。

第四阶段　通过编程控制机器车巡线前进

1. 通过百科资料和视频录像了解光电传感器的原理。

2. 利用外观指令和光电传感器指令，测试我们教室里各种物品的光度值。想一想光度值和物品的颜色有什么关系。

表 2 光电传感器数值和物品实际颜色的研究记录表

测试序号	测试物品	实际颜色	光电数值

3. 测试地图上黑色引导线的光度值并编写程序，让光电传感器侦测到黑线时，进行左右适度调整，并持续前行。

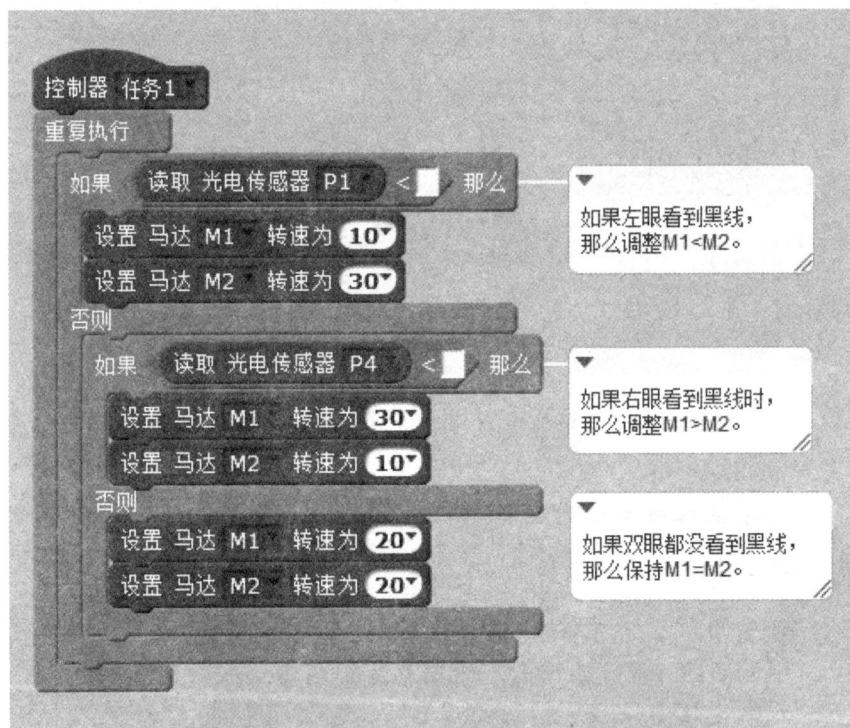

图 6 根据光电传感器数值改变小车运行状态的程序研究

4. 修改光电数值和马达速度，让小车在保证不脱离轨道的前提下，达到最高速度，提高工作效率。

5. 完成本阶段的过程性记录，对自己本节课的学习进行评价。

第五阶段 完成项目学习资料总结和汇报

1. 组长负责收集本组的过程性资料，进行汇总。

2. 组长向组员反馈本次活动进行的情况。

3. 组内讨论，确定汇报活动的表现方式和发言代表。

4. 组内分工，完成幻灯片、彩视等载体的汇报材料。

5. 每个小组的代表上台汇报学习成果。

6. 学生做好记录，并给每个小组的汇报评分。

7. 延伸讨论，你们还有哪些好的建议？

8. 各小组将总结资料上传到武汉市教育云空间。

三、学习成果

学生在了解电子器件使用方法和技巧时进行了大量的实践研究，部分研究成果如下：

表3 某小组马达速度设置与小车运行状态的研究记录表

小组 第 × 组		成员	学生A，学生B，学生C，学生D	
实验序号	左马达 M1 数值	右马达 M2 数值	M1 和 M2 的关系	小车运行状态
1	10	10	M1=M2	直行
2	20	20	M1=M2	直行
3	50	50	M1=M2	直行
4	100	100	M1=M2	直行
5	10	20	M1<M2	右转
6	10	30	M1<M2	右转
7	20	30	M1<M2	右转
8	20	50	M1<M2	右转
9	20	10	M1>M2	左转
10	30	10	M1>M2	左转
11	30	20	M1>M2	左转
12	50	20	M1>M2	左转

我们通过研究得出的结论是：

1.M1=M2 时，小车直行

2.M1<M2 时，小车右转

3.M1>M2 时，小车左转

4.M1 和 M2 的数值越大，小车移动的速度越快

5.M1 和 M2 的数值差距越大，小车转弯的速度越快

表 4 某小组光电传感器数值和物品实际颜色的研究记录表

第 × 组	成员	学生 A，学生 B，学生 C，学生 D	
测试序号	测试物品	实际颜色	光电数值
1	地面	深灰	600
2	墙壁	白色泛黄	1500
3	桌子	浅蓝	800
4	白纸	纯白	1800
5	班服	浅黄色	1000
6	黑板	纯黑	400

我们通过研究得出的结论是：

物品的颜色越浅，光电数值越高；物品的颜色越深，光电数值越低。

【案例十六】叶胜

人们是如何发现病毒的

——显微镜下的微观世界

一、项目概述

（一）开展年级：小学六年级

（二）学科：科学与技术

（三）项目简介：本课程旨在让学生通过学习研究，了解显微镜的发明历史及发展过程，从而了解人类对微观世界的认识过程。在学习过程中了解人类、微生物和病毒之间的相互作用。结

合本次疫情实际情境，让学生深刻认识病毒传播的方式及危害，从而理解居家隔离，搞好个人卫生的必要性及重要性。

通过对放大镜、显微镜的知识技能学习及实践探究活动，重新认识周围的世界，树立正确的世界观。最后运用不同的表达方式，阐述自己对新型冠状病毒的认识及对本次疫情自我预防的独特见解。从而培养学生的探究精神和严谨的科学态度。

（四）教材分析：科教版小学六年级下册第一单元《微小世界》通过学习了解放大镜和显微镜的原理，以及使用方法的探究引导学生对微观世界的关注，从而了解微生物学及细胞学说的发展历程，感受科学技术带给人类的变化。

我们知道显微镜是现代科技发展的产物，作为人类发现认知微观世界的一种技术手段，它对人类医疗科学的发展做出了巨大贡献。特别是本次新型冠状病毒疫情暴发以来，我国的医疗专家利用显微技术，通过对病毒进行一系列观测研究，为防控病毒传播、治疗做出了巨大贡献。

综上所述，为了更好地让学生了解本次疫情中的病毒知识和本单元书本知识，从现实角度出发，对教材重新整合编排显得十分必要，教师有必要针对当下现实情况，充分整合线上线下的教学资源，设计系列网上项目学习活动，在项目学习活动中分阶段完成相应学科知识，深入理解细菌、病毒等微生物，从而提升学生对本次疫情的深刻认知。

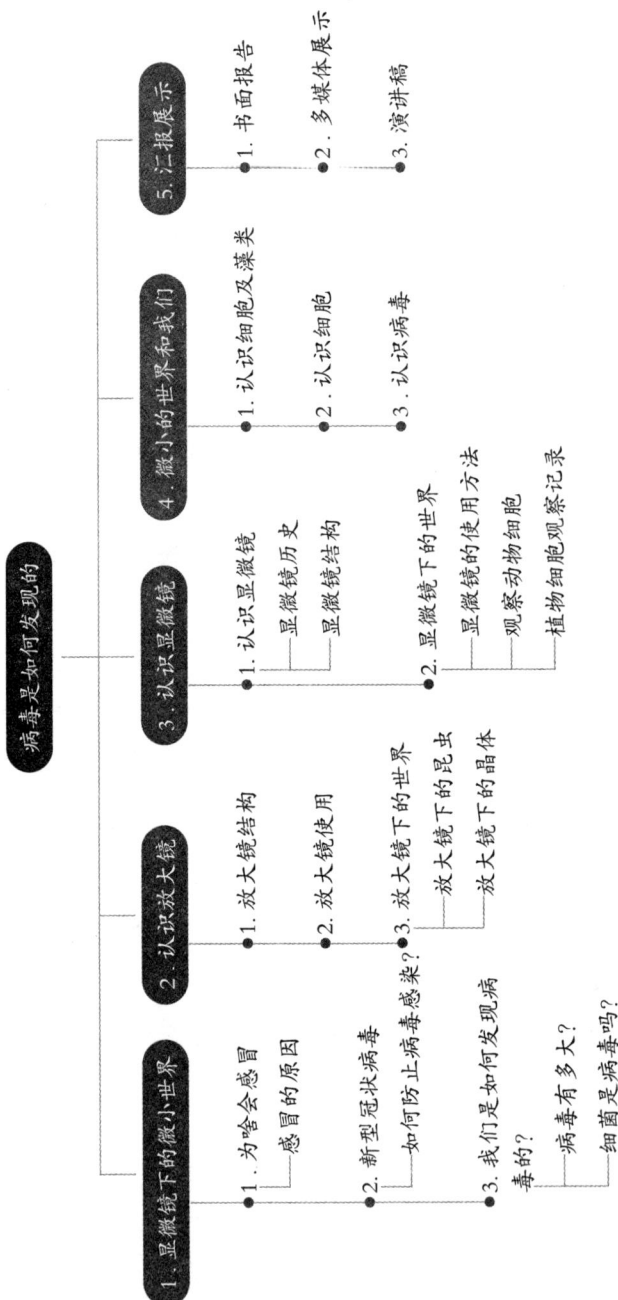

二、学习任务

病毒是如何发现的

1. 显微镜下的微小世界
- 1. 为啥会感冒
  - 感冒的原因
- 2. 新型冠状病毒
  - 如何防止病毒感染
- 3. 我们是如何发现病毒的？
  - 病毒有多大？
  - 细菌是病毒吗？

2. 认识放大镜
- 1. 放大镜结构
- 2. 放大镜使用
- 3. 放大镜下的世界
  - 放大镜下的昆虫
  - 放大镜下的晶体

3. 认识显微镜
- 1. 认识显微镜
  - 显微镜历史
  - 显微镜结构
- 2. 显微镜下的世界
  - 显微镜的使用方法
  - 观察动物细胞
  - 植物细胞观察记录

4. 微小的世界和我们
- 1. 认识细胞及藻类
- 2. 认识细胞
- 3. 认识病毒

5. 汇报展示
- 1. 书面报告
- 2. 多媒体展示
- 3. 演讲稿

阶段	时间	教师活动	学生活动	目标
第一阶段	1课时	收集资源，收集制作有关病毒的微视频，引导学生观察思考。	通过微视频，学习了解病毒的传播过程。提出疑问，了解感受病毒，细菌等微生物的实际比例大小，从而引导学生进一步了解放大镜与显微镜的关系。	让学生了解我们生病是由于身体受到了微生物的感染，初步了解病毒和细菌如何才能看到。
第二阶段	2课时	通过直播，教师带领学生进行实际体验放大镜的作用。	根据教材资料学习放大镜的观察方法，学习凸透镜的成像原理。尝试将两个放大镜一起观测，了解显微镜的基本结构。	培养学生动手实践及协作沟通的能力。
第三阶段	2课时	通过直播教学，让学生了解显微镜的发展历程，学习显微镜的基本结构。	通过对显微镜的发展历程，学习了人类对微生物、细胞科学的认知过程，从而理解显微镜的发明对微生物学以及对现代医学的重要贡献。	培养学生的科学探究精神和严谨的科学态度；提高学生观察记录、思考分析的能力。
第四阶段	1课时	通过网络教学，让学生了解微生物和人类的共生关系。	在老师的指导下，学生利用微视频学习不同种类的微生物与人类社会之间的共生关系及相互影响。	培养学生热爱生活、认真观察思考的能力。
第五阶段	1~2天	指导学生完成实践报告。组织学生进行班级分享。	通过系列微视频，学生自主学习微生物的一些基本形态，了解微生物的作用，结合本次课程对完成新型冠状病毒的理解及自己在隔离期间是如何做好预防工作的。	通过本次活动，锻炼学生整合问题，学习系统思维表达。通过制作展示作品，促进学生信息素养的提升。

三、活动过程

第一阶段活动内容

任务1　了解显微镜下的微小世界

教学方式：网络直播

教学流程：

1.观看微视频了解人感冒的原因

2.学习完成教师推送的问题

3.继续学习，引导学生思考病毒是引发感冒的原因，我们去医院是如何知道的呢？

4.引导学生深入思考，引导出放大镜学习。

任务2　认识放大镜

教学方式：网络直播

教学流程：

1.学习了解放大镜的结构。

2.学习使用放大镜的方法。

3.学习了解放大镜的工作原理。

4.完成本课内容网络考核。

第二阶段活动内容

任务1　学习放大镜使用

教学方式：网络直播

教学流程：

1.学习观察放大镜下的昆虫。

2.学习观察了解什么是昆虫。

3.学习观察记录草蛉虫的生活习性并撰写活动记录。

4. 学习完成教师推送的问题。

任务2　设计实验利用放大镜观察晶体结构

教学方式：网络直播

教学流程：

1. 学习观察在放大镜下盐、糖、味精的结晶。

2. 学习观察什么是晶体结构。

3. 学习完成教师推送的问题。

4. 学习观察记录食盐晶体的析出过程，撰写活动记录。

第三阶段活动内容

任务1　认识显微镜的结构

教学方式：网络直播

教学流程：

1. 线上学习认识显微镜的发展历史。

2. 根据放大镜原理制作简单的显微镜。

3. 学习认识显微镜的结构。

4. 课后通过教师推送视频完成相关作业练习。

任务2　学习显微镜的使用

教学方式：网络直播

教学流程：

1. 学生观看微视频学习显微镜的使用方法，撰写实验流程。

2. 老师演示利用显微镜观察洋葱表皮细胞，学生撰写实验流程。

3. 学生上网收集动植物细胞结构，绘制细胞结构图。

第四阶段活动内容

任务1　学习利用显微镜观察微小的世界

教学方式：自主学习，教师指导

教学流程：

1. 教师收集各类显微镜下活的微生物视频，并提供给学生观看学习。

2. 学生在老师指导下完成对各类不同微生物视频的学习，并小结微生物在自然界中的作用。

3. 通过学习不同种类的微生物了解它们对人类的影响。

4. 进一步理解病毒等微生物在自然界中的作用，开始准备汇报资料。

第五阶段活动内容

任务 1　班级群展示活动

教学流程：

第一课时：汇报交流

1. 学生整理收集相关汇报资料。

2. 撰写汇报文稿。

3. 完成作品。

4. 学生在班级群展示自己的作品。

四、学习成果

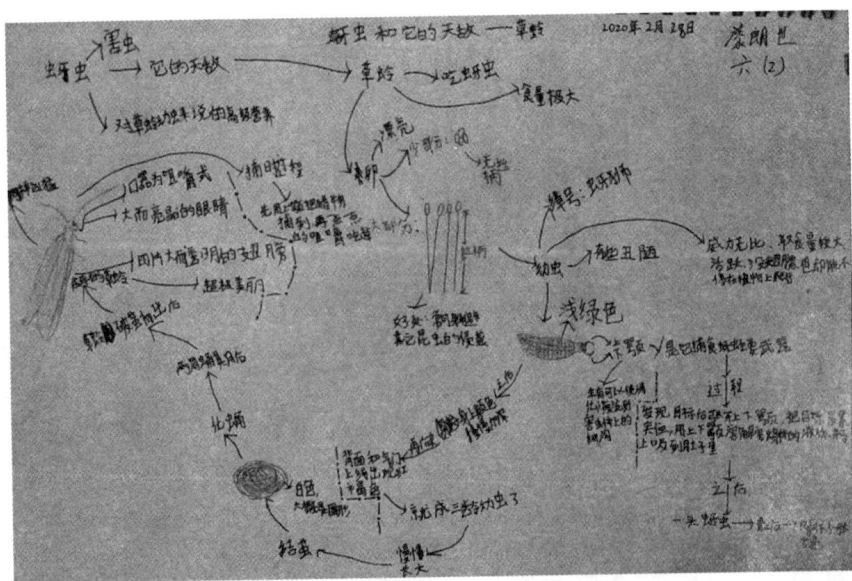

学生作业展示1

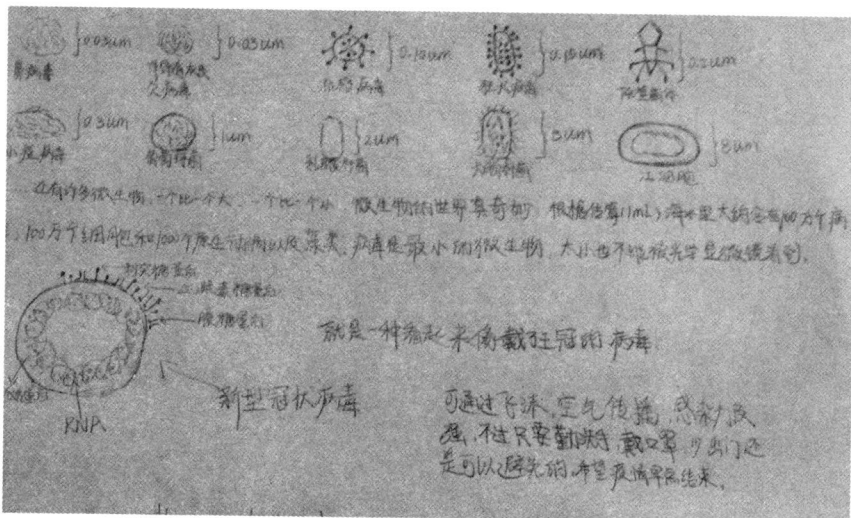

学生作业展示2

四、项目评价及资源

根据研究活动的过程和结果，选择优秀作品在班级群进行展示活动。

（一）项目评价

结合国家小学"科学"课程标准的要求，我们制订了以下评价量表，要求学生在研究活动结束后填写，对自己和他人做出评价。老师通过评价量表测量学生是否达到预期教学目标。

评价量表1：人们是如何发现病毒的项目学习，学习设计评价表

1. 评价方式：

自评、小组评、教师评相结合；定量评价、定性评价和反思相结合。

（1）学生自我评价：是指学生学习过程中对自己的表现给予肯定，也是一种自信心的表露。

（2）小组评价：是指小组间的互相评价，具有促进小组合作的作用。

（3）教师评价：是指教师根据学生的综合表现，以及小组完成的作品进行一个全面的评价，提高学生的积极性和自信心。

2.量化评分表

评价项目	评价标准	等级（权重）分				自评	小组评	师评
		优秀	良好	一般	较差			
知识	了解病毒特点及其传播方法，对其知识有一定的了解。能懂得病毒传播的基本途径。	10	8	6	4			
	关注生活中的疫情发展，认真做好疫情防护，不随意出门。	15	10	8	6			
	观看视频"看见微观世界"自主学习完成显微镜作业任务。	15	4	3	2			
操作技能	完成放大镜的正确使用，观察并记录利用放大镜看到物体的具体描述。	10	8	5	3			
	能根据教师提供的视频，主动学习观察草蛉虫的活动记录。	10	25	15	10			
	能够根据老师提供的学习资源，自主设计制作简易的放大镜。	5	4	3	2			
情感态度	课堂上积极参与，积极互动，互动反馈信息越多正确率越高。	10	8	5	3			
	课后作业上交迅速，完成质量高。	5	4	3	2			
	对本节课内容兴趣浓厚，对课程的进展提出有建设性的意见。	5	4	3	2			

评价项目	评价标准	等级（权重）分				自评	小组评	师评
		优秀	良好	一般	较差			
	展示作品：书面写出研究报告，对此次学习目标、论点阐述清晰，在本课程学习过程中遇到的具体困难，有具体描述并阐述其解决困难的方法，积极向大家展示并推荐自己的作品。	20	15	8	6			
我这样评价自己：								
伙伴眼里的我：								
老师眼中的我：								

3. 学生评价表

小组活动学生评价表

班级：   时间：

评价内容						
1. 能仔细认真地完成作业，并且十分有创意。	☆☆ ☆☆☆	☆☆ ☆☆☆	☆☆ ☆☆☆	☆☆ ☆☆☆	☆☆ ☆☆☆	☆☆ ☆☆☆
2. 乐于合作，能帮助他人，手工精细。	☆☆ ☆☆☆	☆☆ ☆☆☆	☆☆ ☆☆☆	☆☆ ☆☆☆	☆☆ ☆☆☆	☆☆ ☆☆☆
3. 在作业过程中遇到困难不退缩，并且自己想办法解决问题。	☆☆ ☆☆☆	☆☆ ☆☆☆	☆☆ ☆☆☆	☆☆ ☆☆☆	☆☆ ☆☆☆	☆☆ ☆☆☆
4. 能独立思考、自主学习、积极主动寻求解决问题的方法。	☆☆ ☆☆☆	☆☆ ☆☆☆	☆☆ ☆☆☆	☆☆ ☆☆☆	☆☆ ☆☆☆	☆☆ ☆☆☆

续前表

评价内容						
5. 能用多种途径读取查找信息，信息搜索能力强。	☆ ☆ ☆ ☆ ☆	☆ ☆ ☆ ☆ ☆	☆ ☆ ☆ ☆ ☆	☆ ☆ ☆ ☆ ☆	☆ ☆ ☆ ☆ ☆	☆ ☆ ☆ ☆ ☆
6. 能比较完整地表述自己的创意作品。	☆ ☆ ☆ ☆ ☆	☆ ☆ ☆ ☆ ☆	☆ ☆ ☆ ☆ ☆	☆ ☆ ☆ ☆ ☆	☆ ☆ ☆ ☆ ☆	☆ ☆ ☆ ☆ ☆
7. 能认真听老师讲课、积极回答老师提出的问题。	☆ ☆ ☆ ☆ ☆	☆ ☆ ☆ ☆ ☆	☆ ☆ ☆ ☆ ☆	☆ ☆ ☆ ☆ ☆	☆ ☆ ☆ ☆ ☆	☆ ☆ ☆ ☆ ☆
8. 能善于倾听同学的发言，并能给出正确的评价。	☆ ☆ ☆ ☆ ☆	☆ ☆ ☆ ☆ ☆	☆ ☆ ☆ ☆ ☆	☆ ☆ ☆ ☆ ☆	☆ ☆ ☆ ☆ ☆	☆ ☆ ☆ ☆ ☆
我的收获：						
我还需要努力的是：						

A 等，涂满五颗☆；B 等，涂满四颗☆；C 等，涂满 3 颗☆；D 等，涂满 2 颗☆

（二）项目学习直播课程资源一览

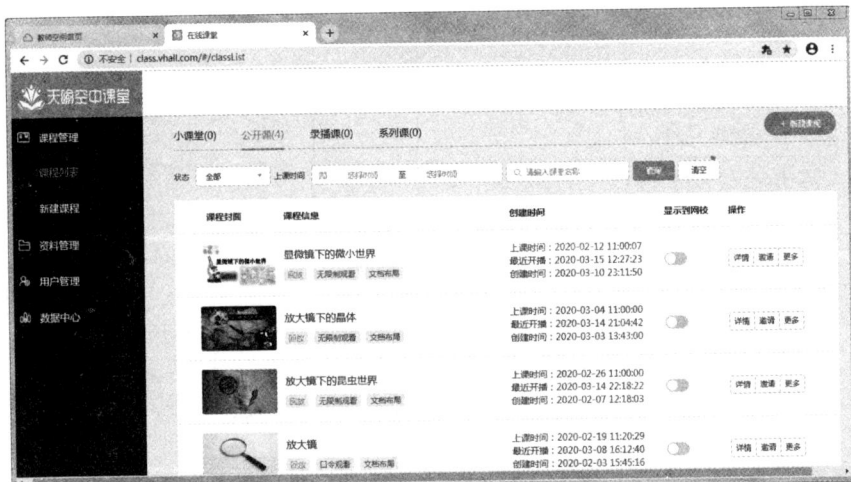

直播课程列表 1

直播课程列表 2

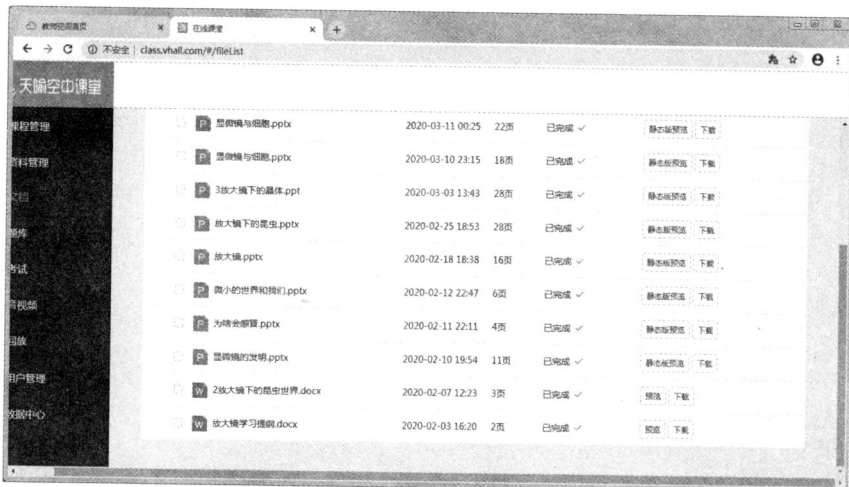

直播课文档资源总汇

直播课部分题库资源

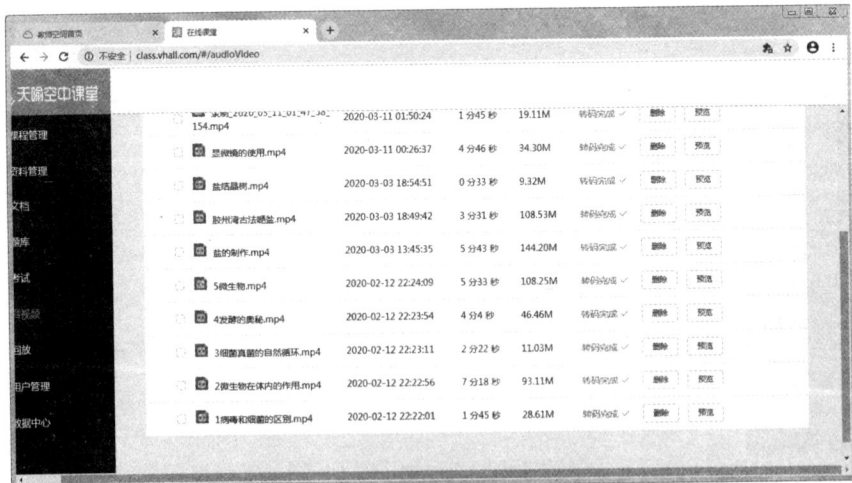

直播课部分微视频教学资源

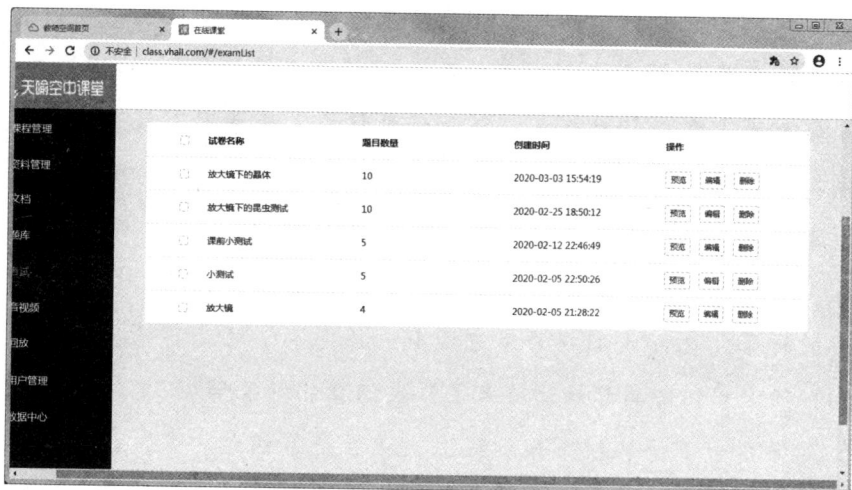

直播课在线考试资源

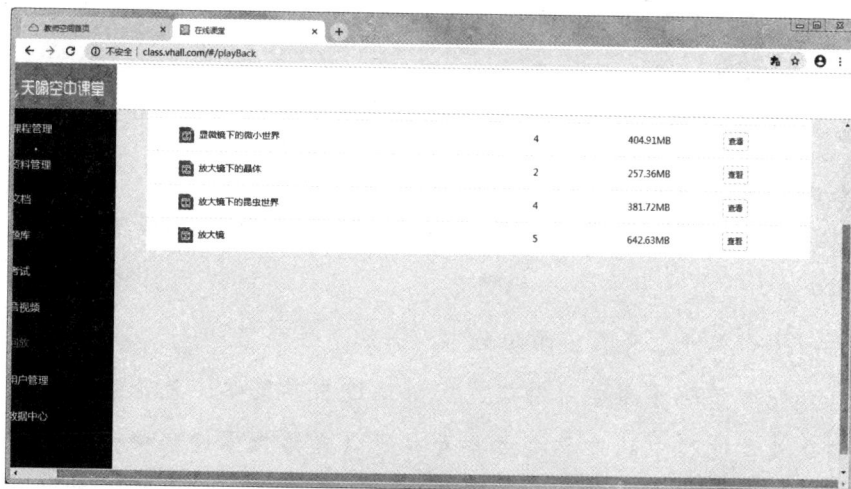

在线考试直播回放视频

五、教学反思

项目式远程互动教学让空中课堂有实效

谁都不曾料到，新冠肺炎疫情来势汹汹，疫情之猛使我们来不及欢庆新年，就转入了一场战疫。在"停课不停学"思想的指导下，全体教育人积极行动起来，利用信息技术，开展网上教育教学活动。就这样，以一种前所未有的未来学习模式打开了 2020 年的新学期！

学生在家上学，老师在家办公，也许它只是大家心中未来学习的样子。也许我们以为离它还有一段距离，还看不清行动的方向！但这一切却真真切切地来了！我们准备好了吗？

学习一下子从线下搬到线上，你在屏幕的这一头，我在屏幕的那一头。物理空间的阻隔，成为师生间最大的交流障碍。网络学习无疑是疫情之下最优的选择。实时互动、平台分享、及时反馈等功能，有着传统教学模式不可替代的优势。只有利用好这些直播平台的交互特性，最大可能地贴近现实教学，缩小师生交流上的距离感，充分挖掘直播后台数据，及时了解学生学习情况，分析教师教学效果，实时调整教学策略，才有可能提升网络直播教学效率，从而改善教学质量。通过一段时间的"人人通"直播平台教学，对此有了一些感悟和粗浅的想法，现在与大家一起交流分享！

（一）师生交互，面向全体，关注个性反馈

即时了解学生学习动态，实时改进教学策略，无论线上线下都是教学过程中的重要构成要素。所以直播教学过程中，利用好平台的交互功能显得十分重要。同时也是网络直播课与一般线下课程的最大区别。直播教学设计中，利用好平台所具备的网络社交互动功能，能极大契合当下学生的社交行为模式，从而提升教学反馈效率。所以直播课程中的互动网络社交特性就显得十分重要，它能让教学过程变得更加活泼开放，使教学反馈变得更加实时高效。所以我在教学过程中，一般都开放讨论区，利用师生交流，实时了解学生的学习情况，改进教学进度，学生也乐于讨论，交流思想，从而达成师生之间的和谐统一。同时，教师也利用这种方式即时了解学生学习的不足。

利用直播课堂上的互动提高教学质量，不仅仅是活用一个讨论区的问题。从直播课堂一般交互模式上归纳，我们可以把这窗口互动方式，当作学生实时反馈表达的一部分，但不是全部。它并不能完全当作教学质量的监测反馈功能来使用。当下直播平台都会给使用者建立专业的系列互动工具，以便达成高效的沟通，甚至要优于传统线下课堂教学模式。

（二）数据统计，分析教学，关注学生收获

现在以武汉市教育云空中课堂平台的互动工具来举例说明，是如何进行教学质量监控设计的。首先，熟悉慕课学习的教师都知道，在慕课学习过程中，为了避免学习者不听讲，中途开小差，会在视频播放过程中停顿下来，出一个填空或判断让学生回答是否正确，如果过关，就会继续往下播放教学！这样做教学目的性是很清楚的，提示学生认真听讲不开小差，避免看视频带来的眼睛疲劳，同时还检测了学生的学习状态。所以也如法炮制，在教学设计过程中有意识加入了这种互动环节，充分利用互动工具中的答题考试功能。根据课程教学知识重难点，课前设计好系列相关评测题目，做成题库。直播上课时，教师就根据课堂学生讨论反馈信息，相应推送相关题目，实时监测学生掌握知识点情况。这样做的好处在于，既监测了学生学习掌握情况，又可以了解学生是否在设备前认真学习，教师根据教学进度，在上课互动环节及时推送题目，学生及时互动回答，后台数据库相应实时采集相关数据，课上答题情况被及时记录，教师可以在课后及时进行数据分析。这时教师根据数据的反馈，就能了解到在教学环节中的疏漏之处，及时调整教学策略，改进教学内容。我想，虽然我们不像线下可以直接看到并管理学生的学习情况，但通过运用以上技术手段，是可以解决网络直播过程中无法监控学生学习状态的一些痛点问题的。例如：网络课程中，学生的在线学习情况虽然不能马上获得学生的在线反馈信息，但课后根据后台数据分析可以清晰地看到一部分学生的实时在线学习情况，利用数据筛选功能，将个别学生数据进行对比，从而了解学习时间是否完成，并根据数据反馈给家长，及时互相配合，使学生课堂教学管理更加科学高效。下面是部分学生一节课的线上停留时间数据反馈。

	A	B	C	D	E	F	G
1		角色	IP	进入活动时间	离开活动时间	停留时长	
23	专	学生	119.10	2020-02-26 10:52:00	2020-02-26 11:06:00	14分	
69		学生	27.17.	2020-02-26 11:24:00	2020-02-26 11:38:00	14分	
87							
88							

	A	B	C	D	E	F
1		学	IP	进入活动时间	离开活动时间	停留时长
89	611	学	42.198	2020-02-26 10:57:00	2020-02-26 11:12:00	15分
163	611	学	42.198	2020-02-26 11:20:00	2020-02-26 11:34:00	14分
187						

（实时检测反馈数据可以看到课堂上部分学生掉线还是开小差）

就我的课堂数据分析来说，整体反馈效果虽然不是十分理想，但这不是结束，仅仅是一个未来模式的开始，是一种大有可为的新的教学模式，应当继续深入探究，通过这种方式的改进，更加有效了解学生在上课过程中的学习效率，线上线下结合教学，能更好地提升教学质量！

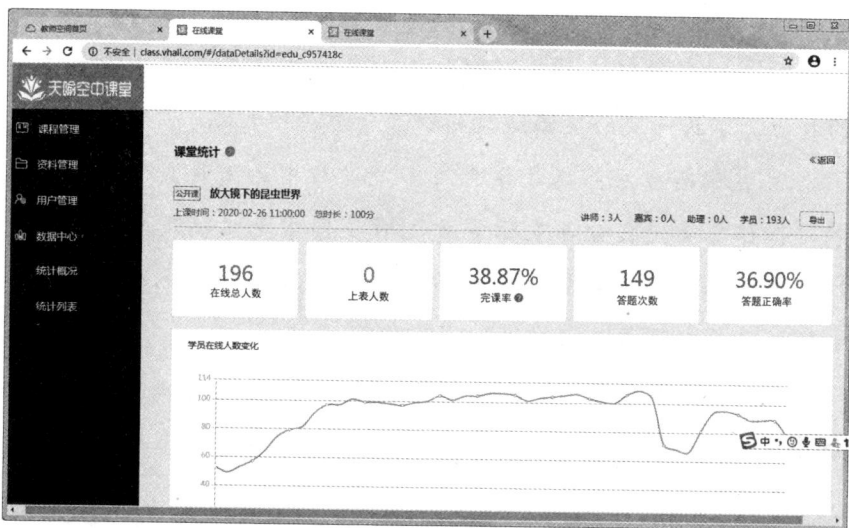

【案例十七】汤燕敏

疾病与防控

一、项目概述

（一）项目说明

德国哲学家叔本华说过："健康的乞丐比有病的国王更幸福，我的幸福十分之九建立在健康的基础上，健康就是一切。"世界卫生组织协调50多个国家医学专家研究发现，对各种疾病最好的治疗就是预防。而对于学校来说，全体师生的身心健康，关系到学校正常的教育教学秩序；其卫生工作尤为重要。特别到了秋冬交替时节，气温突然降低，易造成疾病流行，为了保障师生的身体健康与生命安全，预防、控制和消除传染病在师生中的发生与流行，根据《中华人民共和国传染病防治法》及其实施办法、《突发卫生事件应急条例》以及《学校卫生工作条例》等法律法规，结合我校实际情况，指导学生开展"疾病与防控"项目学习，推广和普及有关疾病防控知识，推动健康学校建设。

（二）学习目标

1.知识与技能：学生了解校园常见疾病及季节性传染性疾病的特点，掌握一定的疾病防控知识，学会预防疾病。

2.过程与方法：指导学生在实践过程中运用收集资料、小组学习、合作交流、分享展示等方式对校园常见疾病及季节性传染性疾病的相关知识与技能、预防与应急处理进行系统学习，并在小组、班级中分享探究过程和探究发现。

3.情感态度价值观：通过探究学习，培养学生自主学习能力、合作能力及实践创新能力。让学生了解疾病防控的重要性，并能推广和普及有关健康知识，提高自身健康水平。

（三）项目计划书

阶　段	时　间	内　容	目　标
第一阶段：课外收集整理资料	2019年3月	收集水痘、腮腺炎、流感、手足口病、诺如病毒感染等相关疾病知识资料。收集传染性疾病突发应急措施等资料。	1.学生了解校园常见疾病及季节性传染性疾病的特点。2.学生了解一定的疾病预防、防控措施。
第二阶段：探究实践	2019年4—5月	根据年级段特点开展探究实践活动：1.低年级侧重探究"校园常见疾病的特点和预防"，探究水痘、腮腺炎、流感、手足口病、诺如病毒感染等疾病特点和传播途径，平时要注意养成哪些卫生习惯。2.中年级侧重探究"校园常见疾病防控"，探究校园几种常见疾病的特点，如何做好日常预防，日常检查落实。3.高年级侧重探究"季节性传染性疾病的防控"，探究传染性疾病疫情报告以及应急处理方法。	1.学生掌握一定的疾病防控知识。2.学生逐步养成良好的卫生习惯。3.提高学生小组合作能力、逻辑思维能力。

续表

阶 段	时 间	内 容	目 标
第三阶段: 交流分享 汇报	2019 年 6 月	1. 低年级开展"看谁的小手洗得最干净"的洗手活动、开展"比比谁的桌椅最干净"的擦桌椅活动、开展"我是小能手"的洗书包活动、开展"我是健康大使"的卫生好习惯评比活动。 2. 中高年段根据探究的问题,进行交流分享,完善研究报告。	1. 巩固疾病防控知识,学以致用。 2. 形成疾病防控相关制度。
第四阶段: 学习成果 展示	2019 年 7 月	形成研究报告、小论文等。班级防控制度:晨(午)检制度、消毒制度、通风制度、班级疫情报告制度、应急处理预案,并在班级实施。	1. 普及疾病防控知识,提高疾病防控意识。 2. 推广健康知识,提高健康水平。

二、项目实施

第一阶段 课外收集整理资料

小学生认知有限,对于一些疾病的特点及传播途径的知识储备极其匮乏,因此课外收集校园常见疾病的相关资料就非常重要。一方面,老师引导学生自主通过网络、报纸、杂志、书籍等途径收集疾病防控相关资料;另一方面,老师也要有针对性地提供一些资料给学生参考。根据学生年龄段特点,低中高年龄段学生收集的侧重点也不尽一样。例如:低年级,学生年龄小,主要收集校园常见疾病的特点和预防知识;中年级学生在低年级学生的基础上,要多收集疾病防控知识和举措;高年级学生则在低中年级学生的基础上还要收集相关疾病突发应急措施。

学生收集资料后,自己要善于加以整理,提炼有效信息,记录下来,以备后期结合具体案例对照探究。老师的工作主要收集近几年来学校发生的疾病案例和应对措施等资料,撰写项目计划书,做好课时安排，备课、教案必须清楚完整，具有指导意义和实践性。

第二阶段 探究实践

在收集整理资料、备好课的前提下，老师讲解校园常见疾病及季节性传染性疾病的特点。根据学生年级特点，提出不同的思考主题，让学生带着问题进行学习。教师课上指导点拨，解决困惑、难点，学生具体探究实践。

低年级段：（一、二年级）

老师课上与课下相结合，围绕"校园常见疾病的特点和预防"这个主题，学生课上就校园常见疾病水痘、腮腺炎、流感、手足口病、诺如病毒感染等相关疾病知识进行交流，老师进行补充；课下开展活动：开展"看谁的小手洗得最干净"的洗手活动、开展"比比谁的桌椅最干净"的擦桌椅活动、开展"我是小能手"的洗书包活动、开展"我是健康大使"的卫生好习惯评比活动。

中年级段：（三、四年级）

老师课上讲授校园常见疾病的预防知识，围绕"校园常见疾病防控"这个主题，应该怎样做，才能更好地预防疾病的发生。学生课下通过收集资料，小组内进行任务分工，找到校园常见疾病预防方法。全班交流，师生分析后得出结论，并解决提出的问题。学生完成研究报告，形成班级防控制度，在全班进行分享。例如：晨（午）检制度、消毒制度、通风制度。

高年级段：（五、六年级）

通过观看视频、教师教授、学生自学、小组合作学习等方法，围绕"季节性传染性疾病的防控"这个主题，探究传染性疾病的特点和传播途径，以及如何应急处理。学生结合具体案例，分析特点，完成研究报告，形成班级疫情报告制度、应急处理预案，在全班进行分享。

第三阶段　交流分享汇报

教师通过一段时间指导，每个学生积极参与疾病防控活动，低年级除了解校园常见疾病的知识外，主要以开展相关活动来检测知识的掌握程度，并巩固知识，让学生养成良好的卫生、生活习惯。中高年级主要以研究报告的形式来呈现学习成果。研究报告中要呈现：通过项目学习这一过程，解决了哪些问题？学生对校园疾病防控有没有一定的认识和了解？学生透过这次项目学习对卫生、健康的重要性产生了怎样的情感态度价值观？学生在初步完成研究报告后，要在全班进行交流分享，学生在倾听的过程中，可以结合实际案例或者自身感受对研究报告加以修正、补充、完善，大家相互学习，取长补短，在交流碰撞中提高学习能力和逻辑思维能力。同时，研究报告中形成的各种制度，可以通过实际演练来检验，使其更加完善。整个交流分享，既动脑又动手，将理论与实践相结合，使学生受到潜移默化的影响，从而做到遇事不慌张，有条不紊地处理。

第四阶段　学习成果展示

"疾病与防控"项目学习活动从2019年1月开始，历经收集整理资料、探究实践、完成作品、作品分享四个阶段，围绕"疾病与防控"主题，根据各年级的特点开展学习活动。学生们不仅学习到了疾病预防知识，还明白了疾病防控的重要性，感受到了健康生活的真谛。

三、学习成果

通过"疾病与防控"的项目学习活动，学生了解了校园常见疾病及季节性传染性疾病的特点，并在探究实践过程中，掌握了一定的疾病防控方法，学会突发状况的应急处理。同时，也提高了学生自主学习能力、合作能力和实践创新能力。让学生了解疾病防控的重要性，并能推广和普及有关健康知识，提高自身健康水平。

关于"疾病与防控"项目学习调查报告

班级：三（1）班

调查对象	三道街小学全体学生
问题提出	晨检、午检有必要吗？
调查目的	晨检、午检对传染病的传播能有预防、警醒的作用吗？
调查方法	上网查找资料、问家长、阅读相关书籍
调查情况	一、晨、午检的好处： 　　开展晨、午检工作是为了明确责任、保护学生，是创建安全、幸福、和谐、文明校园的需要，其效用不光体现在安全方面，还关乎学校传染病防治。 二、校园晨、午检落实情况调查。 晨、午检情况
调查情况	对全校24个班进行调查，从数据中不难看出，76%的班级能落实好晨检制度，能坚持落实晨、午检的班级只占8%。大家更多关注的是每天早上学生到校及健康状况，而忽略了中午的检查反馈。而有部分同学，早上到校还未发生疾病状况（头晕、呕吐、发烧等）或者病况比较轻微，但是到了中午，病情加重，不得不请假回家。特别是在传染性疾病疫情暴发期，这部分同学，如果不及时进行登记追踪，有可能就会成为传染源，其后果是非常严重的。

调查情况	三、制定班级晨、午检报告制度 　　由此可见，晨、午检是非常有必要的。因此，通过我们共同探究形成了班级晨、午检制度。 1. 班主任每天统计患病学生人数及情况，确保有疫情立即报告，同时要及时做好清洁消毒、切断传播途径。 2. 班主任可监督和指导班干部具体做好晨、午检工作。 3. 班干部在班主任指导下，对到校的每个学生进行观察、询问，了解并记录学生出勤、健康状况。拿不准的情况，可直接汇报班主任，由班主任老师定夺。 4. 发现异常等传染病早期症状以及疑似传染病时，及时登记，报告班主任。班主任联系家长，同时对学生进行保护性隔离观察。确保做到对传染病病人的早发现、早报告、早隔离。 5. 严格执行疫情日报告及管理制度。 （1）每天上午早读后，班长可向班主任报告晨检结果；若班级的学生无人出现上述症状，班长亦要实行"零报告"制度。 （2）发生疑似传染病的学生必须回家隔离，早治早控，避免传播。 （3）在晨、午检时间以外，学生中发现有疑似传染病患者，都必须在第一时间向班主任报告并实行保护性隔离。 四、形成班级晨、午检（因病缺课、病情追踪）记载本 　　为了更好地落实因病缺课学生状况，也为了能及时发现潜在疾病的可能，做好晨、午检，做好登记，这些都非常重要。

三道街小学＿＿年级＿＿班晨、午检（因病缺课、病情追踪）记载本

调查情况	日期	应到人数	实到人数	姓名	确诊病名	处理措施	复课日期	病情追踪	联系电话

调查结论	1. 晨、午检非常有必要，能及时发现隐患。 2. 晨、午检时，发现异常不可隐瞒实际情况，应及时向老师汇报实际情况。 3. 平常也要做好疾病防护措施，避免感染。

关于"疾病与防控"项目学习调查报告

班级：四（4）班

调查对象	三道街小学全体学生
问题提出	为什么班级要通风？有哪些益处？
调查目的	通风对传染病的传播有没有起到一定的遏制作用？
调查方法	1.上网查找相关资料;2.询问老师、家长和同学;3.查看相关书籍
调查情况	学校教室是学生进行学习的必需外界环境，全班同学一起坐在教室上课，如果关闭门窗，室内的空气很快就会变污浊，二氧化碳和致病微生物（细菌、病毒等）的含量就会逐渐增加。而空气的污染程度又不可避免地对学生的健康和学习效果带来影响。 一、开窗通风的必要性 1.身体发展需要。在儿童时期，特别是低年级学生，身体的调节功能不够完善，若室内气温过热、过冷、骤然变化，都容易引起呼吸道感染。正处在生长发育时期的学生，对新鲜空气的需求更高。为了在教室内提供必要的新鲜空气和适宜的微小气候，必须有合理的通风换气，以保证学生的健康。 2.学习需要。闷热污浊的空气，会使学生精神不振、疲倦、头痛、注意力不集中，这样会降低学生的学习效率。适当的开窗通风，空气流通，会提高他们的学习效果。 3.疾病预防的需要。室内的致病微生物，如果达不到一定的浓度，是不会使人感染的。如果浓度很高，就很容易使人感染。有效的空气流通，就能够降低微生物的浓度，就不会造成传染病的大面积传播流行。所以有效的空气流通，是预防传染病的非常有效的方法，是最好的空气消毒方法。 二、教室通风情况调查 　　根据调查发现，56%的班级能做到经常通风，44%的班级偶尔能开窗通风，没有从来不开窗通风透气的班级。 班级通风 ■A经常　■B偶尔　■C从不

续表

调查情况	从班级通风情况，再结合近几年来学校流行性感冒传染迅速的班级案例来看，不经常开窗通风的班级，病毒在班级蔓延较快，传播速度快，暴发迅速。 三、通风换气的要求 　　学校大多是利用室内门窗的缝隙直接导入室外空气来置换室内的污浊空气。教室的换气次数必须要有规定，换气次数取决于室内的学生数和学生年龄；人数多且年龄大，排到室内的浊气量就多。因此要求小学教室每小时换气次数不宜低于 3 次。 四、形成制度，加强落实 　　为了全体学生的健康，我们探究制订了"班级通风检查表"，以便落实班级通风情况，更好地预防疾病。 三道街小学___年级___班 通风检查表 表格见下

三道街小学___年级___班 通风检查表

日期	天气	检查通风情况	督查人	督促整改

调查结论	1. 班级开窗通风是非常有必要的。 2. 空气流通，能减少浊气和致病微生物的传播，有利于我们学生的身心健康。 3. 加强防控意识，每天都做好班级通风，预防疾病。

关于"疾病与防控"项目学习调查报告

班级：五 (3) 班

调查对象	三道街小学五、六年级学生
问题提出	面对传染病疫情，我们该如何处理？
调查目的	1. 了解季节性传染病的特点 2. 掌握传染病疫情暴发的处理方法及流程
调查方法	1. 上网查找相关资料 2. 询问老师、家长和同学 3. 查看相关书籍

调查情况	一、校园传染性疾病 1.常见分类：流行性感冒、水痘、流行性腮腺炎、猩红热、手足口病等。 2.流行特点：学校学生比较密集，容易产生聚集性病例，且部分学生免疫力差，属于易感人群。一些疾病季节性较强，秋冬呼吸道、春夏肠道疾病，且都有一定潜伏期，不易察觉。 二、设立传染病报告小组及传染病疫情报告人 分配组长、副组长、组员、疫情报告人。 三、疫情报告要求 1.严把三个环节：传染源、传播途径、易感人群。 2.做到五早：早预防、早发现、早诊断、早报告、早隔离治疗。 3.召集传染病应急小组成员，做好专册登记、统计人数、患者名单、发病日期、主要症状、目前状况、接触史等。 4.报告流程 传染病防控流程：

续表

调查情况	发现传染病个案或聚集性疫情，或者班级（≥3 例 /天或者 ≥5 例 /3 天) 出现同一系列的相似症状时(如发热、咳嗽、咽痛、呕吐、腹痛、腹泻等)，班级疫情报告人及时上报班主任，班主任及时上报学校。 四、传染性疾病疫情上报登记表 　　传染性疾病的治愈是有一个过程的，流行性感冒需要 7 天，流行性腮腺炎完全治愈需要 14~21 天。为了全体同学的健康，我们设计了"传染性疾病疫情上报登记表"，做好记录，以便查询。

三道街小学＿＿年级＿＿班 传染性疾病疫情上报登记表

申报时间	班级	姓名	病名	患者症状	停班否	其他处理意见	电话

调查结论	1. 面对传染性疫情，一定要沉着冷静，及时上报。 2. 严格把控感染人群，及时隔离。 3. 严把三个环节、做到"五早"，做好防护措施。 4. 养成良好习惯，预防疾病，提高防控意识。

"疾病与防控"项目学习小论文：

预防疾病　促进健康

六（4）班

到了季节交替时，气温突然变化，易造成疾病流行。传染性疾病全年每月均有发病,4—7 月和 10—12 月有两个发病高峰,学生为流行性疾病的高发人群,5~10 岁发病率最高。那么，如何在季节交替时做好传染性疾病的预防工作呢?

一、了解特征，知根知底

根据调查，水痘、腮腺炎、流感、手足口病、诺如病毒感染等，在小学校园传染病中易于出现。它们有何流行现状和流行病学特征呢？

水痘症状：皮肤出现疱疹。水痘的皮疹主要集中于头面部和躯干，呈向心性分布；另外，水痘的皮疹有明显的瘙痒。

流行性腮腺炎症状：单侧或双侧腮腺和（或）其他唾液腺肿胀（腮帮肿大）、发热、头痛、乏力、食欲不振。

流感症状：发热≥38℃，咳嗽、咽痛、流涕或鼻塞、头痛、肌肉、关节痛、乏力和全身不适。

水痘、流行性腮腺炎、流感这3种流行病，有着类似的特点：呼吸道传染病，冬季和春季比较常见。不同的是：水痘出疹前5天（一般1~2天）至所有疱疹结痂有传染性；流行性腮腺炎出现症状前7天至发病后9天有传染性，潜伏期相对较长，平均18天；流感有症状时传染性大，幼儿3~7天。

手足口病（疱疹性咽峡炎）

症状：口腔黏膜出现疱疹，手、足、臀部出现斑丘疹、疱疹，可伴发热、咳嗽、食欲不振等。

流行病学特点：消化道传染病，主要通过接触传播，发病后一周内传染性最强。5—7月和11—1月为高发月份。

诺如病毒

症状：发作时，患者有发烧、恶心、腹泻、呕吐等症状，儿童发病以呕吐为主，成人则以腹泻为主，表现为24小时内腹泻可达4至8次，粪便为稀水便或水样便，无黏液脓肿。此外，也可见头痛、寒战和肌肉痛等症状，严重者可出现脱水症状。

流行病学特点：恶心、呕吐、发热、腹痛、腹泻。

二、积极预防，对症下药

我们了解了校园传染性疾病的流行现状和流行病学特征后，

又该如何预防呢？

这几种校园传染性疾病都可以进行以下预防措施：

1. 接种疫苗，每年疫苗成分不同，尽量每年接种。

2. 有疑似症状及时就诊。需佩戴口罩，避免交叉感染。

3. 冬春季高发季节，少去人群密集场所。

4. 勤洗手（普及六步洗手法），吃饭前、做饭前、上厕所后，一定要用肥皂及清水彻底洗净双手。

5. 教室每天开窗通风、定期消毒。

6. 加强锻炼，平衡饮食，养成良好生活习惯，增强免疫力。

与此同时，我们还要做好传染病的处理：

呕吐物要用"84"消毒液覆盖半小时，用报纸、塑料袋覆盖后，包裹严实，扔到校门口垃圾桶，统一处理。

"84"消毒液消毒。按一定配比浓度调制"84"消毒水，拖把洗净，拧干再放入消毒水中（湿拖把会稀释消毒浓度），再拖拭地面。

紫外线消毒。"84"消毒液消毒4小时后，方可使用紫外线灯消毒（否则会分解"84"消毒液成分，起不到消毒作用）；紫外线灯消毒1小时后关闭。使用"84"消毒液或紫外线灯消毒，全程门窗都要关闭，有人进入前1小时，打开门窗通风。

这些传染病大多都是呼吸道传染病，可通过空气、短距离飞沫或接触呼吸道分泌物及被病毒污染的物品等途径传播，所以我们要积极地预防，远离疾病。

三、加强宣传，推广普及

有些同学，甚至家长，对这些疾病可能区分得还不是很清楚，特别是发病时，有些症状很类似。作为新时期的少先队员，我们学习了知识，参加了活动，进行了"疾病防控"的项目学习，就有义务将这些知识加以宣传，让更多的人了解这些疾病的症状及流行性特点，学会预防。

我们可以利用学校"红领巾"广播站，每天定时播出一种疾病的相关知识；我们还可以把这些疾病的特点及预防措施发布到班级教室，同学们只要有空，都可以到班级动态显示屏里去查找和翻阅相关知识；我们还可以回家跟爸爸妈妈讲讲如何预防疾病的小常识……

疾病防控，任重而道远，让我们积极行动起来吧，推广健康知识，让健康常伴，远离疾病！

【案例十八】申方虔

我的健康食谱

一、项目概述

（一）项目说明

本学习项目是武昌区三道街小学四年级的学生，通过听教师讲解食物中营养物质的构成和作用，以及自己通过网络查找相关资料，进一步了解常见的食物中所含有的营养物质、人体一天所需要的营养物质。学生在进行项目学习之后，能够通过自己在本次项目学习中获得知识，知道常见的食物中，哪些是有利于自己健康成长的食物，哪些是不利于自己成长的食物。并能根据个人需要和营养标准设计科学合理的一周食谱。

（二）学习目标

知识与技能

1.将食物按照不同的标准，分成不同的类别。

2.知道人体保持健康需要的营养成分包括蛋白质、糖类、脂肪、维生素、矿物质和水。

3.各种营养成分在人体中的功能。

4.各种营养成分的食物来源。

5.了解人体均衡膳食"宝塔",知道搭配膳食营养要做到品种多样,并保持合理数量。

过程与方法

1.通过简单的统计分析,发现一天中所吃的食物是非常丰富的。

2.能通过阅读资料获取信息,丰富对食物中的营养成分、营养类别等方面的认识,并扩充到记录中,完善对所吃的食物的统计工作。

3.能对市场上常见的食品包装进行理性的分析,认识哪些食物应该多吃、哪些食物应该少吃。

4.能根据个人需要和营养标准设计科学合理的食谱。

情感态度价值观

1.通过对均衡膳食的分析与研究,感受到理性思考的重要性。在理解均衡膳食的基础上,培养健康生活的意识。

2.在对食物营养成分的认识中,感受各种营养与支撑人体生命活动的关系,激发继续探究的兴趣。

（三）项目计划书

阶 段	时 间	教师活动	学生活动	目 标
第一阶段：收集一周食谱	2020年2月25日	布置收集一周食谱的任务，督促学生每日收集。	通过拍照等方式，记录自己一周的食谱。	提高学生坚持记录的意识，并让他们发现一天中所吃的食物是非常丰富的。
第二阶段：认识六大营养成分和均衡膳食宝塔	2020年3月3日	通过对相关知识的讲解，帮助学生进一步认识六大营养成分和均衡膳食"宝塔"。	查询六大营养成分和均衡膳食"宝塔"的相关资料，结合老师的讲解，认识常见食物的食品包装袋。	培养学生收集资料的能力，以及理论与实践能力。在对食物营养成分的认识中，感受各种营养与支撑人体生命活动的关系，激发继续探究的兴趣。
第三阶段：结合BIM分析自己的食谱	2020年3月10日	带领学生认识BIM指数，指导学生分析自己的食谱。	学习BIM指数，结合自己的BIM指数对自己的食谱进行分析，统计自己的食谱是否符合"宝塔"的结构。	培养学生的科学探究精神和实践动手能力。
第四阶段：设计自己的食谱	2020年3月17日	指导学生设计自己的食谱。	学生结合六大营养成分的食物来源以及人体均衡膳食"宝塔"的要求，改进之前自己食谱中的不合理的地方，重新为自己设计一周的食谱。	掌握和应用平衡膳食的要求，指导日常饮食。
第五阶段：项目成果展示	2020年3月24日	教师指导学生完成项目总结以及项目成果展示。	展示自己的新食谱，分享自己在本项目学习中的收获，小结在活动过程中自己做得好的地方以及要改进的地方。	培养学生善于总结、反思的能力，以及愿意倾听、分享他人有关设计食谱的信息，乐于表达、讲述自己的观点。提高学生信息素养、总结归纳能力，让学生学会在反思中创新。

二、项目实施

第一阶段　收集一周的食谱

提前告知学生真实地收集记录自己一周的食谱。在收集记录食谱的过程中，学生会逐渐发现原来自己每天要吃如此丰富的食物，对自己食用了什么食物有一个大概的了解。并且在收集一周食谱的过程中，让自己养成坚持做记录的良好习惯。在不给学生任何调整方案的情况下收集食谱，可以反馈出学生生长状态的原因，也为后续的研究打下基础。

第二阶段　认识六大营养成分和均衡膳食宝塔

学生在收集了自己一周食谱之后，会产生这样一种疑问：这么多食物，哪些是我生长发育需要的？这些食物由哪些成分组成？这些成分对我们的身体有什么好处？只吃一种食物或者只吃几种食物是否能够满足我们生长发育的需要？这些问题都是直接或者间接地指向了食物的营养成分和营养搭配。

为了知道以上问题的答案，教师将带领学生认识食物中的六大营养成分，丰富学生对食物中的营养成分、营养类别等方面的认识，并带领学生对自己记录的一周食谱中的食物按照六大营养成分进行分类。学生在听完教师的讲解之后，能够对我们生活中常见的食物进行最基本的分类，能够对自己常吃的食物进行分析，是否有利于自己的成长；能够认识食品包装袋，了解食物中含有的六大营养成分有多少。知道食物的分类之后，这六大营养成分都是人体需要的，那么每种成分我们需要多少呢？我们需要吃多少食物才能满足标准要求的量？带着这两个问题教师带领学生进入均衡膳食宝塔的学习，并结合生活中各种食品包装上的信息，为学生建立良好健康的生活习惯提供帮助。

课后学生继续在网上收集六大营养成分和均衡膳食宝塔的资

料，在查找资料过程中，提高学生收集资料的能力，以及理论联系实践的能力。在进一步对食物营养成分的认识中，感受各种营养与支撑人体生命活动的关系，激发继续探究的兴趣。

第三阶段 结合BIM分析自己的食谱

要做到合理膳食，首先要了解自身的营养状况，教师可以带领学生认识BIM指数，学生结合自身的BIM指数讨论对于自己目前的营养状况是否满意。再将自己的食谱中已经按照六大营养成分进行分类的食物，结合学习均衡膳食"宝塔"相关知识进行横向比较，看看自己的食谱是否符合"宝塔"的结构，并指出自己一周的食谱中有哪些食物的量是刚刚好的。有哪些食物食用过量，哪些食物食用缺量。能够对自己的食谱进行一个判断，并为修改自己的食谱奠定基础。

第四阶段 设计自己的食谱

结合六大营养成分的食物来源以及人体均衡膳食"宝塔"的要求，改进之前自己食谱中的不合理的地方，重新为自己设计一周的食谱，并分析这份新食谱的营养成分分布，预测这个食谱可能会对自己的成长有何帮助。在随后的一个星期中，学生按照自己设计的食谱进行一日三餐的安排，每天记录自己的体重变化和当天的感受，一个星期后总结这一个星期以来自己身体的些许变化。虽然一个星期可能时间很短，身体上并不会出现太大的变化，但正面的效果肯定会有的。学生将在这个过程中体会到合理膳食的重要性，知道合理的饮食能够使自己的身体变得更加健康。

第五阶段 项目成果展示

经过一个星期的记录，有部分同学每天按照老师的要求坚持了下来。通过网络图片共享个人展示食谱、分享自己在使用了新食谱之后，身体上有什么不一样的感受，展示自己在设计个人食谱项目学习活动中的收获，小结在活动过程中做得好的地方以及要改进的地方。

三、学习成果

因为疫情期间条件所限，能够严格按照食谱进行饮食比较困难，但大多数的同学基本上在这个星期都一定程度上改善了自己的饮食，并且还有部分同学完成了一个星期的记录，特殊时期能够完成记录实属不易。部分同学经过自我推荐以及老师挑选之后，通过网络课连麦的方式，向全年级的同学介绍了自己的食谱，讲述自己准备这些食材的小故事。自己在使用新食谱之后，身体上有什么不一样的感受。最后总结自己在设计个人食谱项目学习活动中有什么收获，小结自己在活动过程中做得好的地方以及要改进的地方。通过项目学习，培养了学生坚持不懈、战胜困难的精神，提高了孩子们收集资料、相互交流、资源分享的能力，从而促进了自身的全面发展。

"我的健康食谱"项目学习实践报告

我的健康食谱					
姓名		张同学	班级		四（3）班
日期		食谱	体重		我的感受
3.17	早餐	牛奶、煮鸡蛋、花卷	36.3kg		第一天按照食谱进行饮食，比之前吃的东西少一些，傍晚感觉有些饿，可能是肉类食物吃少了。
	中餐	青椒肉丝、清炒小白菜、番茄鸡蛋汤、米饭			
	晚餐	苹果、三鲜面条			
3.18	早餐	牛奶、酱肉包	36.7kg		今天感觉有些油腻，肉类吃得比较多，豆制品吃得比较少，果蔬类吃得也比较少，但是感觉身体比较有劲。
	中餐	回锅肉、土豆片、酸辣粉丝、米饭			
	晚餐	紫菜蛋汤、清蒸娃娃菜、北京烤鸭、米饭			

续表

我的健康食谱					
姓名		张同学	班级		四（3）班
日期	食谱			体重	我的感受
3.19	早餐	蒸鸡蛋、豆浆、热干面		36.5kg	今天的食物比较均衡，吃完了之后感觉非常有力气，也没有油腻的感觉，但中午嘴巴里起了个泡，应该是溃疡了，需要多吃蔬菜和水果。
	中餐	宫保鸡丁、凉拌海带丝、青椒土豆丝、米饭			
	晚餐	肉末茄子、番茄炒蛋、米饭、橙子			
3.20	早餐	牛奶、热干面、煮鸡蛋		36.5kg	因为特殊时期，家中的食材不多，今天的肉类比较少，肚子有些饿。晚餐后吃了很多橙子，溃疡处没有昨天疼了，希望快快好起来。
	中餐	麻婆豆腐、土豆片炒肉、番茄鸡蛋汤、米饭			
	晚餐	青椒肉丝、黄瓜炒蛋、米饭、橙子			
3.21	早餐	煮饺子		36.9kg	今天的豆制品吃得比较少，但是肉类吃得比较多，整体来说比较均衡，糖类摄入量较大，跟前几天比起来，感觉更有劲了，口腔溃疡基本痊愈。
	中餐	炒大白菜、番茄炒鸡蛋、胡萝卜炖肉、米饭			
	晚餐	排骨汤、土豆丝、花菜炒肉、米饭、苹果			
3.22	早餐	蛋糕、牛奶、煮鸡蛋		37.2kg	今天是周末，食物种类比较丰富，所以各种食物有些超标，但是果蔬类吃得相对来说比较少，感觉身体比较油腻，体重比昨天重了很多，不能天天这样吃。不然体重会急速上升的。
	中餐	基围虾、排骨汤、孜然土豆、清炒小白菜、肉末茄子、米饭			
	晚餐	香干芹菜、剁椒鱼头、糖醋里脊、米饭			
3.23	早餐	牛肉粉、牛奶		37.1kg	这是一周食谱的最后一天，六大营养物质都符合膳食宝塔的量，身体感觉比较好，没有饿或撑的感觉。
	中餐	宫保鸡丁、蘑菇炒肉片、番茄鸡蛋汤、米饭			
	晚餐	肉末粉条、咖喱牛肉、清炒娃娃菜、米饭、葡萄			

续表

我的健康食谱			
姓名	张同学	班级	四（3）班
日期	食谱	体重	我的感受

我的收获：

在这个星期中，我基本按照自己设定的食谱进行饮食。第二天口腔出现了溃疡，我按照老师课上讲解的内容，多吃富含维生素的果蔬，很快就好了，说明维生素可以维持我们身体的机能。偶尔有一两天吃的肉类比较多，肉类里面含有蛋白质和脂肪类，所以吃多了感觉会比较油腻，但是蔬菜类又可以使我感到比较清爽。所以均衡搭配非常重要。我基本每天有两餐会吃米饭，米饭中含有淀粉糖类，可以为我的身体提供能量，所以我感觉每天的能量都是充足的，基本不会感到疲倦。

体重在这个星期增长了 0.8kg，说明合理的膳食能够促进我的生长发育，在以后我的生活中，我也要坚持合理膳食，让自己健康成长！

我的健康食谱				
姓名		梁同学	班级	四（4）班
日期		食谱	体重	我的感受
3月17日	早餐	牛奶、热干面、鸡蛋	45.1kg	我的体重比较沉，经过上课的学习，我需要减少油脂和糖类的摄入，第一天的尝试过后，肚子非常饿，晚上偷偷吃了点饼干，明天不偷吃了。
	中餐	清蒸娃娃菜、黄瓜炒火腿肠、番茄鸡蛋汤、少量米饭		
	晚餐	梨子、苹果、少量饺子、饼干（傍晚）		
3月18日	早餐	牛奶、鸡蛋、挂面	44.8kg	今天的肉类比昨天吃的多一些，蔬菜水果也没有落下，没有昨天感觉那么饿了，自己克制住了一天没有吃零食。体重居然下降了，好开心！
	中餐	土豆片炒肉、炒大白菜、豆角、少量米饭		
	晚餐	紫菜蛋汤、橙子、萝卜丝炒牛肉、少量米饭		

续表

我的健康食谱					
姓名		梁同学	班级		四（4）班
日期		食谱	体重		我的感受
3月19日	早餐	蒸鸡蛋、牛奶	44.7kg		控制饭量的第三天，严格按照食谱执行，虽然吃得比较少，但身体没出现没有力气的现象，看来平时我的饭量超标啦！
	中餐	青椒肉丝、酸辣包菜、少量米饭			
	晚餐	麻婆豆腐、小番茄、紫菜蛋汤、少量米饭			
3月20日	早餐	热干面、豆浆	44.6kg		今天的食量是执行食谱以来变化较大的一天，晚上尝试了一下网上的减肥餐，但感觉好饿，身体有些没力气，可能是肉类吃少了，脂肪量摄入不够。并且今天没有吃水果，不知道身体机能会不会受影响。
	中餐	排骨汤、土豆片炒肉、少量米饭			
	晚餐	面包、沙拉、鸡蛋			
3月21日	早餐	手抓饼、牛奶	44.3kg		今天的体重下降很明显，可能是昨天的减肥餐起了效果，但是营养不够，对小孩不利，所以今天我增加了肉和水果，补充了营养，感觉自己的身体又能量满满了。
	中餐	芹菜炒干子、番茄炒鸡蛋、肉末茄子、少量米饭			
	晚餐	紫菜蛋汤、酸辣土豆丝、有机花菜炒肉、少量米饭、橙子			
3月22日	早餐	饺子、豆浆	44.5kg		今天的菜比较丰富，很久没有吃过大量的肉了，非常饱，虽然身体感觉比较有力气，但是感觉果蔬类摄入比较少。
	中餐	青椒肉丝、肉末蒸蛋、炸鸡块、少量米饭			
	晚餐	蛋糕、糖醋排骨、宫保鸡丁、少量米饭			

续表

我的健康食谱					
姓名		梁同学	班级		四（4）班
日期		食谱	体重		我的感受
3月23日	早餐	热干面、牛奶	44.4kg		一周的最后一天，营养比较均衡，食谱经过一个星期的改善，已经能够适应适量的食物，基本不会在非吃饭时间出现饿的感觉。
	中餐	番茄炒鸡蛋、水煮鱼、少量米饭			
	晚餐	鸡腿、清炒小白菜、孜然土豆、少量米饭、苹果			

我的收获：

  我平时最喜欢吃肉类，特别是红烧肉，基本隔两天就要吃一次，但蔬菜和水果却是我不太喜欢吃的，这样的习惯让我的体重比我的同学重很多，我非常不开心。老师教给我们膳食宝塔的知识，我知道了人体六大营养元素和膳食宝塔。我根据这些知识，意识到了自己平时吃得太多了，需要减少食物的摄取，所以我按照自己的体重设置了这份食谱。过程比较曲折，一开始吃得比原来少太多，也没有最喜欢吃的红烧肉，所以晚上很饿，没有控制自己吃零食。但是后面习惯了吃少量食物之后，就没有晚上很饿很饿的感觉了，这个星期虽然吃得比平时少了很多，但是精神还不错，身体也比较有力气，说明我现在的食量是刚刚好的，原来吃得太多了。经过一个星期的努力，我的体重从45.1kg降到44.4kg，减少了一些，但老师告诉我，我现在是长身体的时候，体重不能降这么快，能够维持就好。所以我还需要在此基础上多吃一点，合理安排自己的膳食，让自己的体重不再升那么快。并且，我平时也需要加强锻炼，进一步使自己更加健康。

【案例十九】严谨

舌尖上的礼仪

一、项目概述

（一）项目说明

  "舌尖上的礼仪"就是我们就餐时的餐饮礼仪。餐饮礼仪问题可谓源远流长，从周代开始，饮食礼仪已形成一套相当完善的制度，在孔子的推崇下，餐饮礼仪成为历朝历代表现大国之貌、礼仪之邦、文明之所的重要方面；而在西方，所有跟吃饭有关的事，都备受重视，因为它同时提供了两种最受赞赏的美学享受——美食与交谈。除了口感优良之外，用餐时酒、菜的搭配，优雅的用餐礼仪，调整和放松心态，享受这环境和美食，正确使用餐具、酒具，都是进入美食时光的选修课。本项目学习旨在让学生通过研究性学习，研究东西方饮食文化差异，让学生们更好地了解西方国家的饮食特点。同时也可以弘扬中华民族的优秀饮食文化，使中国的饮食得到不断的改进和发展，更重要的是可以培养我们积极地接受西方的饮食文化，进行跨文化交际的时候了解西方饮食文化，并在求同存异的基础上更好地把握本民族文化特征。使学生更好地适应全球化潮流，提高学生未来在跨文化交际时的适应能力。通过对饮食文化差异的分析研究，学生们可以有效地避免交际双方由于文化差异而产生的不理解或误解。同时培养学生的思辨意识和探究意识。

（二）学习目标

知识与技能：深入挖掘和探讨东西方餐桌礼仪中的各学科知识，并能学以致用，应用到生活中去。

过程与方法：学科教师指导本年级学生，在实践过程中运用收集资料、小组学习、合作交流、分享展示等方式，对东西方餐桌礼仪的相关知识与技能、历史与文化进行系统学习，并在小组、班级中分享探究过程和发现。

情感态度价值观：感受东西方餐桌礼仪的魅力，培养学生积极探究、热爱各地饮食文化的生活态度，培养思辨思维，提高审美情趣，增强对礼仪文化的热爱。

（三）项目计划书

阶 段	时 间	内 容	目 标
第一阶段：课外收集整理资料	2019年3月	收集中国从古至今餐桌礼仪相关知识资料，收集西方国家餐桌礼仪相关资料。	学生了解东西方餐桌礼仪的特点，学生通过收集资料了解东西方餐饮文化的差异。
第二阶段：探究实践	2019年4—5月	根据学生收集的资料，梳理东西方餐桌礼仪有关知识。给学生讲解东西方餐桌礼仪相关知识，如何做好对比研究。	了解东西方餐桌礼仪的相关知识，学生逐步养成对比研究的思维。
第三阶段：交流分享汇报	2019年6月	发现对比研究过程中的具体问题，观察实验探究，解决问题。指导学生写对比研究报告，收集学生研究过程中的资料。根据探究的问题，进行交流分享，完善研究报告。	了解大家对东西方餐桌礼仪的了解情况，对比研究东西方餐桌礼仪的异同，提出问题
第四阶段：学习成果展示	2019年7月	以小组为单位进行研究，组内分好工，用心对比，认真记录，提交实验报告和科学小论文。	提高学生写作水平，培养合作交流能力

二、项目实施

第一阶段 课外收集整理资料

（一）通过网络、报纸、杂志、书籍等载体了解餐桌礼仪相关资料

1. 报纸、杂志、书籍：让学生从报纸或杂志中收集有关餐桌

礼仪的资料，并把资料整理汇编，供研究活动参考。

2.网络：互联网收集有关东西方餐桌礼仪等资料并打印。

3.其他途径：收集东西方餐桌礼仪相关资料并注明资源出处。

（二）阅读收集的资料，提炼有效信息

阅读收集的资料，从这些资料中获取有关餐桌礼仪的有效信息。

第二阶段　探究实践

任务一：对比东西方餐桌礼仪异同

学生分组合作，共同讨论，比较东西方不同文化背景下的座次安排、餐具使用、就餐氛围和餐桌话语等餐桌礼仪的异同。并记录下来。

分类 项目	中国	西方
座次安排		
餐具使用		
就餐氛围		
餐桌话语		

任务二：推想及研究

我的发现：

东西方餐桌礼仪在座次安排、餐具使用、就餐氛围和餐桌话语上有许多不同。

我的问题：形成东西方餐桌礼仪异同的原因是什么？

东西方餐桌礼仪对比记录表

项目 分类	东方（中国）	对餐桌礼仪的影响	西方	对餐桌礼仪的影响
地理				
历史				
劳动方式				
文化背景				
……				

　　让学生在查找资料的过程中填写对比记录表，完成对比分析报告，把自己的发现和问题记录下来，为后续学习奠定基础。

第三阶段　交流分享汇报

　　通过一段时间的教师指导，每个学生积极参与东西方餐桌礼仪对比研究，让学生养成良好的就餐习惯，了解各地就餐礼仪。以研究报告的形式来呈现学习成果。研究报告中要呈现：通过项目学习这一过程，解决了哪些问题？学生对东西方餐桌礼仪有没有一定的认识和了解？学生透过这次项目学习对了解各地风俗礼仪产生了怎样的情感态度价值观？学生在初步完成研究报告后，要在全班进行交流分享，学生在倾听的过程中，可以结合实际案例或者自身感受对研究报告加以修正、补充、完善。大家相互学习，取长补短，在交流碰撞中提高学习能力和逻辑思维能力。同时，研究报告中形成的各种制度，可以通过实际演练来检验，使其更加完善。

　　任务一：共同写作"东西方餐桌礼仪的异同及成因"研究报告、科学小论文

　　同学以"舌尖上的礼仪"为题，开展共同写作活动。通过分享、

讨论、相互修改等方式提高学生的归纳总结和写作能力。

任务二：活动总结

汇报交流

小组之间的交流；分享研究成果。

第四阶段　学习成果展示

"舌尖上的礼仪"项目学习活动从 2019 年 1 月开始，历经收集整理资料、探究实践、完成作品、作品分享四个阶段，围绕"东西方餐饮礼仪"主题，根据五年级学生特点开展学习活动。学生们不仅学习到了东西方餐桌礼仪的相关知识，也明白了入乡随俗的含义，感受到了探究学习、对比研究的重要性。

三、学习成果

东西方餐桌礼仪项目学习活动让东西方文化在校园里碰撞出火花，一方面，大家一起探究、学习，充分感受到了东西方文化的魅力；另一方面，通过项目学习，锻炼了孩子们动手动脑能力、口语表达能力、思辨能力、团队协作能力，学会了与人合作、沟通、交往，从而促进了自身全面发展。

"舌尖上的礼仪——探究不同文化背景下

东西方餐桌礼仪的异同及原因"研究报告

五年级（1）班		第一小组（组长、成员）	
组号	1	分工	查找资料、提出问题 解决问题、整理资料

要解决的问题：东西方餐桌礼仪有哪些异同？导致东西餐礼仪差异的原因有哪些？

探究的过程：

一、老师让同学们收集有关东西方餐桌的资料，并提出有关东西方餐桌礼仪差异问题

二、老师进行分组，同学们按小组分工合作

三、查找资料及研究表格

表格一

分类 项目	东方（中国）	西方
座次安排	距离主桌越近，桌次越高；距离主桌越远，桌次越低。	越靠右的桌次越尊贵，在同一桌上，越靠近主人的位置越尊贵。男士应当主动为女士移动椅子让女士先坐。
餐具使用		
就餐氛围	中餐取食时需由主宾先取；取菜时，不要取得太多；邻座的男士可以替女士服务。敬酒应以年龄大小、职务高低、宾主身份为序，要先给尊者、长者敬酒。	西餐进餐时尽量不要发出餐刀刮盘子的声音；就餐时尽量少说话，饭后吃甜点时才是聊天时间；喝汤时，用汤勺从里向外舀，不要发出声；吃面包时，先用刀将其切成两半，然后用手撕成块吃；吃意大利面时应用叉子慢慢将面条卷起来送入口中，如果不是条形的面，直接用叉匙舀起来即可。
餐桌话语	中餐讲究热闹，喜欢边吃边聊。	西方餐桌上以静为主，进餐时与左右客人交谈，但应避免高声谈笑。

续表

分类 项目	东方（中国）	对餐桌礼仪的影响	西方	对餐桌礼仪的影响
地理	中国地域辽阔，自然作物产量多、种类丰富。	因为食材丰富多样且以素食为主，所以进餐时用筷子进餐。	西方的海洋性地理环境决定了西方人的饮食以肉类为主，素菜只是他们的辅助食物。	肉食决定着西方餐桌上刀叉必不可少。由于食材简单，所以西方餐桌礼仪更倾向于分餐而食。
历史	受儒家中庸思想的影响，重视家庭氛围，通常集体共同用餐。	中国人以家为贵，一般一家人共同进餐，所以一般坐在一起，共同用餐。	受西方人文主义思潮影响，多注重个性，选择自己的喜好为主。	通过在就餐时候的分餐制就可以看出，他们每个人都是自己吃自己餐具里的东西，每个人都选择自己爱吃的东西。

表格二

我的收获

一、小组同学学会了如何上网查找资料

二、学会了如何列统计表，制作幻灯片

三、学会了团结一致，齐心协力，团结就是力量

四、所有同学都很快乐，希望下次还能参加这样的活动

五、学到了一些礼仪知识：东西方餐桌礼仪是有区别的，我们要多学习东西方文化，为以后的学习奠定坚实基础

五年级（2）班			第三小组（组长、成员）
组号	3	分工	查找资料、提出问题、解决问题、整理资料

要解决的问题：东西方餐桌礼仪有哪些异同？导致东西餐礼仪差异的原因有哪些？

探究的过程：

一、老师让同学们收集有关东西方餐桌的资料，并提出有关东西方餐饮礼仪差异问题

二、老师进行分组，同学们按小组分工合作

三、查找资料及研究表格

表格一

分类 项目	东方（中国）	西方
就座礼仪	在中餐宴请活动中，往往采用圆桌。朝向门的座次是主座。	西餐中，一般均使用长桌。在正式宴会上桌次的高低尊卑以距离主桌的位置远近而定，越靠右的桌次越尊贵。
餐具礼仪	（1）筷子。筷子要整齐地放在饭碗的右侧，用餐后一定要整齐地竖向放在饭碗的正中。 （2）勺子。勺子主要是用来喝汤的，有时也可以用来取形状比较小的菜。用勺子取食物时，不要过满，免得溢出来弄脏餐桌或自己的衣服。 （3）盘子。盘子是主要用来盛食物的，根据所盛食物的多少和形状不同而大小形状各异。稍微小一点的盘子为食碟，一般放在碗的左边，是用来暂放从公用菜盘里取来享用的菜肴。用食碟时，一次不要取过多的菜肴，不要把多种菜肴放在一起，以防它们相互串味。不吃的残渣、骨、刺应放在食盘的前端，放的时候不能直接从嘴里吐在食碟上，要用筷子夹放到碟子旁边。	餐具摆放时托盘居中，左叉右刀，刀尖向上，刀口向内，盘前横匙，主食靠左，餐具靠右，其余用具酌情摆放。酒杯的数量与酒的种类相等，摆法是从左到右，依次摆烈性杯、葡萄酒杯、香槟酒杯、啤酒杯。西餐中餐巾放在盘子里，如果在宾客尚未落座前需要往盘子里放某种食物时，餐巾就放在盘子旁边。餐具的取用应由外而内，切用时可以使用法式方式，即左手拿叉右手拿刀，边切边用；也可用英美式，即右手拿刀，左手拿叉，切好后再改用右手拿叉取用。一般用右手拿汤匙和杯子，用餐具把食物送到嘴里，而不要把盘碗端起来。

续表

谈话礼仪	讲话要有分寸、有礼节、有教养、有学识。避隐私、避浅薄、避粗鄙、避忌讳，不宜深谈对方不感兴趣的话题，交谈中要神态专注，用词委婉，礼让对方。		西餐就餐时基本要保持安静，如果交谈不要只同几个熟人交谈，左右客人如不认识，可选择自我介绍，别人讲话不可搭嘴插话。
上餐顺序	中餐上菜顺序是：先上凉菜、饮料及酒，后上热菜，然后上主食，最后上甜食和水果。		西餐上菜程序通常是：面包黄油、凉菜、汤、海鲜、主菜、甜点心、咖啡和水果。

表格二

分类 项目	中国	对餐桌礼仪的影响	西方	对餐桌礼仪的影响
价值观	中国这样一个"礼仪之邦"，并强调"孝""忠"的国度里，体现出集体主义价值观。	在餐桌上就餐的时候，人们点好了菜以后，从座次就可以很明显地表现出来，中国人强调尊老爱幼。	对于西方国家来说，个人主义价值观占据主导地位，人们之间实行的是各自的价值，体现的是每个人的个体力量。	西方人就餐时一般情况下每个人都是自己吃自己餐具里的东西，在中国可能表现出自己勉强吃主人夹给的菜肴。
文化背景	中华民族几千年的文化传统在中国的儒、道、佛家中都有体现，儒家的传统思想主要强调"仁、义、礼、智、信"；道家主张"顺应自然""清净无为"；佛家则主张"慈悲为怀""普度众生""圆融无碍"。	中国人餐具多用筷子，筷子造价低廉，且一双筷子协同使用。从筷子的使用中我们也可以看出，筷子的整个使用过程是集体协同劳动，象征着中华民族的集体主义精神。	西方国家主张民主、自由、平等，宣扬个人的力量，看重个人的价值，注重个人主义。	西方餐具多用刀叉，这些餐具是工业文明的产物。其主要的构成成分是金属，与西方文化中倡导个人主义和崇尚争斗的精神有关。

续表

中国餐桌礼仪
餐具：筷子、勺子
氛围：大家一起吃，
有说有笑
食物种类：多种多样，
以素食为主

座次安排，餐具摆放有一定规则，谈话要有礼节

西方餐桌礼仪
餐具：刀子、叉子
氛围：尽量安静
食物：相对单一
种类：肉类为主

我们的收获：

一、小组同学学会了查找资料的方法：上网查找资料、在图书馆翻阅资料、问老师家长

二、学会了如何做对比，制作思维导图

三、学会了组内协作沟通，团结就是力量

四、学到了一些礼仪知识：东西方餐桌礼仪由于历史、地理等各方面的原因，导致不同地区的餐桌礼仪是有区别的，我们要能用包容的思想来看待，入乡随俗

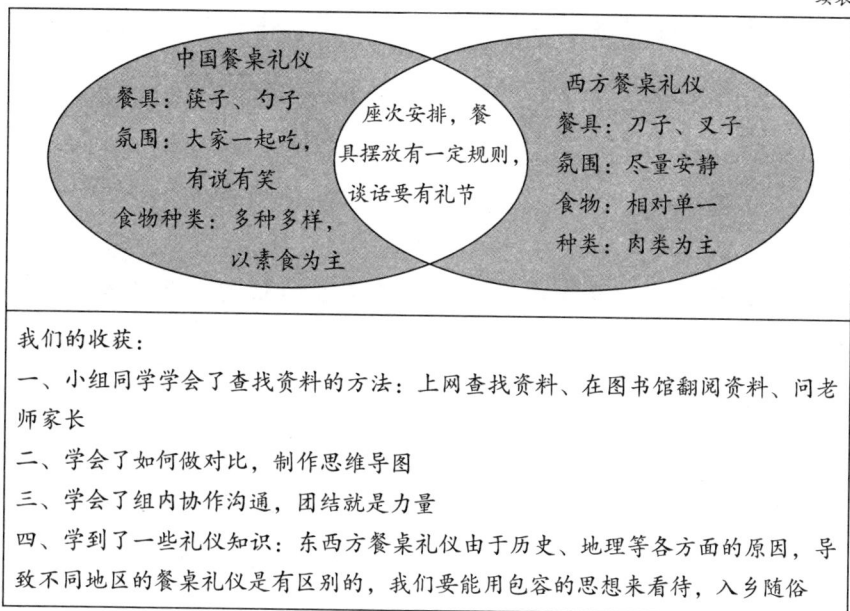

【案例二十】谢婉钰

厕所文化

一、项目概述

（一）项目说明

厕所文化其实是一个特别宽泛的话题，它有狭义和广义之分。如果是狭义的厕所文化一般指在厕所里装饰的一些文字、图画等文化现象；而广义的厕所文化则是指有关厕所的建设、开发、利用、维护和文明用厕的宣传教育，等等。其实在中国历史上，谈论厕所会被认为是不礼貌的，然而现实是厕所本就是一个使人放松、振奋和感到享受的地方，尤其是学校的厕所建筑和设施都是学校物质环境的主要组成部分，也是学校物质文化建设的重要内容。从一年级新生入校时，老师就会引导孩子们认识学校，走进卫生间，讲解如何文明如厕。厕所作为和谐校园育人文化的一部分，应该给人以和谐、舒适和美的享受。通过学习文明如厕方法和必要性，

引导学生制作微课等，鼓励学生思考问题，学会解决问题，引导和教育学生养成文明如厕的习惯。

（二）学习目标

知识与技能：学生在学校里的如厕行为习惯需要习雅教育，低年级入校开始学会文明如厕，养成良好的行为习惯。

过程与方法：收集学生观察记录活动的信息，及时给学生以必要的帮助和指导。学会用图画、语言描述等方法来交流自己的学习收获。让学生在活动过程中懂得文明如厕的正确方法。

情感态度价值观：厕所文化折射出的是一个人、一个学校、一个民族的文明程度，引导学生从行为和思想上意识到厕所文化的重要性。通过活动提高对文明如厕的认识，养成良好的如厕行为习惯。

（三）项目计划书

阶段	时间	内容	目标
第一阶段	第1周	开展"文明如厕"主题班会，引导学生分组讨论、学习。学生分组，明确学习任务，开始交流、讨论。	引导学生了解文明如厕的重要性。
第二阶段	第2周	指导学生分组搜集不文明如厕的行为习惯，并做好记录。学生担任小小观察员，记录并监督不文明如厕的行为习惯。	引导学生学会观察、思考问题。
第三阶段	第3周	指导学生根据搜集整理的不文明如厕行为习惯提出解决方法。学生分组讨论和交流，并提出解决方案。	引导学生学会根据实际情况来解决问题。
第四阶段	第4~6周	组织学生根据提出的方案来展开实际行动，如指导学生制作微课等。学生整理、归纳文明如厕的方法并制作微课、宣传标语等。	培养学生归纳、总结的能力，同时培养学生文明如厕的好习惯。

二、项目实施

第一阶段 开展"文明如厕"主题班会

第一阶段，通过各班班主任召开"文明如厕"的主题班会，提高学生文明如厕的意识，培养文明如厕的习惯，营造干净、整洁、舒心、文明的如厕环境，让学生明白文明如厕的重要性。

各班班主任收集一些文明如厕的小常识。例如：日本、新加坡等国家的厕所文明小知识，制作课件准备召开班会。

学生收集有关厕所文明的资料，在日常的学习中检测自己在如厕过程中存在的问题。让学生通过网络查找资料，了解国内不同民族的不同如厕要求，以及国外各个国家在如厕方面又有哪些先进的方法和值得我们学习借鉴的措施。对比外国人在如厕时的不同态度，不同行为习惯，体会我国大众在如厕时与发达国家的差别，增强学生内心的感受，从而使学生知道一个小小的上厕所也应讲究秩序、遵循要求，遵守公德，既方便自己也要给他人带来方便。

各班学生在班主任的组织下召开"文明如厕"的主题班会，学习有关厕所文明的知识，了解文明的标志从厕所开始。之后通过小组讨论交流，引导学生们整理、归纳文明如厕的具体要求。除此之外，老师们还列举如厕过程中一些常见的不文明的突出事例，强化学生辨别是非的能力，从而正确评判自己的所作所为。通过第一阶段的主题班会，引导学生意识到文明如厕的重要性，并初步了解文明如厕的一些方法。

第二阶段　开展"小小观察员"活动

通过第一阶段的"文明如厕"班会后，学生们初步掌握了收集和整理资料的能力。虽然班会召开后，让学生们初步了解了文明如厕的重要性，但不文明的现象仍然会存在。第二阶段，教师们组织学生成立小组开展"小小观察员"的活动。各班根据学生的学习基础、学习能力、性格特征、性别差异等，将全班分成6~8个小组，小组人数一般为偶数，小组人员遵循"同组异质,异组同质"

的原则,让不同特质、不同层次(接受能力的差异)的学生优化组合,使每个小组都有高、中、低三个层次的学生。然后由组长分配任务并负责收集和整理资料,组员们担任"小小观察家"利用课间休息的时间轮流在卫生间值岗,督促监管不良的如厕行为并做好记录。

学生在最初观察事物的时候,其实往往都是被动的,他们不会根据自己的兴趣来观察,所以老师们布置活动目标"观察并记录不文明如厕的行为习惯",引起学生的注意,引导他们去观察并对照反思自己是否有不良行为习惯。当然观察的过程也不是一眼看过去就结束的事情,这就要求学生必须具备较强的集中注意力,观察之后,老师们要求学生记下自己的观察内容,让他们在记录的过程中加深观察时的印象。

第三阶段 交流讨论提出解决方案

交流合作并提出解决问题的方案是本次项目学习的重要环节。只有通过交流,学生的不同见解才能汇集,才能融合为集体的智慧。在组织学生交流讨论前,教师会让学生把观察到的不文明如厕行为汇总并整理出来,留给学生们进行独立思考的时间。然后再组织学生们合作交流,并告诉学生在合作交流的过程中要注意倾听别人的意见,不要随便打断别人的发言,当他人的发言与自己意见发生冲突时要善于表达自己的意见,并引导学生尝试一些合理的表达方式。如"我认为某某同学建议不错……我还想补充一下……"等。合作学习需要每个成员清楚地表达自己的想法,互相了解对方的观点。当然,在这一阶段中,还要注重孩子表达能力的培养,教师可以先做示范。对于低年级的学生,应该引导学生先把一句话说完整;其次,再教他们怎样做到有条理。而对于中高年级的学生，在这一过程中应该重在引导学生发现问题后有所思考，并说出自己的见解，而不是人云亦云。

第四阶段　"我"在行动

根据学生交流谈论后提出的解决方案，分组来实践。例如：开展"大手牵小手"的活动，让中高年级学生教会低年级孩子文明如厕的方法；录制"文明如厕"视频；还有设计文明如厕的宣传标语、如厕儿歌等。

教师在学生活动的全过程中要针对学生活动的具体任务，渗透相关问题的解决方法的指导。帮助学生解决遇到的知识性问题，促进学生将基础性知识转向实际运用，学科知识在实践活动中也应该指导学生进行综合性运用。

学生记录好活动过程以及活动过程中的认识、体验和反思，并将活动过程中发现问题的过程和情境以及当时的感受也一并记录下来。例如：可以将这些素材用周记的形式记录下来，并每周按时查阅自己的周记，既培养了学生的问题意识，又培养学生的写作能力。

三、学习成果

厕所文化的项目学习是习雅教育，也基于部分学生的不文明如厕行为，所以此次项目学习首先要让学生意识到"文明如厕"的重要性，同时培养学生文明如厕的行为习惯。经过主题班会课的召开，大部分同学都意识到了"文明如厕"的重要性，小小观察员的活动开启后，同学们都争做"小小观察员"督促如厕的行为习惯，并从中发现问题、思考问题，再通过资料收集、交流讨论找到解决问题的方案，并根据方案进行实践。在实践过程中，同学们不仅养成了文明如厕的良好习惯，还学会了团队协作，拍摄视频、制作微课。

"厕所文化"项目学习研究报告1

"厕所文化"项目学习研究报告		
六年级（4）班		第一小组（组长、成员）
组号	1	分工	查找资料、设计脚本、拍摄微课、制作微课

要解决的问题：设计脚本并拍摄"文明如厕微课"

探究的过程：

一、小组分配任务

准备设备、设计脚本、背诵台词、剪辑视频。

二、文明如厕微课

第一幕，由一名高年级学生介绍微课的拍摄内容。

第二幕，高年级学生牵手低年级学生排队走向卫生间，镜头拍摄男卫生间和女卫生间标志（帮助同学们学会认清男女卫生间标志），上楼梯时要记得靠右行到二楼女卫生间。

第三幕，男卫生间里由一名男同学介绍小便池和蹲便的正确使用方法。女卫生间里如果遇到人很多的情况下需要排队等候；正确使用隔间木门，不要大力推拉木门；便后要及时按下冲水键；正确洗手的方法。

三、剪辑视频

1. 网上搜索剪辑视频的软件，并向老师寻求帮助。

2. 利用软件将不要的镜头剪掉，并将剩下的镜头合并成小短片。

我们的收获：

1. 每次看电视里的影视作品，很向往演员们的生活，这次自己实践后发现并没有我们一开始想象的那么简单。开始我们尝试用手机录像，但发现镜头会出现很明显的晃动，于是向信息老师借了个专业的录像设备，并学习如何录制。录制过程中，演员们的台词往往也不是一次就能成功，需要反复录制。最具有挑战性的是我们自己剪辑视频，这需要极大的耐心，一秒一秒地剪辑然后再合并，这个过程中我们搜索了很多资料来学习剪辑，最后还请老师来帮忙。

2. 原本我们认为文明如厕的方法很简单啊！但是当要将它制作成微课并向其他同学宣传时，我们才意识到很多细节要拍摄出来，例如：上楼梯要靠右行，洗手要注意拍摄六步洗手法才具备宣传和示范意义。这个过程中，我们学会了上网查找资料，还学会如何拍摄镜头，剪辑视频。团队合作时，要学会倾听并正确地表达自己的意见，大家分工合作才能完成一个作品。

"厕所文化"项目学习研究报告2

"厕所文化"项目学习研究报告	
四年级（2）班	第三小组（组长、成员）

组号	3	分工	观察并记录、合作交流、上网查找资料

要解决的问题：对于"不文明如厕"的行为习惯提出解决方案

探究的过程：

一、小组分配任务

小小观察员，收集并记录不文明如厕行为；资料的整理归纳；交流合作并提出解决方案。

二、观察员观察并记录校园里的不文明如厕的行为

1.便后不冲厕所。2.将排泄物弄到便池外。3.暴力推损厕所隔门。4.洗手后不关水龙头。5.在卫生间疯闹、玩耍。

三、组员交流讨论这些不良行为会导致什么样的后果，并整理记录

1.便后不冲厕所以及将排泄物弄到便池外，会导致厕所的环境变脏，其他上厕所的同学都要忍受难闻的气味，不小心还会踩上这些排泄物从而带到校园的其他地方。

2.暴力推损厕所隔门是损坏公共物品的行为，而且会影响到其他同学上厕所。

3.洗手后不关水龙头是不好的习惯，也会造成水资源的浪费。

4.卫生间里疯闹、玩耍会影响到其他正常上厕所的同学，同时卫生间地面比较湿滑，疯闹和玩耍特别容易摔倒受伤。

四、提出解决方法

1.通过整理记录并交流讨论发现便后不冲厕所、排泄物弄到便池外多是低年级学生，因低年级学生自理能力较差，入校时间不长，良好行为习惯还未养成。采取的解决方法，通过："大手拉小手"，高年级学生一对一帮助低年级学生养成良好的如厕行为习惯。

2.录制"文明如厕"微课视频，可以在班会或者是大课间播放，宣传文明如厕的做法。

3.选举"小小所长"，男厕和女厕分别选举出"小小所长"监督和管理如厕的行为规范。

我们的收获：

1.通过当"小小观察家"，让我们反思了自己平时的行为是否有不文明的地方，同时督促我们自己养成良好的习惯。

2.在活动中我们也学会了团队协作，同时也能自信地说出个人的见解。

3.遇到问题，我们也学会了要有耐心，同时还要仔细分析问题根源所在，并通过交流讨论得出合理的方案来解决问题。

【案例二十一】严颖丽

垃圾分类

一、项目概述

（一）项目说明

"绿水青山就是金山银山"。习近平总书记在党的十九大报告中提出要"加快建立绿色生产和消费的法律制度和政策导向，建立健全绿色低碳循环发展的经济体系"。随着城市化进程不断加快，城市生活垃圾逐年增加，越来越多的城市开始实施生活垃圾分类政策。武汉市是国家确定的实施生活垃圾强制分类的 46 个重点城市之一。2020 年，经武汉市人民政府第 118 次常务会议审议通过了《武汉市生活垃圾分类管理办法》(以下简称《办法》)，于 2020 年 7 月 1 日起实施。

为了全面贯彻落实武汉市关于垃圾分类工作的具体部署，普及垃圾分类知识，提高学生垃圾分类意识，培养学生养成主动分类、自觉投放的好习惯，形成垃圾分类"人人有责、人人尽力、人人作为"的良好氛围，我校附属幼儿园、小学六个年级开展"垃圾分类，留住我们的绿水青山"项目学习活动。活动分为调查研讨、跟踪调查和形成研究报告三个阶段，旨在通过学生网络调查，跟踪走访，了解生活垃圾的分类方式，分类原理，形成垃圾分类的意识和主动分类、自觉投放垃圾的好习惯。

（二）学习目标

知识与技能：通过本次活动，了解目前我国社区、家庭垃圾分类及其处理的现状，对环境造成的危害等；知道垃圾分类的知识以及减少生活垃圾的一些常用的方法等。

过程与方法：通过对身边垃圾处置现象的观察，发现并提出与垃圾处理有关的问题，形成相关的活动主题；掌握文献法、观察法、问卷调查法、访谈法等研究方法的一般程序和步骤，初步学会运用这些方法收集分析资料、解决问题，形成小论文、观察报告、调查报告、设计与制作的作品等活动成果，培养学生的探究能力和科技创新能力。

情感态度价值观：通过该活动认识到垃圾和我们生活的关系，培养健康的生活习惯，增强学生的环境保护意识。

（三）项目计划书

第一阶段：前期调查研究	任务1		通过走访、观察等方式，了解学校和家庭中的生活垃圾都有哪些。一天家庭和学校里可以产生多少垃圾，形成生活垃圾的记录表。
	任务2		学生通过网络调查、查看文献、询问老师等方式，了解垃圾分类的方式、垃圾分类的原因，垃圾分类的好处，对比国内外垃圾分类的方式，完成垃圾分类调查表。
	任务3	班级讨论	1. 学生分享自己查询的垃圾分类方法，在班级中进行讨论。教师引导学生统一的垃圾分类方法。
			2. 以小队为单位确定垃圾分类的具体实施方案，在班级中讨论，每个班级形成一个垃圾分类的具体实施方案，以及评价机制。
第二阶段：中期跟踪调查	任务4		以班级为单位，跟踪观察每个队员是否按照制订垃圾分类的方案扔垃圾。记录每个队员扔垃圾的习惯，形成跟踪记录表。
	任务5		通过黑板报、小报、图画、班级活动等方式，宣传垃圾分类，培养学生垃圾分类的好习惯。
第三阶段：后期形成学习报告	任务6		以小队为单位，总结垃圾分类项目学习过程中的收获和感想，撰写学习报告。

二、项目实施

第一阶段　前期调查研究

任务1：引导学生通过调查研究的方式，了解生活中的垃圾有哪些，并记录在垃圾分类记录表中，如表1。

表1　一（6）班垃圾投放情况记录表

垃圾类别	可回收垃圾	其他垃圾	厨余垃圾	有害垃圾
具体分类图示	报纸、电脑、玻璃、易拉罐	烟头、废弃卫生纸、陶器、一次性用品	剩饭剩菜、花草、落叶、果核、果皮	废电池、废灯管、药品、油漆
统计情况（用相应的粘贴数来表示投放的数量）	↑	↑	↑	↑
总计数量				

学生用贴纸贴在统计栏，表示每天投放不同垃圾的次数。通过观察记录每天生活垃圾的种类，可以使学生了解生活垃圾的分类方法，以及投放方式，引导不同年龄段的学生正确地投放生活垃圾。

任务2：学生通过网络调查、查看文献、咨询老师等方式，了解垃圾分类的方式、垃圾分类的原因、垃圾分类的好处，对比国内外垃圾分类的方式，分年级完成垃圾分类调查表。

如表2和表3。

表2　垃圾分类调查表（三、四年级）

班级：　　　　　　学生：

为什么要进行垃圾分类？	
垃圾的危害	
垃圾分类的好处	
垃圾回收的过程	

表3　垃圾分类调查表（五、六年级）

班级：　　　　　　学生：

如何实施垃圾分类？	
我国现阶段怎样处理垃圾	
国外怎样开展垃圾分类	
校园垃圾分类的可行性方案	
评价机制	

任务3：针对三至六年级学生，引导学生通过网络调查、问询等方式，深入研究垃圾分类的原因，从感性认识走向理性认识，理解并认同垃圾分类的行为有利于整个社会的良性发展。五、六年级学生有自我认同感，并且参与管理每天学生的常规活动，因此，在五、六年级的问卷调查中，教师设计了问题，引导学生思考如何在校园开展垃圾分类的活动，为后期学校开展常态化垃圾分类活动做准备。

任务4：班级讨论

学生通过任务1和任务2的观察、调研、记录，对生活垃圾的种类、分类方式、分类的好处有了初步的理解。教师通过班级讨论的形式，将学生的研究进行分享、交流，并统一学习武汉市垃圾分类管理办法，形成班级垃圾分类的可行性方案。

第二阶段　中期跟踪调查

任务5：每个班级设立垃圾分类记录员，观察记录班级中的成员是否按照校园垃圾分类方案，正确投放生活垃圾。垃圾分类记录员每天填写班级垃圾分类自查表。如表4。

表4　垃圾分类班级自查表

班级：　　　　负责人：　　　　时间：

分类	代表物品	是／否	处理方式
可回收垃圾	废报纸、作业本、各类产品的纸质包装		
	食品包装、各种产品的塑料包装、各种塑料袋、饮料瓶等。		
不可回收垃圾	食物残渣、瓜皮果壳、尘土、打扫完教室后的残渣。		
有害垃圾	化学品、过期药品、废旧电池、实验废液、废灯泡、废灯管。		
餐厨垃圾	午餐后的食物残渣。		

班级自查表，通过学生间的相互监督，引导学生养成垃圾分类的好习惯。

任务6：班级中也通过黑板报、小报、班级活动等方式宣传和引导学生养成学生垃圾分类的好习惯。

第三阶段　后期形成学习报告

任务7：以小组为单位，总结垃圾分类项目学习过程中，小组的开展的活动，学习收获和感想，形成学习报告。

三、学习成果

垃圾分类项目学习是德育行为养成教育的一部分。其目的是提高学生垃圾分类的意识，培养学生垃圾分类的习惯。学生学习成果突出了学生在垃圾分类项目学习中的收获和感受，形式上幼儿园和小学一、二年级以小报、图画的形式表达活动过程中的收获和感受，小学三至六年级则以学习报告的形式总结项目学习的活动过程，活动收获和活动感受。

小学三至六年级学生作品：学习报告

垃圾分类——项目学习报告		
项目名称：垃圾分类，环境保护		
班级：三（3）班	参与成员：第三小组	
一、问题的提出 垃圾分类的好处及意义		
二、调查的目的 1. 了解正确处理垃圾的方法 2. 增强保护环境的意识		
三、调查的方法 1. 在网上收集资料 2. 实地调查记录 3. 通过数据统计分析问题		
四、项目研究过程与方法		

小组成员及分工

学生1 （组长）	学生2，学生3	学生4，学生5，学生6，学生7
网上收集资料、统计、汇总数据、提交报告	收集调查问卷	实地调查、统计数据

项目调查数据：

项目调查	日期	成果
问卷调查	2018年10月15日	上午在学校五年级各班发放调查问卷，下午整理问卷。
	2018年10月22日	进行调查问卷和资料整理。
实地调查	2018年9—11月	班级垃圾分类存在一定问题，班级垃圾分类错误、垃圾桶不整洁。

五、垃圾分类的意义

1. 减少占地：生活垃圾中有些物质不易降解，使土地受到严重侵蚀。垃圾分类，去掉能回收的、不易降解的物质，减少垃圾数量达 60% 以上。

2. 减少环境污染：将有害垃圾分类出来，减少了生活垃圾中的重金属、有机污染物、致病菌的含量，有利于生活垃圾的无害处理，减少了生活垃圾处理过程中对水、土壤的二次污染。有研究表明，一节一号电池如果烂在地里，就能使 1 平方米的土壤永远失去使用价值；而一粒纽扣电池，就能让 600 吨的水受到污染，这相当于一个人一生的饮水量。因此回收利用可以减少危害。

3. 变废为宝：垃圾是放错了位置的资源，终将有一天是可以使用的原料矿藏。以可回收垃圾为例：1 吨废塑料可回炼 600 公斤的柴油；1 吨废纸可以造好纸 850 公斤，节省木材 300 公斤，比等量生产减少污染 74%；1 吨易拉罐熔化后能结成 1 吨很好的铝块，可少采 20 吨铝矿。又如：废玻璃回收再造，可减少大约 32% 的能量消耗，减少 20% 的空气污染和 50% 的水污染，回收 1 吨废玻璃可以节约石英砂 720 公斤、煤炭 10 吨、电 400 度。而日常的厨房垃圾，包括剩菜剩饭、骨头、菜根菜叶等，只要经过生物技术就地处理堆肥，每吨也可以生产 0.3 吨有机肥料。

六、项目学习结论

1. 在学校加强垃圾分类的学习：在班会课上，开展垃圾分类学习，了解国外垃圾分类有效方法。在课下开展小组讨论垃圾分类有效方法，收集垃圾分类有效方法，开展实践活动。

2. 尽量减少垃圾：严禁学生带任何零食来校；严禁学生在学校举行生日活动。严禁学生私自撕纸产生纸张类垃圾。

3. 让垃圾分类成为一种自觉的行为：在班级对垃圾分类意识薄弱同学加强意识，制定垃圾分类制度，建立奖惩措施。班上安排专人负责，进行自查、互查，及时登记统计，针对屡次犯错的学生进行单独教育。

续表

七、项目学习的小建议

1. 可回收垃圾和不可回收垃圾弄混淆

2. 学生垃圾分类意识不强

3. 不知道可回收垃圾有哪些

4. 纸屑随处乱丢，没有入桶习惯

5. 禁止带垃圾或零食入校

6. 尽量少制造垃圾

八、项目学习收获

    本次垃圾分类活动让我们知道在生活中应自觉进行垃圾分类，这样不仅可以方便垃圾回收，也能让我们学会珍惜资源。我们更深入了解垃圾分类知识，逐步形成了垃圾分类意识、环保意识、可持续发展意识。也希望全校的同学能积极行动起来，科学处理垃圾，养成良好的卫生习惯。"垃圾"是放错了地方的资源。努力把好的卫生习惯带到社区、带到社会，认真做好在自己周围的"由点向面"的推广，努力争当"垃圾分类"知识的宣传员和"环保小标兵"！

垃圾分类项目学习报告

项目名称：垃圾分类

班级：五（2）班	小组成员：第一小组

一、问题的提出

垃圾分类问题有效解决方法

二、调查的目的

通过调查发现存在的问题、解决问题

项目准备：

1. 活动时间：2018 年 9 月

2. 活动地点：在某小区里的某个垃圾桶旁

3. 小组成员：学生 1，学生 2，学生 3，学生 4，学生 5

4. 活动主要方式：查找资料，实地考察

续表

三、调查的方法

1. 在网上收集资料

2. 实地调查记录

3. 通过数据统计分析问题

4. 找到解决问题的方法

5. 准备工具

6. 去指定地点完成实践

7. 写实验报告学习成果汇报

四、项目研究过程与方法

小组成员及分工

学生1（组长）	学生2	学生3	学生4	学生5
完成垃圾分类调查报告，检查同学完成情况	收集资料。	垃圾分类有何好处？	调查国外垃圾有效分类方法。	调查国内垃圾分类有效的方法。

项目观察记录数据：

垃圾分类变化

日期	文字
2018 年 9 月 20 日	讨论活动计划
2018 年 9 月 22~24 日	到小区调查垃圾分类情况
2018 年 9 月 25 日	开始制订如何有效缓解垃圾分类计划
2018 年 9 月 26 日	纠正垃圾分类问题，不让这次活动出问题
2018 年 9 月 27 日	每个地方都万无一失了，得到了有效的缓解

续表

一、调查的目的

1. 了解正确处理垃圾的方法

2. 可回收垃圾和不可回收垃圾的分类

3. 增强保护环境的意识

4. 提高自己的调查能力

5. 减少各类特别是不可降解类垃圾的产生

二、项目学习结论

1. 可回收垃圾主要包括废纸、塑料、玻璃、金属和布料五大类。

2. 厨余垃圾包括剩菜剩饭、骨头、菜根菜叶等食品类废物，经生物技术就地处理堆肥，每吨可生产 0.3 吨有机肥料。

3. 有害垃圾包括废电池、废日光灯管、废水银温度计、过期药品等，这些垃圾需要特殊安全处理。

4. 其他垃圾包括除上述几类垃圾之外的砖瓦陶瓷、渣土、卫生间废纸等难以回收的废弃物，采取卫生填埋可有效减少对地下水、地表水、土壤及空气的污染。

5. 我国垃圾分类回收的现状，没有一个完善有效的分类回收体系。

6. 人们对于垃圾分类回收的意识比较淡薄。

三、活动感悟

1. 学校组织学习。让同学们知道什么是垃圾分类，垃圾分类有什么好处？不进行垃圾分类对环境及人类的危害有哪些？垃圾分类实施会有什么难题？

2. 成立校园垃圾处理小组。制订垃圾处理方案，并组织同学们对校园垃圾进行合理处理。

3. 从自我做起，并逐渐发展到家庭、社区，进行垃圾分类处理

4. 组织进行社会宣传，让更多的人认识到垃圾分类的必要性及重要性，呼吁全民减少垃圾物产生，全员参与垃圾治理。

5. 班级设立垃圾分类收集制度，并有专门人员监督与管理。

6. 学校对各班级垃圾分类处理情况进行考核评比。

7. 学校对先进班集体和个人进行表彰和奖励。

四、项目学习收获

　　本次垃圾分类活动让我们知道在生活中应自觉进行垃圾分类，这样不仅可以方便垃圾回收，也能让我们学会珍惜不浪费。我们更深入了解垃圾分类的知识；逐步形成了垃圾分类意识、环保意识、可持续发展意识。也希望全校的同学能积极行动起来，科学处理垃圾，养成良好的卫生习惯；"垃圾"是放错了地方的资源；努力把好的卫生习惯带到社区、带到社会，认真做好在自己周围的"由点向面"的推广，努力争当"垃圾分类"知识的宣传员和"环保小标兵"！

"垃圾分类"项目学习报告

项目名称：居民对分类生活垃圾的知晓度情况

班级：六（4）班	参与成员：第四小组

一、问题的提出

现在人口急剧增加是无可避免的，垃圾也随之增多，有些国家和城市对这些垃圾采取了卫生填埋、焚烧、堆肥等无害化处理，但部分地区垃圾处理不当，常常被简易堆放或填埋，导致土地、河流污染越来越严重，臭气到处蔓延。为了解决这些问题，同时减少垃圾处理的费用，便有了现在的垃圾分类。以下便是我们小组根据观察自己居住社区的垃圾分类写下的报告。

二、猜测

10%的人认为生活垃圾分类没必要；90%的人认为生活垃圾分类有必要；在觉得有必要进行生活垃圾分类的人群中，有15%的人熟悉生活垃圾的分类方法，60%的人仅了解分类的概念，15%的人不清楚如何分类。

三、项目准备

1.调查小区内居民对生活垃圾的了解情况；

2.调查垃圾分类分为哪几类；

3.调查居民垃圾分类的现状。

四、调查的方法

1.上网查找相关资料

2.看相关书籍

3.向老师请教

4.与同学讨论

续表

五、项目研究过程与方法

小组成员及分工

（组长）	收集资料	整理汇总	收集图片	发表感受
学生1	学生2	学生3	学生4	学生5

六、项目学习的过程

收集资料	1. 可回收的垃圾主要包括废纸、塑料、玻璃、金属和布料五大类。	2. 厨余垃圾包括剩菜剩饭、骨头、菜根、菜叶等食品类废物，经生物技术就地处理堆肥，每吨可生产0.3吨有机肥料。
	3. 有害垃圾包括废电池、废日光灯管、废水银温度计、过期药品等，这些垃圾需要特殊安全处理。	4. 大棒骨是厨余垃圾。事实上，大棒骨因为"难腐蚀"被列入"其他垃圾"。类似的还有玉米核、坚果壳、果核等。鸡骨等则是厨余垃圾。
整理汇总	我国的生活垃圾一般可分为四大类：可回收垃圾、厨余垃圾、有害垃圾和其他垃圾。	目前常用的垃圾处理方法主要有：综合利用、卫生填埋、焚烧发电、堆肥、资源返还。
收集图片	有害垃圾宣传图片	厨余垃圾宣传图片
	可回收垃圾宣传图片	其他垃圾宣传图片
发表感受	垃圾分类是我们每个人应该做的事情，是我们应尽到的责任。	人类在进步，那么我们的家园也不应该是脏乱不堪的，而应该是整洁美观的。

七、项目学习结论

10%的人认为生活垃圾分类没必要；90%的人认为生活垃圾分类有必要；在觉得有必要进行生活垃圾分类的人群中，有15%的人熟悉生活垃圾的分类方法，60%的人仅了解分类的概念，15%的人不清楚如何分类。

八、项目学习收获

垃圾分类是我们每个人应该做的事情，是我们应尽的责任。人类在进步，那么我们的家园也不应该是脏乱不堪的，而应该是整洁美观的。退一步讲，因为这些大量的垃圾，地球上原本就少的淡水河流也有很多已经被污染了，而这些不及时处理的垃圾，也会慢慢滋生细菌，人们及动物或许会因此染上疾病。而垃圾分类可以有效地帮助我们处理垃圾，这并不是多么困难的事情，如果大部分人重视起来，那么对地球的危害可能就会减少一些。

【案例二十二】李艳

我会网上购物

一、项目概述

（一）项目说明

随着中国电子商务环境的不断改善，网上购物以其便捷、省时、省钱和安全等特点日益为人们所熟悉和青睐。网上购物已经成为一种很普通的事情，与人们的生活似乎密不可分。很多人已经渐渐地离不开网购，每天巨大的快递运送量也证明电子商务在中国正在蓬勃发展。当今的孩子从出生开始就生活在数字化环境中，信息技术不仅对当代生活产生很大影响，也正改变着我们的生活方式、学习方式，尤其对我们的青少年学生影响更大，网络正以迅猛的速度融入中小学生的生活。随着电子商务网络的普及，电脑、手机已经成为生活的必需品。快捷便利的网上购物让你足不出户，就可以享受逛街的乐趣。如今，网上购物已经被定义成了一种时尚，许多人也都已经体验过这种购物方式，有很多孩子的家长都在使用网上购物方式，在家庭的熏陶中，孩子们已经初步了解网上购物，以及对他们生活带来的便捷和快乐。信息化的社会，要注重培养孩子的综合学习能力，掌握更多技能，这就是我们选择"我会网上购物"进行项目学习的主要原因。本项目建议在五年级学生中开展。

（二）学习目标：

知识与技能：了解电子商务的模式，了解网上购物特点及其方法，了解网上支付的方式，并能学以致用，解决实际问题。

过程与方法：教师指导本年级学生在实践过程中运用收集资料、小组学习、合作交流、分享展示等方式对网上购物的相关知识与技能进行研究学习，并在小组、班级中分享探究过程和探究发现。

情感态度价值观：感受网上购物的便捷、省时、省钱和安全，改变了人们生活方式；了解信息技术对当代生活影响很大，培养学生综合学习能力，掌握更多技能，适应社会的发展。

（三）项目计划书

项目	时间	教师活动	学生活动	目标
第一阶段	第一周	指导学生收集有关网络购物网文字、图片、视频资料。	收集文字、图片、视频资料。	提高学生资料收集整理分析的能力。网络协作交流的能力。
第二阶段	第二周	组织学生在课堂上分享购物方法、购物的经验，注意事项等。根据自己收集资料的信息，指导学生编写网络行为调查问卷。课后和家长合作完成一次网上购物。	明确学习任务、学习方式，学生编写网络行为调查问卷。完成网上购物，并进行交流。	培养学生能自主探索、合作交流学会网上购物，解决实际生活中的问题的能力。
第三阶段	第三周	带领学生交流讨论自己在网上购物中遇到的问题。指导学生归纳调查报告的数据进行研究。	根据自己亲身经历网上购物的实际经验，小组开展活动，交流讨论。归纳调查报告的数据进行研究。	培养学生收集信息、处理信息、整合信息的能力，在解决问题过程中孩子也提高了学习能力，生活能力和社会交往的能力。
第四阶段	第四周	教师指导学生完成作品。	学生绘制网上购物思维导图；总结经验，根据调查问卷写研究报告，制作购物心得小视频。	提高学生信息素养、总结归纳能力；让学生认识社会，学会生活，学会反思和创新。

二、项目实施

第一阶段　课外收集整理资料

我们直接把各种购物平台变成了学生学习的园地，让学生在各种购物 APP 中探究、讨论、探索，学习书本上学不到的知识。学生通过自主学习，不仅学会网上购物的流程，而且自主探究，讨论，总结出很多知识。指导学生收集各种有关网上购物的资料，收集各类购物网站特点，购物流程，支付和售后等相关文字、图片、视频资料。这一阶段以学生体验网上购物的综合实践活动为引领，在活动中利用已掌握的网上搜索等信息技术手段，合理选用信息技术进行信息收集、处理、传输、表达。学生能自主探索、合作交流学会网上购物，解决实际生活中的问题。网上学习有助于拓展孩子的知识领域，通过网络获取广泛的新的知识。从小培养学生对多种知识的复合，不仅有助于素质教育的提升，而且对21 世纪的人才战略具有重要意义。学生从小树立电子商务意识，利用电子货币的意识的提高，是全民族素质的一个重要指标，也有助于推进货币电子化进程，提升整个民族的素质。网络是个大宝库，但网上的知识不会自动"蹿"到学生面前。学生要解决什么问题，必须自己想办法，自己查资料，并在搜到的一大堆资料中进行选择、处理和整合，最后形成自己的一套东西。怎样收集信息、处理信息、整合信息是一个人才必备的能力之一。当然，这种能力需要学生在上网过程中、在老师、家长的指导下一步步地获得。在解决问题过程中孩子也提高了学习能力、生活能力和社会交往的能力。

第二阶段　课堂和课后实践操作

我们在信息化环境下学习，学习者充分利用现代信息技术和网络技术自主学习的一种学习方式。因此，运用现代信息技术，提高学习效率和质量是每个学生迫切希望掌握的能力。今天，学生知识与能力的获取在很多情况下可以通过网络实现。这节课的学习打破了以往传统的学习方式，首先是知识呈现的方式发生了改变，电子教材代替了纸质教材，书本变薄了，知识却增加了，大家在老师提供丰富的学习内容中，自我筛选、归纳、收集、整理、统计……来完成学习任务，实现学习目标。课堂上充分地运用电子书包、手机APP等学习方式，将信息化充分地融入课程的活动中，学生课堂上在体验网上购物的过程中，虚拟与现实，线上和线下交融结合，多种学习方式激发学生参与活动的兴趣，体会现代信息化社会中的现代生活方式，提高学生的信息素养。上课视频、幻灯片等多媒体技术帮助孩子快速理解知识，多角度思考问题。学生直接登录网站学习，或者用手机APP直接展示交流，丰富的色彩、多样的形式、直观的感受使孩子对知识的理解更透彻，更不容易忘记，还可以刺激孩子的创造性。通过课堂学习指导，可以使学生切实体会到网络在当代社会生活中的重要作用。学生在课堂上分享购物方法、购物的经验，注意事项等。根据自己收集资料的信息，指导学生编写网络行为调查问卷。课后和家长合作完成一次网上购物。

第三阶段　班级交流分享汇报

老师带领学生交流讨论自己在网上购物中遇到的问题。指导学生归纳调查报告的数据进行研究，充分体现了综合性学习，将数学知识、信息技术、口语交际等学科知识渗透到课堂中。学生分成小组后，运用电子教材中的资源进行自主学习，然后在组长的带领下组内分工合作，讨论汇报的形式，并运用学校主题研讨平台展示学习成果。让不同小组的孩子们用同样的价钱能采购到不同的商品，看哪个小组更会理财，更有生活常识，孩子的所有学习过程都亲自去体验，真实的环境下学习让孩子们更有成就感。网络给了孩子一个没有止境的探索天地，在这里，孩子可以根据自己的爱好和特长有选择地学习，甚至成为某方面的"专家"。网络是真实社会的一个缩影，让孩子认识社会、认识到形形色色的人的存在，是增强他们社交能力、拓宽思维心胸、养成积极心态的最好方法。

第四阶段　班级学习成果展示

信息化环境下的学习作为一种全新学习方式，学生在一个比以往更加广泛的虚拟社会环境中学习，形成自己的个性和文化价值观，在某些方面具备了许多传统教育不可比拟的优势。所以，在学生学习能力方面，信息化学习也决定了信息化环境下的学生应具备更强学习能力。班级学习成果展示也能体现学生的信息化素养，学生能从网络中自我筛选、归纳、收集、整理、统计各种海量知识，绘制网上购物思维导图；能根据调查结果总结经验，根据调查问卷写研究报告，制作购物心得小视频，还能根据网上购物的学习进行知识的延伸，探究有关购物的其他知识，比如支付方式、VR360度全景浸入式的购物等。这样的学习方式满足了个体学习需求，激发学生的内在学习动机，丰富学生的各种认知策略，促进学生的多元认知发展，培养学生自我学习能力，为学生终身学习奠定基础。

三、学习成果

1. 五年级学生绘制网上购物的思维导图

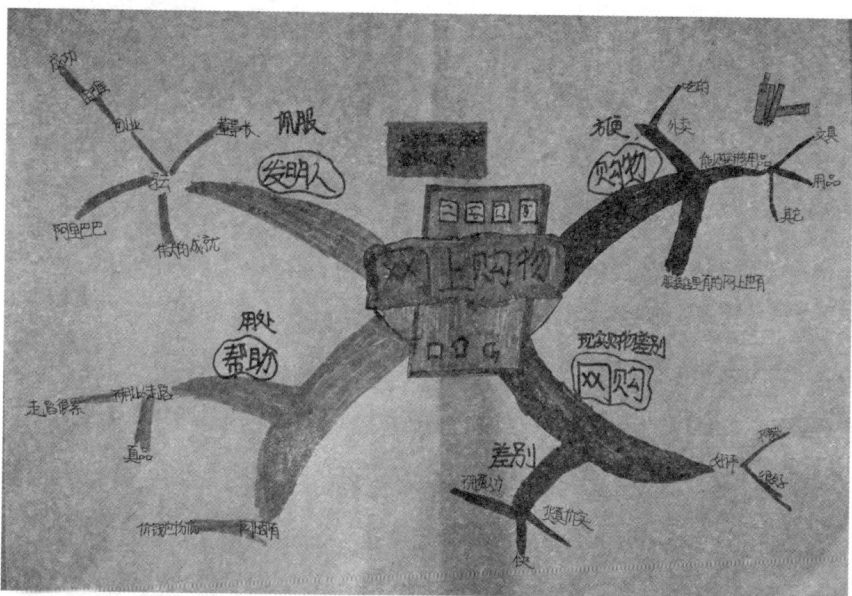

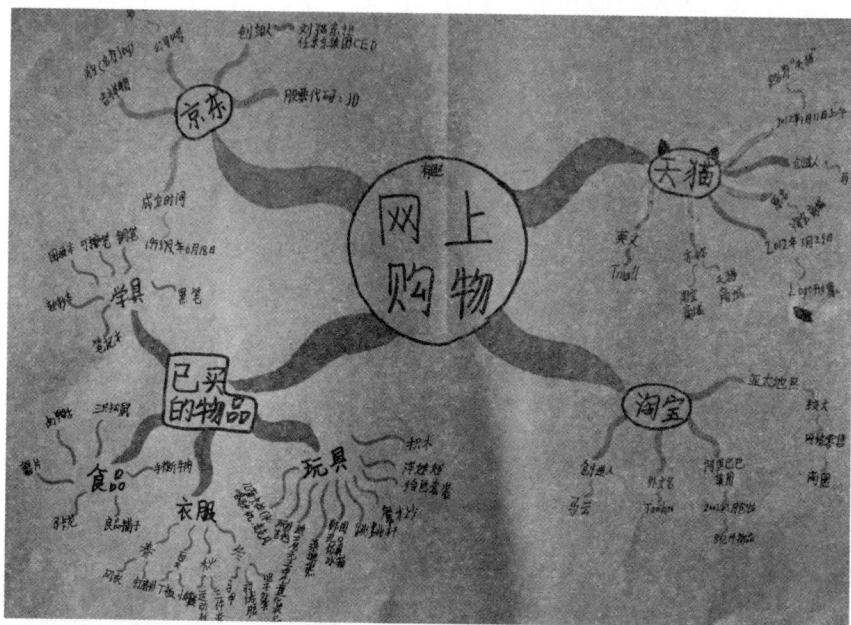

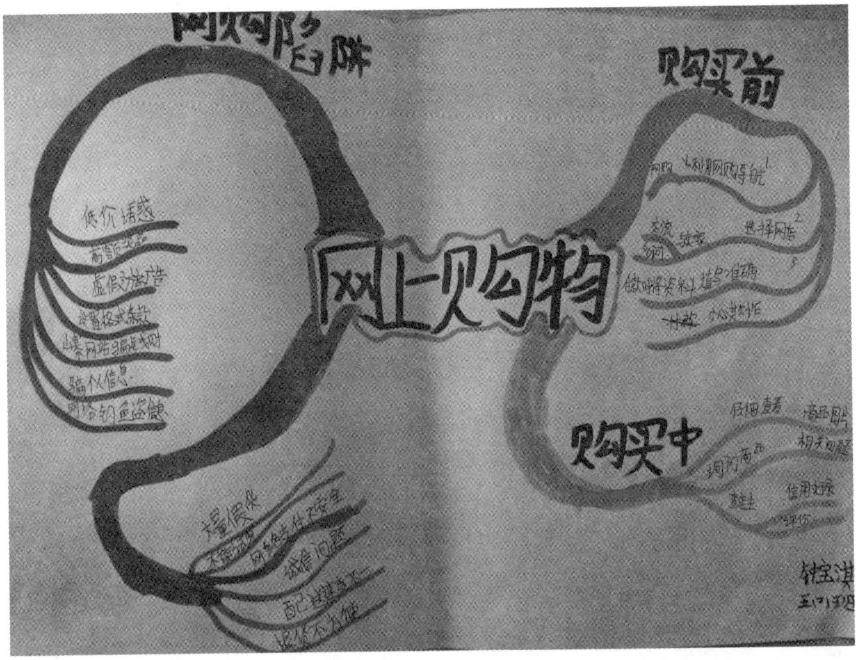
网购陷阱
购买前
网上购物
购买中
低价诱惑
虚假宣传广告
骗个人信息
网络钓鱼盗號
诚信问题
仔细查看
信用记录

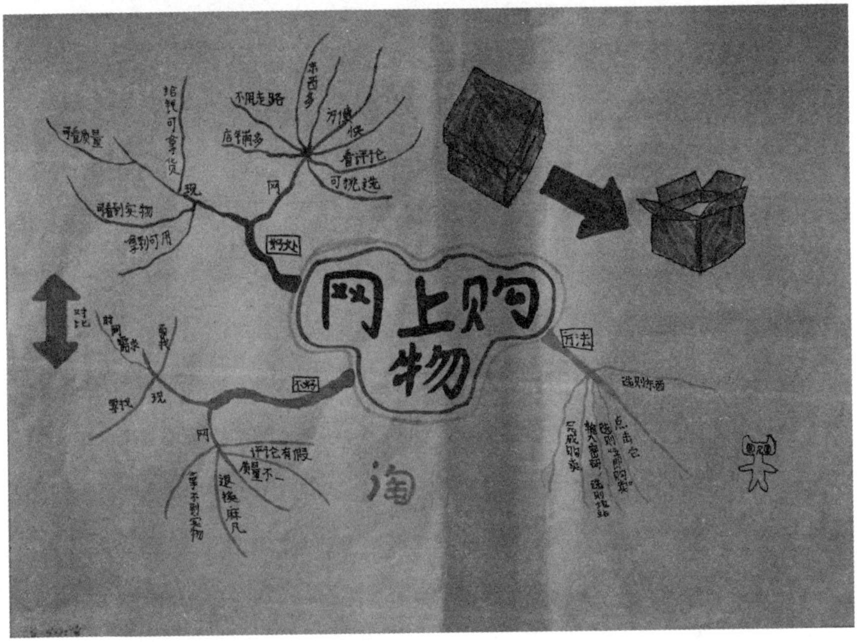
网上购物
好处
不好
方法
不用走路
东西多
可挑选
看评论
评论有假
淘

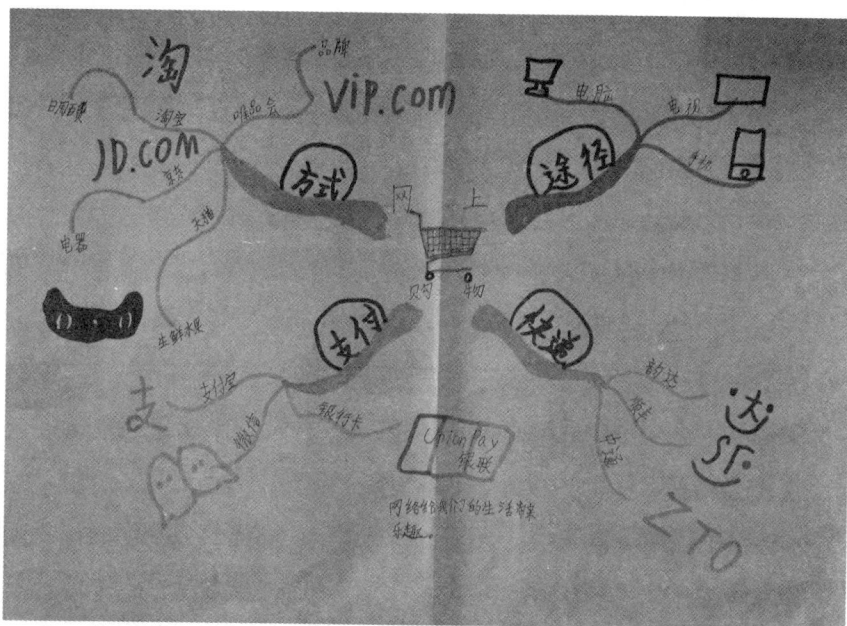

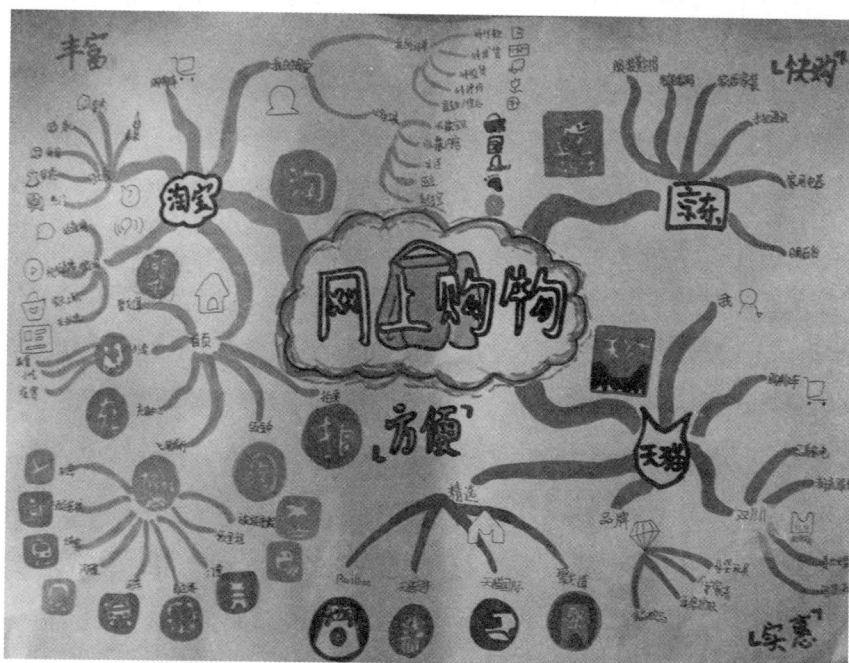

2. 五（1）班学生网络购物调查问卷的研究报告

问题的提出	网上购物以其便捷、省时、省钱和安全等特点日益为人们所熟悉和青睐。网上购物已经成为一种很普通的事情，与人们的生活似乎不可分割。信息技术不仅对当代生活产生着重大的影响，正改变着我们的生活方式、学习方式，尤其对我们的青少年学生影响更大，网络正以迅猛的速度介入到中小学生的生活。人们对于网络购物有什么样习惯和看法呢？因此我们五年级做了关于网上购物的调查问卷，我们一共设置了10个问题，包含了网上购物的方方面面。他们填完这份问卷时，通过数据的统计就能大概推测人们的网上购物习惯，从而了解到电商在哪方面做得好，哪方面做得不足。
调查对象	本次调查选取五年级两个班的78名学生家长，发出问卷78份，实际收回74份，问卷回收率达94.8%。

调查的数据及分析

第1题 您会熟练进行网上购物吗？ ［单选题］

选项	小计	比例（%）
A.一点都不熟练	0	0
B.不怎么熟练	7	9.46
C.比较熟练	15	20.27
D.熟练	22	29.73
E.非常熟练	30	40.54
本题有效填写人次	74	

第2题 您经常在哪些平台购物？ ［多选题］

选项	小计	比例（%）
A.网上商店，像卓越网、当当网等	15	20.27
B.购物平台，如唯品会、淘宝、京东	72	97.3
C.网络直播购物	8	10.81
D.微信朋友圈	19	25.68
E.社区团购群	19	25.68
F.其他	4	5.41
本题有效填写人次	74	

续表

	第3题 您在网上消费的频率量？[单选题]		

<table>
<tr><td rowspan="16">调查的数据及分析</td></tr>
</table>

第3题 您在网上消费的频率量？[单选题]

选项	小计	比例（%）	
A.一月1次	7		9.46
B.一月2~5次	38		51.35
C.一月5~10次	16		21.62
D.一月10次以上	13		17.57
本题有效填写人次	74		

第4题 您每月网购的平均消费额大约是？[单选题]

选项	小计	比例（%）	
A. 100以内	12		16.22
B. 200~300元	18		24.32
C. 300~500元	17		22.97
D. 500~1000	14		18.92
E. 1000元以上	13		17.57
本题有效填写人次	74		

第5题 您在网上购物一般选择什么付款方式？[多选题]

选项	小计	比例（%）	
A.网上银行支付	12		16.22
B.支付宝或者微信	70		94.59
C.银行转账	2		2.7
D.货到付款	5		6.76
E.邮政汇款	2		2.7
本题有效填写人次	74		

第 6 题 您会注重网上店铺的哪些方面？[多选题]

选项	小计	比例（%）
A. 信誉度	58	78.38
B. 商品种类多	28	37.84
C. 评价高	54	72.97
D. 价格便宜	33	44.59
E. 老板与你相识	5	6.76
F. 售后服务好	42	56.76
本题有效填写人次	74	

第 7 题 您通常会在网上购买什么类型的商品？[多选题]

选项	小计	比例（%）
A. 图书、文具	62	83.78
B. 充值卡	16	21.62
C. 化妆品	19	25.68
D. 运动器材	11	14.86
E. 数码产品（手机、相机、电脑等）	18	24.32
F. 服饰	46	62.16
G. 家居用品	63	85.14
H. 食品	40	54.05
I. 其他	21	28.38
本题有效填写人次	74	

第 8 题 您选择网购的原因有（ ）[多选题]

选项	小计	比例（%）
A. 价格便宜	40	54.05%
B. 商品种类丰富	51	68.92%
C. 省时、方便	65	87.84%
D. 可以购买外地产品	26	35.14%
E. 其他	5	6.76%
本题有效填写人次	74	

续表

	第9题 在网上购物时有哪些情况使您不满意？［多选题］		
调查的数据及分析	选项	小计	比例（%）
	A. 收到假货	42	56.76
	B. 收货速度慢	35	47.3
	C. 付款烦琐	6	8.11
	D. 收到的货物与宣传的不一致	60	81.08
	E. 退货产生纠纷	27	36.49
	F. 其他	14	18.92
	本题有效填写人次	74	

	第10题 网络交易的支付是完全安全和便利的。［单选题］		
	选项	小计	比例（%）
	A. 完全同意	18	24.32
	B. 同意	21	28.38
	C. 比较同意	29	39.19
	D. 不同意	6	8.11
	E. 完全不同意	0	0
	本题有效填写人次	74	

调查结论

　　受调查者中有90%的人购买商品最常用的方式为网络购物。97%的人选择在淘宝、唯品会、京东上购物，这三个平台也正是最近几年一直占据电商平台排名的前三。50%每个月都会网购2~5次，花费不等。很大部分的人选择网络购物的原因为足不出户就可收到商品、商品种类丰富、价格便宜、在网上选购商品省时间，方便。受调查者平时几乎都选择手机进行网上购物，这也是移动端发展迅速的一个体现。受调查者在网上购买的大多是图书、服饰鞋包、家居用品、零食，这些种类是网络购物比较热门的对象。受调查者评价卖家的标准大多集中在卖家的信用等级、商品的评价、商品的售后，所以卖家如果想要获得更多的销量就得从这三个方面来改善。通过分析受调查者的网络购物习惯和看法，了解到了人们在网上购物时有不同的行为，在网络购物上的差异性也很大，以及整个网上购物的总体趋势。针对整体都大致相同的地方电商平台要多多改善，把握共性。而面对各种需求及习惯的差异化，平台要么提供多种多样的产品或服务，要么按照顾客的要求提供定制化的产品或服务。总体来说，人们对于网上购物的需求是越来越大，越来越趋于网上购物，而对于网上购物有给予好评，也有抱怨的地方。如果大多数人对于网上购物体验的满意度不高，这就要求平台一切以顾客为中心，不断发现不足并逐一改善

【案例二十三】丁燕

皮影戏

一、项目概述

（一）项目说明

皮影戏是中国民间传统艺术，它集说、唱、演为一体，具有深厚的艺术内涵和文化价值。皮影戏主题活动的开展可以帮助幼儿了解更多的民间艺术形式以及文化内涵，激发幼儿对民间艺术的兴趣，培养民族自豪感。本学习项目主要对象是幼儿园大班年龄段幼儿，孩子们通过观看演出、绘画皮影、动手制作、合作表演等多种活动形式，不断建构和丰富知识经验，获得丰富的审美体验，提高幼儿语言表达能力、创造能力、探究能力、思维能力、合作能力等。通过项目学习，孩子们不仅增加了对中国民间传统艺术的了解和认识，也从中提高了语言能力、交往能力、动手能力等，促进了综合素质的进一步提升。

（二）学习目标

1.知识与技能：引导幼儿认识皮影戏，了解皮影戏的由来。学习制作皮影戏的角色形象，自主创编皮影戏的小故事，以及能在游戏中发现问题，合作协商，对问题进行思考，并解决问题。

2.过程与方法：教师在项目学习活动中指导幼儿通过观看演出、绘画皮影、动手制作、合作表演等方式对皮影戏的知识进行深入系统的学习，并以小组为单位在班级中进行分享和交流。

3.情感态度价值观：通过对皮影戏的探究，了解非物质文化遗产的重要意义，激发幼儿对民间艺术的热爱之情，萌发幼儿的民族精神和民族自豪感，并养成独立思考、善于探究的精神。

（三）项目计划书

阶 段	时 间	内 容	目 标
第一阶段：撰写项目计划书	9月	制订项目学习具体目标和活动计划及方案。	明确项目学习目标、参与人员，以及各人员在活动中的任务与分工。
第二阶段：准备项目学习活动材料	10月上旬	项目学习开展的后勤保障。	为项目学习活动中需要的材料进行充分准备，保障活动的顺利开展。
第三阶段：对师生进行知识普及	10月下旬	1. 教师通过网络查询、阅读文献等方式，了解皮影戏的历史、由来、文化、舞蹈等，并组织教师开展相关专题培训，形成培训讲稿、皮影戏知识集。 2. 根据班级幼儿的年龄特点，教师借助主题活动，利用各领域教育教学的活动时间，和幼儿一起探讨皮影戏的相关知识，形成教案。	引导教师和幼儿认识皮影戏，了解皮影戏的由来，熟悉皮影戏的相关知识，为后期的游戏活动做好知识储备。
第四阶段：实施活动	11—12月	幼儿以小组为单位在区域中自主玩"皮影戏"游戏，在玩中发现问题，提出问题，并解决问题。	学习制作皮影戏的角色形象，自主创编皮影戏的小故事，以及能在游戏中发现问题，合作协商，对问题进行思考，并解决问题。
第五阶段：展示项目学习成果	1月	1. 幼儿自主编排皮影戏的节目，进行完整表演。 2. 教师和家长通过文字的形式，展现在活动中的收获。	培养幼儿乐于创造的精神，引导幼儿在分享和交流中获得进步。

二、项目实施

第一阶段　撰写项目计划书

制订行之有效的项目计划是项目学习中的关键一环。在项目计划书中，对皮影戏项目进行了详细的介绍，确定了项目学习的目标，明确了开展活动的年级和学科，并成立了项目学习的师生团队，各参与人员明晰在活动中的任务与分工。

项目计划的最终确定不是一蹴而就的。在项目学习主题确定后，教师针对主题进行了广泛的资料收集，结合大班幼儿的年龄特点，通过集体教研、小组讨论、分享交流等形式梳理资料，挑选出适宜大班幼儿开展的活动。幼儿园的孩子年龄尚小，在资料收集和成果汇报上存在一定困难，因此，如何组织幼儿有效开展皮影戏的项目学习，是教师在讨论中重点关注的问题。游戏是幼儿活动的主要形式，经过多番讨论，最终选择借助幼儿熟悉的游戏活动，来进行皮影戏的深入系统学习。

通过项目计划的制订，参与教师明晰了活动目标、活动流程、以及活动的重难点，对整个皮影戏项目活动的开展有了一个宏观的认识，为后期项目学习活动的开展提供了指导方向和具体的实施步骤。

第二阶段　准备项目学习活动材料

为保障幼儿游戏活动的顺利开展，后勤部门出动人力物力，大力配合此次活动。在筹备期间，师生共同商量了皮影戏活动中需要的材料。这些材料中，有些来源于日常生活中的废旧物品。如用过的彩色塑料袋、一次性筷子、废旧纸盒、吸管等；有些则需要幼儿园后勤人员进行采购，如手电筒、白布、胶水、彩纸、彩笔等；有些更需要老师们动手改造，如玩具桌改造，搭建为适合幼儿进行皮影戏操作的戏台等。为了丰富幼儿皮影戏表演的故事情节，教师还专门为幼儿准备了皮影戏的游戏剧本，并将其投放到语言区，供幼儿阅读参考。

考虑到幼儿制作能力及材料的限制，教师还决定在网上购入皮影戏人物制作材料包，辅助皮影戏人物角色的制作。这样，不仅可以让皮影戏人物更丰富有趣，也能保证制作出的皮影戏人物更扎实耐用。在对皮影戏人物材料包里的物件进行组装及填色的过程中，教师和幼儿可以一起探索如何安装皮影戏人物，在安装过程中认识人物角色及角色的特征，加深幼儿对皮影戏制作及人物角色的了解；考虑到游戏中皮影戏角色的损耗情况，教师和幼儿还可以一边制作皮影戏人物，一边学习皮影戏人物的正确使用方法，并制定皮影戏区域游戏的规则，以延长游戏材料的使用寿命。

后勤保障是一切活动得以顺利开展的重要环节。在活动前期，通过丰富的游戏材料储备和游戏规则的制定，为皮影戏项目学习的后期开展提供了充分的物质和精神准备，进而保障了活动的顺利进行。

第三阶段　对师生进行知识普及

皮影戏是我国民间传统艺术。在白色幕布下，皮影制作者们边操纵着影人，边讲述故事，再配上当地流行的曲调以及各种打击乐和弦乐作为背景音，有着浓厚的乡土气息。皮影戏作为一门专业性很强的艺术形式，需要全体师生在活动前期进行更深入的学习。

教师通过网络查询、阅读文献等方式，了解皮影戏的历史、由来和文化等知识；教师们还开展了相关专题培训，形成培训讲稿、皮影戏知识集。根据班级幼儿的年龄特点，教师借助皮影戏主题活动，利用各领域教育教学的活动时间，和幼儿一起探讨皮影戏的相关知识，形成教案。

在科学活动"光影游戏"中，幼儿初步学习改变影子成像方位和大小的方法，并学习使用实验记录表记录实验结果；在社会活动"有趣的皮影"中，幼儿了解了皮影文化的现状，知道皮影戏是我国传统民间艺术的一种，并能简单叙述皮影的特征及制作过程，对皮影表演产生了初步的兴趣；在艺术活动"魅力皮影"中，幼儿学习制作皮影角色的方法，了解皮影戏的表现手法，并尝试自由操作皮影角色，进行简单的皮影表演；在语言活动"三打白骨精"中，幼儿进一步熟悉了故事内容，了解了故事中不同人物的说话方式，并尝试用语言表达故事内容。

通过广泛的资料收集、专题培训以及集体教学活动，教师和幼儿对皮影戏的表演形式、历史起源、皮影制作等有了系统全面的认识，为后期游戏活动的开展奠定了丰富的知识储备。

第四阶段　实施活动

为了帮助幼儿在区域游戏中进一步感受中国传统文化的魅力，教师在表演区开设了"皮影戏"小剧场的舞台。幼儿以小组为单位在区域中自主玩"皮影戏"游戏，在玩中发现问题，提出问题，并解决问题。

幼儿初次尝试表演皮影，对皮影舞台及表演技巧的了解还不够，所以在表演中容易出现影像模糊、表演动作不连贯、操作杆掉落等情况，幼儿的创作欲望也因此受到影响。在活动中，因材料的限制，也间接影响了孩子的创作，引发出孩子争抢玩具的现象。材料是游戏的物质支持，是幼儿游戏的工具，也是幼儿游戏中必不可少的物质基础。根据活动中出现的问题，教师和幼儿及时进行了调整，进一步创设了多样、多变的材料，使幼儿通过游戏活动发挥出各种探索行为，并与周围环境相互作用，互为推进。

整个游戏活动中，幼儿能保持较高的兴趣，在语言表述上也比较清楚、连贯，他们自编、自导、自演，快乐地与皮影一起游戏，在游戏中，不断提高自己的动手制作能力、语言表达能力以及社会交往能力。

第五阶段 展示项目学习成果

在活动后期，幼儿以小组为单位进行了项目学习的成果展示。幼儿自主编排皮影戏的节目，进行完整表演。教师和家长针对项目学习活动进行了回顾，并通过文字的形式展现了在活动中的收获。

在表演皮影戏的过程中，幼儿展现出丰富的想象力和创造力。幼儿在游戏环境中根据自己的兴趣和需要，以快乐和满足为目的，自由选择、自由展开、自发交流游戏的情节和内容，以自己的方式、方法来解决游戏中出现的矛盾和纠纷。整个活动，不仅培养了幼儿乐于创造的精神，而且帮助幼儿在分享和交流中获得进步。

活动后期，教师和家长针对项目学习的开展，也表达了自己的感悟：通过皮影戏系列活动，不仅让孩子们从表演的故事中懂得了许多道理，更被皮影戏这种民间艺术深深吸引。学校希望让孩子从小了解中国的传统文化。本次的项目学习活动采取了主题活动的方式，使得活动进程更加具有开放性、自主性和探究性，使幼儿参与的积极度和参与度大大提高。希望这些活动能在孩子的童年里，留下一抹中国传统节日的印记，并且一代一代传承下去。

三、学习成果

在我园开展的"皮影戏"项目学习中，幼儿在教师五大领域及游戏活动的全面渗透下，激发幼儿对民间艺术的热爱之情，萌发幼儿的民族精神和民族自豪感，养成独立思考、善于探究的精神，了解非物质文化遗产的重要意义。也在项目学习的推进中，幼儿从认识皮影戏，了解皮影戏的由来，学习皮影戏游戏的正确玩法，还学习制作皮影戏的角色形象，会与同伴一起玩皮影戏，在游戏中会进行同伴分工。幼儿通过观看演出、绘画皮影、动手制作、合作表演等多种活动形式，不断建构和丰富知识经验，获得丰富的审美体验，提高幼儿语言表达能力、创造能力、探究能力、思维能力、合作能力等。

科学领域

幼儿通过"提出问题—猜想答案—动手操作—得出结论"四个实施步骤，和小伙伴一起动手合作实验，初步学习改变影子成像方位和大小的简单方法，让幼儿在猜一猜、试一试、想一想和说一说的过程中，自己初步得出光和影子简单关系的结论。在感受光影游戏带给自己快乐的同时，也体验与同件合作完成实验的成功感。

记录表一：猜想影子和光的位置关系

大班科学"光影游戏"实验记录表（一）　　　　　　记录人：＿＿＿＿＿＿

记录表二：猜想影子和光的大小关系

大班科学"光影游戏"实验记录表（二）　　　　　　　记录人：_____

图 1 探索用光源从不同方位照射物体，观察影子方位的变化

艺术领域

幼儿在艺术领域的创造与表现上，将复杂的皮影活动化繁为简；材料的选择上，收集了方便又环保的塑料袋、一次性筷子、线绳这些变废为宝的再利用材料，不仅从色彩、透光性上同样适合制作皮影，而且便于日常收集和制作。幼儿根据"小熊"的绘

制方法，认识并学习到制作皮影需要把完整的形象进行拆分，分解成几个主要部分进行。然后根据幼儿的现有水平，大胆地尝试制作各种不同形象的小动物皮影。

图2 幼儿利用手工材料，尝试动手制作喜欢的皮影角色

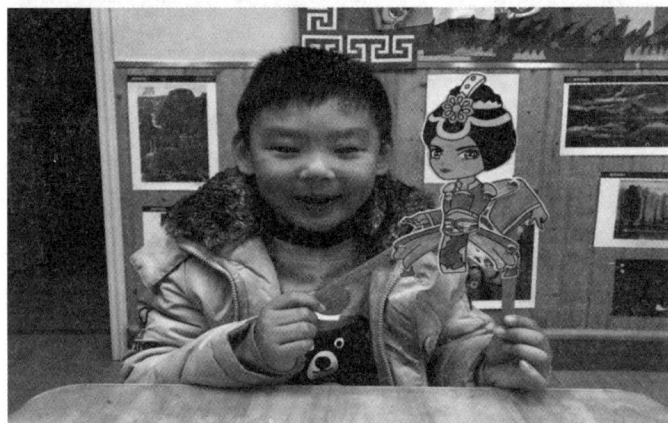

图3 幼儿展示制作好的皮影人偶

语言领域

动画片《三打白骨精》中，白骨精的形象惟妙惟肖，白骨精变身成小姑娘、老太婆以及老公公，都具有比较典型生动的人物特征，适给大班幼儿表演。《3-6岁儿童学习与发展指南》提出：应为幼儿提供丰富、适宜的读物，经常和幼儿一起看图书、讲故事，丰富其语言表达能力，进一步拓展学习经验。在开展的"皮影戏"

项目学习活动的开展中，幼儿选择了这一情节进行改编、表演。幼儿在提高皮影戏表演能力的同时，增强辨别是非善恶的能力，也有助于幼儿加深对文学作品的理解，增进对中国古典文学的兴趣和爱好。

图 4 幼儿创编表演皮影戏《三打白骨精》

区域游戏

在项目学习的推进中，幼儿不断丰富关于皮影舞台的认识，探索了光与影之间的关系。通过互换表演的形式，幼儿在边表演边当小观众的过程中掌握到清晰表演皮影的小技能。幼儿不仅在学习活动中展现自己对"皮影戏"的认知，更是延伸到区域游戏中来感受中国传统文化的魅力。在表演区调整了"皮影戏"小剧场的舞台，幼儿在其中自由进行表演。

图 5 "皮影小剧场"中幼儿合作进行游戏

幼儿为了能在每一次的游戏中获得新的进步与改进，与教师一起设计了"皮影小剧场"快乐分享记录表，幼儿将自己表演的心情体验记录下来，将自己的感想用图画或者口述（教师记录）的方法记录下来，同时也把自己的困惑或觉得比较困难的地方记录下来，在下一次游戏中争取进一步改进。

记录表三："皮影小剧场"快乐分享记录表

大班"皮影小剧场"快乐分享记录表（三）　　　　　　　　　　记录人：_____

时间		记录人		表演角色	
心情		合作伙伴		动作	
此刻想法/下次游戏心愿： （幼儿口述，教师记录）		幼儿感想：		教师反思：	

第四章

項目学习评价

第一节 项目学习评价理论研究

一、项目学习评价内涵

中国最大的综合性辞典《辞海》中写到，"评价"一词出自宋王栐《燕翼诒谋录》、《宋史·隐逸传上·戚同文》等文，意思是衡量人或事物的价值，其解释比较宽泛。而教育评价则是教育领域的一个特定的概念，它起源于 20 世纪 30 年代，是在美国学者泰勒创立了现代教育评价体系之后，逐渐发展起来的一个教育学科的重要分支。泰勒认为教育评价过程在本质上是确定课程和教学大纲实现教育目标的程度的过程。1986 年在《教育评价概念的变化》中，泰勒对教育评价含义修改为"教育评价是检验教育思想和教育计划的过程"。

追根溯源，教育评价近两百年间共跨越了四个重要的发展时期。自 19 世纪中叶起到 20 世纪 30 年代的 80 多年里，为教育评价的第一个时期——"心理测验时期"，教育测量的研究取得了一系列的成果，在考试的定量化、客观化和标准化方面，取得了重大进展。强调以量化的方法对学生学习状况进行测量。然而，当时的考试与测验只要求学生记诵教材的知识内容，较为片面，无法真正反映学生的学习过程。20 世纪 30—50 年代是教育评价的第二个时期——"目标中心时期"，泰勒提出了以教育目标为核心的教育评价原理，即教育评价的泰勒原理，并明确提出了"教育评价"的概念，从而把教育评价与教育测量区分开来，教育评价学就是在泰勒原理的基础上诞生与发展起来的。在西方，一般人们都把泰勒称为"教育评价之父"。20 世纪 60 年代是教育测量的第三个时期——"标准研制时期"（20 世纪 50—70 年代），以布卢姆为主的教育家，提出了对教育目标进行评价的问题，由美国教育学家斯克里文、斯塔克和开洛洛等人对教育评价理论做出巨大的贡献。学者们把 1967 年界定为美国教育评价发展的转折点。到了 20 世纪 70 年代以后，教育评价发展到第四个时期——"结果认同时期"。这一时期非常关注评价结果的认同问题。关注评价过程，强调评价过程中评价给予个体更多被认可的可能。总之，重视评价对个体发展起关键作用，因此，又称为"个体化评价时期"。

可见，国外早期的教育评价，深受泰勒的教育评价思想的影响，将评价的实质定位于判断结果与目标的相符程度，因此兴起了一系列追求客观性和科学化的量的评价方法。但是，随着教育理论、实践及人的主体性的觉醒，教育评价也同时被赋予了新的含义。美国心理学家克龙巴赫等人认为教育评价就是为教育决策提供信息和依据的过程，提出了"评价的中心不仅仅是目标，而更应当是决策"的思想。布卢姆也指出"评价作为一种反馈—矫正系统，用于在教学过程中的每一步骤上判断过程是否有效"。在关于评价的理念和思想不断变化的过程中，可以发现教育评价已经不再片面强调结果，开始关注的是整体性和系统性，强调学习过程的意义及人的主体性价值。而在我国，教育界认为教育评价是在系统地、科学地和全面地进行收集、整理、处理和分析教育信息的基础上，对教育价值做出判断的过程，目的是促进教育改革，提高教育质量。

综上所述，我们可以得出项目学习评价的定义，即评价者按照一定的标准，应用合适的方法对评价对象在项目学习过程中的表现和结果所做出的价值判断，是教育评价的一部分。通过合理的方式方法进行学习评价，能够检查和促进教与学，可以检测到学习者通过学习知识技能、态度和情感发生的变化，并且会影响学习者在学习进步过程中的状态。

二、项目学习评价功能

教学评价的功能是多元化的。评价者必须全方位地关注评价的各种功能，并从评价的发展性视角入手，适当选择运用某种或多种功能。

（一）导向功能

评价具有引导评价对象向预定目标发展和前进的功用和能力。它通过评价结果的反馈信息，使评价对象行为目标得以实现。这是教学评价的固有功能，它对于贯彻教育目的，完成实现教育任务和目标都起到了很强的制约和保证作用。

（二）激励功能

评价具有使评价对象形成一种为实现预期目标而不断进取的内在动力的功用和能力。它是通过为评价对象反馈评价信息这一评价运行机制实现的。在教学评价中，评价对象之间通过有意或无意的相互比较，激发起争先的欲望或情绪，从而促使评价对象向既定的教学或学习目标逼近。

（三）改进功能

评价具有使评价对象反省自身状态、克服不足、实现发展目标的功用和能力。它主要是通过教学评价结果的反馈信息，并对评价对象行为的调控运行机制而实现的。教学评价能够客观地判断出评价对象发展的现状，提出问题，促使评价对象在以后的教与学的活动中加以克服和改进，以促进其发展。

（四）教育功能

评价具有促进学生品德素质养成的功用和能力。它是通过教学评价者和其他评价因素与评价对象（主要指学生）的互动影响的运行机制而实现的。教学评价者也是学生思想品德的培育者，教学评价既要强调评价的科学性，又要注重评价的教育性，全面培养和发展学生的基本素质。

（五）发展功能

评价具有着眼于学生未来发展和终身发展的功用和能力。它主要是通过全员、全程、全面的评价过程运行机制而实现的。在教学评价过程中评价者用动态的、发展的眼光，对影响学生未来发展和终身发展的各个环节因素进行系统、长期、反复的评价，关注学生多方面潜能的发展。

（六）研究功能

评价具有探索教学问题、把握教学规律、丰富教学理论、指导教学实践的功用和能力。它是通过评价者向评价对象反馈评价结论的这种运行机制得以实现的。

除此之外，教学评价也要重视诊断、鉴定、监督、调节、管理和交流等一般功能的发挥，从评价目的出发，提升教学的整体水平，全面提高教学质量。

三、项目学习评价主体

评价主体是指在评价中起到主导作用的个人或群体。在传统的教学中，教师是唯一的评价主体，学生是评价的客体，而在项目学习评价中，我们应该具有多元化的评价主体。首先，项目教学法以学生为中心，学生作为主体参与项目的设计、实施以及最后的评价。当然教师在整个教学中具有不可替代性，因而教师也应当作为评价主体参与学习评价。同时，项目小组一直存在于整个学习过程中，作为评价主体有利于学生互相激励，共同提高。

（一）学生

学生作为评价主体，不仅要给自己评价，也要给项目小组其他成员评价。由于学生实际参与了项目实践，他们的评价往往更能够直接反映出学习过程中的真实情况。学生作为评价主体进行评价，有助于学生进行反思总结。

（二）教师

教师在项目教学过程中扮演的角色是学习方案设计者、学习过程指导者、学生学习管理者、学习结果评价者。教师需要对学生的整个学习过程有着充分的认识和了解，对学生学习过程中的表现、项目成果的质量等方面进行一个综合的评价，激励引导学习者学习。

（三）小组

项目小组是项目教学法中存在的学习共同体，通常学生在一系列项目中进行项目申请，申请相同项目的学生组成项目小组。小组成员在教师指导下进行分工、项目设计、项目实践、项目成果展示等活动，小组成员在学习过程中相互交流、团结合作，对项目实践的质量有着重要影响，作为评价主体，能够有效评价学习过程中，小组成员在各环节的努力程度和学习效果。

四、项目学习评价类型

从不同角度、依据不同标准，常见的评价类型有：

（一）诊断性评价、形成性评价和终结性评价

1. 诊断性评价。在学习开始时进行，目的是发现学生在以往学习中存在的问题，以便对症下药，弥补不足。测试题目的难度较低，主要测试基础性知识，试题的概括性水平不高。

2. 形成性评价。在教学活动过程中的评价。其目的是主要利用各种反馈信息，及时调节教与学的计划，以改进教学。测试题目的难度依教学任务而定，以课题或单元内容测试为主，试题的概括性水平一般。

3. 终结性评价。在一项教学活动、一门学科教学或一个学期（学年）教学结束时进行评价。其目的是证明学生已达到的水平，

预测在后继教学中成功的可能性。测试题目难度大，概括性水平高。

（二）相对评价、绝对评价和个体内差异评价

1. 相对评价。在评价对象集合中确定一个平均标准，把各个对象与标准进行比较，进而排列名次。此评价能使每个评价对象明确自己在团体中的位置名次，适应性强，但难以反映评价对象集合以外的水平，易于降低客观标准。

2. 绝对评价。以评价对象的集合之外确定的标准为依据，对评价对象集合中的每个成员达到目标的程度进行的评价。这种评价能使每个评价对象明确自己目标达成情况，但会出现脱离客观实际，影响评价结果的有效性问题。

3. 个体内差异评价。把评价集合中各个评价对象的过去和现在相比较，或者把评价对象的若干个侧面相互比较得出的评价。这种评价是建立在尊重、信任评价对象的基础之上的，符合个性化教学原则，但评价标准不一，主观性较强。

（三）个体评价和社会评价

1. 个体评价。是个体从自身需要出发对主客体价值关系的判断。教学领域内的个体评价主要有两类：一是以自己的教学或学习行为与结果为评价对象的自我评价；二是以他人的教学或学习行为与结果为评价对象的他人或事的评价。

2. 社会评价。其主体一般是社会本身或社会委托的特定群体。社会评价也分为两类：一是现时评价，判断的标准是当前教学满足社会当前需要的程度；二是历史评价，判断的标准是特定历史时期的教学满足社会长远需要的程度。

可见，不同学习项目对学生的要求不同，因此我们进行评价的方式也会有所差异。

第二节 项目学习评价体系建立

2020 年 6 月底，中央全面深化改革委员会第十四次会议审议通过了《深化新时代教育评价改革总体方案》。会议指出，教育评价事关教育发展方向，要全面贯彻党的教育方针，坚持社会主义办学方向，落实立德树人根本任务，遵循教育规律，针对不同主体和不同学段、不同类型教育特点，改进结果评价，强化过程评价，探索增值评价，健全综合评价，着力破除唯分数、唯升学、唯文凭、唯论文、唯帽子的顽瘴痼疾，建立科学的、符合时代要求的教育评价制度和机制。需要注意的是，在评价改革中，四个维度同等重要。

1. 结果应该是评价的导向，如果教育不强调结果，会导致人才培养的弱化。高考即是一种重要的结果评价，尽管高考体制并不完美，但在过去 30 多年间为国家培养了一大批知识和技术型人才，让中国在近年来生产力水平不断提高，国际影响力也大幅加强，因此结果评价也是项目学习评价的重要组成部分。

2. 过程评价近年来越来越受到重视，对于破解"一考定终身"助力良多。在实际教育教学工作中，我们不难发现，部分学生在学习过程中十分努力认真，平常的作业和小测验也是尽善尽美，但因为各种外界因素导致期末未发挥正常水平。因此，在项目学习中，哪怕某小组最终没有完成任务，通过过程评价教师就能了解该小组的实际达成度以及学生会在哪些环节遇到困难，帮助他们更好地解决问题和优化自己的项目设计。

3. 增值评价是一种前沿的教育评价方式，不以学生的考试成绩作为评价学校和教师的唯一标准，而是以学生的进步幅度评价学校和教师的努力程度和进步程度。我们经常说教育是为了学生全面发展，这个全面发展不仅仅是智育，还包括德育、体育、美育和劳育等。因此项目学习中也绝不能唯分数论，学生学习适应能力、师生关系、同伴关系、品德行为等也应纳入评价范围。

4.综合评价正在成为教育评价的趋势。例如：今年推出的高考强基计划，将考生高考成绩、高校综合考核结果及综合素质评价情况等按比例合成考生综合成绩，其中高考成绩所占比例不得低于85%。因此项目学习中的评价是要全面而细致的。

由于三道街学校实施的是TOPS课程，即以主题（Theme）、组织（Organize）、实践（Practice）、分享（Share）为线索的主题式项目学习方式，而期待学生发展的核心素养为人文素养、思维素养、学习素养、科学素养。为了促进学生核心素养的提升和关键能力的发展，我们认为在进行项目学习评价时还应关注到以下几点：

一是基本的人文底蕴：中国学生发展核心素养，最重要的就是人文底蕴。其重要性不言而喻，人文底蕴就是人文素养，人文素养的培养离不开人文教育。小学生是建立正确的世界观、人生观、价值观的关键阶段，尤其是当我们处在这个信息高速发展、速食文化盛行的社会，价值观的扭曲成为当代社会存在的一个严重问题，这时，教师的正确引导尤为重要。"TOPS课程"的培养目标首先是关注培养学生的人文底蕴，塑造学生良好的人文品行。教书育人，育人为先，使其以崇高的品质、完美的人格、健康的心灵来服务与奉献社会。

二是多维度的阅读能力：著名的语言学家吕叔湘先生说过，学习语文，三分得益于课内，七分得益于课外。总之，儿童阅读的好处是不言而喻的，有些家长从孩子的婴儿期就开始培养其阅读习惯了。阅读能力与学习能力是密不可分的，从心理学意义上来说，阅读其实是人类独有的一项复杂的认知技能，阅读能力与认知能力密不可分。大数据时代，阅读也从"样本阅读"到"全息阅读"，再到"互联网+"环境下的"个性化阅读"，小学语文阅读方式也发生了改变。

三是高品质的思维能力：在实施"TOPS课程"的教学过程中，我们一直在尝试和探究如何改善学生创新、批判、质疑的思维品质，培养学生思辨性思维能力，要学会主动用思辨思想看待世界。在提升思维品质时做到：善抓本质，培养思维的深刻性；逆向思维，培养思维的逻辑性；善于变通，培养思维的灵活性；快速准确，培养思维的敏捷性；标新立异，培养思维的独创性。

四是深层次的自学能力："TOPS课程"的课堂使学生个性越来越强，一方面教师在课堂上大面积指导的作用明显下降，针对个性的学习指导将成为主要的教学方式。教师不只是向学生传授知识，更重要的是把学习知识的方法教给学生，这正如授人以鱼不如授人以渔。所以从低年级起，教师要有意识地培养学生逐步掌握自学的科学方法，培养学生的自学能力，为学生的长远发展奠定良好的基础。课堂学习自主化是学校课堂教学模式中一个重要的环节，是以学生作为学习的主体，根据问题，通过学生对自己收集的信息、预习所获、教师提供的学习资源进行独立的分析、探索、实践、创造等方法来实现学习目标。教育方式由教师为学生服务，到自主教育，自主教育有三个层次，包括自主学习、自主管理、自我规划。自学能力的养成，满足个体学习需求，激发学生的内在学习动机，丰富学生的各种认知策略，促进学生的多元认知发展，为学生终身学习提供了保障。

五是基础的科学能力：改革前的核心课程会根据不同的学科和学生的年龄，将信息能力细化为具体的学习内容。而在新核心课程改革中，信息能力方面的问题作为一个整体，不再进行拆分，仅在三个学习阶段为适应学习者的发展而呈现不同的内容，从而保障了学生获取知识的系统性和全面性。学生的学习将与前沿的信息技术结合，例如：让学生利用博客、视频网站，甚至是游戏辅助学习，机器人编码等创客内容也会与其他学科结合在一起被纳入新课程之中。

六是必要的跨学科能力：如何培养中小学生的创新能力、综合实践能力、跨学科思维能力，一直是中小学教育教学的重点与难题。STEAM 课程的引进，打开这方面的思路。STEAM 教育并不是科学（Science）、技术（Technology）、工程（Engineering）、人文（Arts）和数学（Math）五个学科领域的简单叠加，而是强调面向未来，关注这五个学科领域发展背后的真实内涵，特别是基于实践的跨学科综合能力培养。TOPS 课程弱化了学科内容的界限，培养学生的横向（通用）能力与跨学科学习能力。在课程标准中增加主题、项目的教学，即围绕学生感兴趣的某一现象或主题调配师资，以培养学生的综合能力，主体与项目学习方式中加强环境与策略、指导、个性化的重要性。TOPS 课程通过主题教学打通学科与学科之间的界限，通过不同的学科视角透视问题，构成不同学科能力的教学设计，培养学生跨学科的探究能力。例如：学校开展的"笔筒的设计"3D 打印学习，既涵盖了数学知识、信息技术，又涵盖了美术学科、科学学科的知识。通过学习，学生对自身的科学探究能力，问题的解决能力以及项目的设计和技术的应用更加自信。

七是生活化的实践能力：知识来源于生活，寓于生活，用于生活，在以往的教学中，教师非常重视书本知识的教学，却很少关注知识在生活中的联系和运用。学了知识，不会运用所学知识解决实际问题。TOPS 课程加上了与生活有关的主题学习，围绕特定的主题，结合项目式、情境体验式和合作学习，利用网络资源和校外学习场所，让学生走出教室，走进自然、走进超市，将不同的学科知识融合在一起，在生活情境中培养实践意识，在日常生活中强化实践技能，在解决问题中体验实践运用。开展这样的实践探索，大大增加了学生能够参与学习过程的机会，培养学生学以致用，在实践中学习、体会、应用。

根据我们对中央改革方案的理解，以及对学校 TOPS 课程评价目标多个项目学习活动的梳理，将项目学习的评价体系建立为：

一级指标	二级指标	三级指标	评价标准
A 课程	主题	真实性	问题基于生活实际中的真实案例
		必要性	能帮助学习得某一种基础能力
	内容	严谨性	项目内容和生活实际要紧密相连
		连通性	活动要求应构建在国家课标之上
		探索性	需要去实地考察或大量网络调查
B 教师	指导	专业性	教师参与设计活动能把控各环节
		及时性	及时发现学生遇到的问题并解决
		有效性	给予的建议能有效帮助学生思考
		鼓励性	对所有学生的每个小进步都鼓励
		创造性	关注学生跨学科高阶思维和创新
C 学生	个人	参与性	学生个体在项目学习中的参与度
		自觉性	能合理安排和完成个人任务进度
		学习性	能学习研究分析和收集整理资料
		贡献性	学生个体对组内其他成员的帮助
	小组	决策性	迅速完成学习计划进行小组分工
		合作性	全员参与交流沟通完成研究任务
		组织性	根据计划保质保量开展学习活动
		成果性	获得有效的研究结果并展示分享

当然，不同学习项目可能还有个性化的要求，我们可以在评价体系框架上进行适当的修改和扩充。另外，为了让评价结果可视化，还可以根据不同环节的重要性进行权重的设置和调整。

第三节 项目学习评价系统开发

为了更好地促进项目学习活动开展，必须开发全面而个性化的评价系统。

一、评价系统原则

（一）系统性原则。从评价性质来看，系统要支持总结性评价、形成性评价、定性评价和定量评价相结合；从用户角度考虑，教师和学生可以相互评价、学生之间也可以互评并支持学生自我评价。因此系统设计开发前必须对相关因素进行系统的、全面的考虑，分析系统各个模块的功能及其相互间的关系和联系，以保证各部分功能协同工作，使得系统具有整体性。

（二）实用性原则。用户界面友好、操作简单方便，在保证完成需求的情况下尽量避免烦琐的操作。评价系统要依据实用性原则来设计学生评价数据收集表及以最简单明了的方式向学生提供指导信息及反馈信息。

（三）发展性原则。在项目学习的过程中，学生是不断发展的个体，在学习过程中学习者不断地构建新知识和获得新技能。设计系统时要充分考虑到系统的可扩充性。

二、评价系统设计

根据项目学习评价的需要，我们的系统框架分为标准模块、数据模块和管理模块三个部分。标准模块主要确定评价标准和指标权重；数据模块处理课程、教师和学生的评价表单；管理模块进行用户和资源的存储管理。

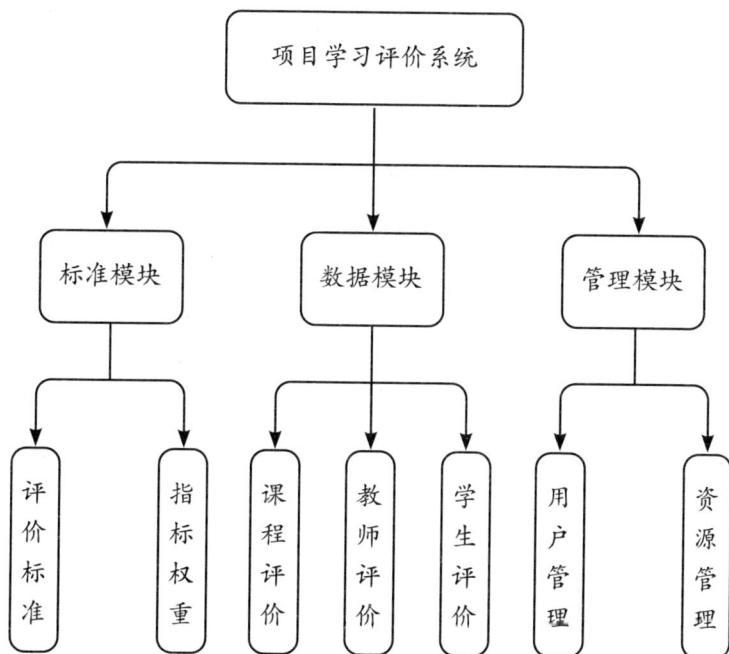

```
                  ┌─────────────────┐
                  │  项目学习评价系统  │
                  └─────────────────┘
         ┌───────────────┼───────────────┐
    ┌─────────┐     ┌─────────┐     ┌─────────┐
    │ 标准模块 │     │ 数据模块 │     │ 管理模块 │
    └─────────┘     └─────────┘     └─────────┘
      ┌────┴────┐   ┌────┬────┬────┐   ┌────┴────┐
   ┌────┐  ┌────┐ ┌────┐┌────┐┌────┐ ┌────┐  ┌────┐
   │评价││指标││课程││教师││学生││用户││资源│
   │标准││权重││评价││评价││评价││管理││管理│
   └────┘ └────┘└────┘└────┘└────┘└────┘└────┘
```

（一）标准模块：评价标准指的是指标体系，我们将指标体系划分为课程本身、教师指导和学生活动三个大的一级指标，然后课程又分为主题的确立和内容的设计，教师主要负责指导工作，学生又分为个人的单独表现和小组的集体表现等方面，而从三级指标我们能更加细致地进行评价。指标权重指的是每个指标占总体评分分值的比例，例如：有些活动更加侧重学生个人在单独研究中取得的成果，而有的则更加注重小组团队合作，那么它们对于学生评价中的指标权重必然产生不同的影响。

（二）数据模块。不论是课程评价、教师评价还是学生评价都需要数据的收集整理、统计和分析。因此，对于项目较少、学生较少的单位可以直接使用 Excel 表格或手动计算的方法，而对项目较多、学生较多的单位则必须开发评价平台，让评价者通过网页或 APP 上的指定页面进行打分或留言评价。平台将各种分数进行汇总，并按指标权重进行换算，就能得出该项目各个方面的评价结果。

（三）管理模块。谁可以参与评价？评价之前要注意什么？这些都需要统筹管理。在用户管理中，主要可分为管理员、教师用户和学生用户三类。而资源管理可以包含项目的必要信息，既方便用户进行有针对性的评价，更有助于日后实施一对一的改进措施。

除了电子评价系统，我们也鼓励部门项目管理人员收集和保存项目学习相关的原始文字和影音资料。一是与项目有关的文本材料，二是课堂实录，三是访谈。

文本资料主要是教师教案或课程设计方案、教师课堂中实际所用的教学材料以及各类学生评价资料。教师教案或课程设计方案在项目进行前从教师那里得到，教师课堂中实际所用的教学材料及各类学生评价资料在项目结束后收集。

课堂实录指的是项目学习课堂的实时录像和录音资料，这是对师生课堂行为和表现的直接刻画。本研究借助相应的录像、录音设备及存储设备等进行收集和备存，随后在经过师生同意的前提下，将部分课堂实录转录成文字资料，以便分析和呈现。

访谈分为教师访谈和学生访谈。教师访谈，涉及对课程设计方案的部分内容以及课堂实录反映出的教学内容的进一步提问，为更准确地理解教师的课堂行为提供背景资料。教师访谈中主教教师的访谈更为基础，涉及课程设计的总体思路和意图等，而对助教教师的访谈对于了解小组活动的过程和内容更为关键。对学生进行的访谈，是为了从学生的角度获取对课程实施效果的认识和感受，为评价项目学习质量提供学生角度的证据。访谈经过师生的同意，教师和学生访谈均以录音的形式保留，随后转录为文字，以便分析和呈现。学生访谈是在每天的学习后进行，这样可以及时获取学生信息，避免遗忘；而教师访谈则根据实际情况，在项目结束后的两天内进行，既能获取完整的信息，又不会出现太多遗忘。每次访谈的学生是随机抽取的，而教师访谈选取的是教师全体。这样可以获取师生对于该项目最真实的体验感受。

三、评价系统样表

下面有一些项目学习的评价表单案例，能够更好地展示评价在活动中的实际运用。

（一）项目学习完成情况自查表

表1 "纸1的研究"项目学习完成情况自查表

项目任务	评价内容	起点水平 1	有进步 2	掌握水平 3	成为范例 4	得分
任务1 20%	收集资料					
	分析资料					
任务2 50%	生动活泼地讲一讲故事					
任务3 20%	问题提出					
	问题探究					
	问题总结					
小组整体表现10%	合作					
	分工					
总分 100%						

表2 "节约用电"项目学习完成情况自查表

评价内容						
1. 能按时到位，不迟到，不早退	☆☆☆	☆☆☆	☆☆☆	☆☆☆	☆☆☆	☆☆☆
2. 乐于合作，能和同学交流，尊重他人	☆☆☆	☆☆☆	☆☆☆	☆☆☆	☆☆☆	☆☆☆
3. 在活动中遇到困难不退缩，并且自己想办法解决问题	☆☆☆	☆☆☆	☆☆☆	☆☆☆	☆☆☆	☆☆☆
4. 能独立思考、自主学习、主动发现问题、提出问题、寻求解决问题的方法	☆☆☆	☆☆☆	☆☆☆	☆☆☆	☆☆☆	☆☆☆
5. 能用多种途径读取信息	☆☆☆	☆☆☆	☆☆☆	☆☆☆	☆☆☆	☆☆☆
6. 善于提问，乐于探究	☆☆☆	☆☆☆	☆☆☆	☆☆☆	☆☆☆	☆☆☆
7. 能认真听老师讲课、积极回答老师提出的问题	☆☆☆	☆☆☆	☆☆☆	☆☆☆	☆☆☆	☆☆☆
8. 能善于倾听同学的发言，并能给出正确的评价	☆☆☆	☆☆☆	☆☆☆	☆☆☆	☆☆☆	☆☆☆

我的收获：

我还需要努力的是：

表3 "智能搬运车"项目学习完成情况自查表

评价内容						
1. 我非常清楚这节课要做什么	☆☆☆	☆☆☆	☆☆☆	☆☆☆	☆☆☆	☆☆☆
2. 我解决了自己或组员遇到的问题	☆☆☆	☆☆☆	☆☆☆	☆☆☆	☆☆☆	☆☆☆
3. 我在组员的帮助下解决了问题	☆☆☆	☆☆☆	☆☆☆	☆☆☆	☆☆☆	☆☆☆
4. 我们小组完成了这节课的任务	☆☆☆	☆☆☆	☆☆☆	☆☆☆	☆☆☆	☆☆☆
5. 我借助网络等工具了解和解决了问题	☆☆☆	☆☆☆	☆☆☆	☆☆☆	☆☆☆	☆☆☆
6. 我利用科学原理知识提高了任务完成度	☆☆☆	☆☆☆	☆☆☆	☆☆☆	☆☆☆	☆☆☆
7. 我完成了过程性记录表	☆☆☆	☆☆☆	☆☆☆	☆☆☆	☆☆☆	☆☆☆
8. 我有课后学习的想法和目标	☆☆☆	☆☆☆	☆☆☆	☆☆☆	☆☆☆	☆☆☆

（二）项目学习小组成员互评表

表4 "相约二十四节气"项目学习小组成员互评表

编号	题目	成员1	成员2	成员3	成员4	成员5
1	在大部分时间里他（她）踊跃参加，积极表现					
2	他（她）的意见总是对我很有帮助					
3	他（她）经常鼓励、督促小组其他成员积极参与协作					

编号	题目	成员1	成员2	成员3	成员4	成员5
4	他（她）能够按时完成应该做的那份工作和学习任务					
5	我对他（她）的表现满意					
6	他（她）对小组的贡献突出					
7	如果还有机会我非常愿意与他（她）再分到一组					
8	对他（她）总体上是喜欢的					

（三）项目学习教师评价表

表5 "节约用电"项目学习教师评价表

序号	评价指标	分数值	分数等级				
			A	B	C	D	E
1	对教学工作有热情，讲课认真、投入	9					
2	讲课思路清晰，阐述准确	9					
3	讲课能够理论联系实际，注重内容更新	10					
4	讲授内容能够突出重点，讲清难点	9					
5	采用启发式、讨论式教学，鼓励提出问题	12					

序号	评价指标	分数值	分 数 等 级				
			A	B	C	D	E
6	因材施教，注重学生创新意识和能力的培养	12					
7	作业有利于学生自主学习，批改认真	9					
8	能够有效地利用现代教育技术手段	9					
9	讲课能激发学生的求知欲	11					
10	对学生热情关怀，严格要求	10					

（四）项目学习课程评价表

表6 "笔筒设计"项目学习课程评价表

序号	评价指标	A	B	C	D
1	课程目标明确				
2	课程内容有趣				
3	课程安排合理				
4	课程知识系统				
5	科技技术实用				
6	课程活动多样				
7	课程互动热烈				
8	课程收获丰富				

第五章

项目学习效果

在项目化学习实施过程中，学习过程成为一个人人参与的创造实践活动，这一活动注重的不是最终的结果，而是完成项目的全过程。学生在项目实践过程中，理解和把握课程要求的知识和技能，体验创新的艰辛与乐趣；教师在项目教学法实施过程中，主要任务就在于培养学生分析问题和解决问题的能力及团队精神等。学校研究项目学习，实施至今，教师、学生、家长大多数表现出强烈的赞赏之情，项目学习实施效果到底如何，我们用故事、反思、小论文等形式来呈现项目相关者最为关切的问题。

第一节　教师篇

【篇数1】

项目学习从兴趣开始

周玲

今年我带一年级新班，班上孩子的情况各不相同。有注意力不集中爱走神的、有听力障碍沟通困难的、有内向胆小不敢说话的，也有家长疏于管教不闻不问的……既然这些孩子都在我的班，让我们有缘分生活在同一个空间里，我觉得我就有义务和责任照顾好他们、教育好他们。尽管他们每个人身上都有一些不一样的小问题，但有一样他们却是特别的一致——喜欢参加学校里组织的"相约二十四节气"项目学习展示活动。因为每次活动之后，他们不仅能吃到好东西，还可以体验到平时感受不到的活动乐趣。例如：白露节气的赛诗会上，孩子们吃桂圆喝米酒，听高年级哥哥姐姐吟诗、赛诗，别提多兴奋了。后来，那个平时不是很爱说话的小丫头拉着小伙伴过来，也主动要求念诗给我听，让我评一评谁读得最好。

看到孩子们的那份积极和自信，我深深感受到，只要为孩子们搭建起丰富的学习平台，让他们在特定的环境中体验学习，解决孩子们的学习问题其实都是顺其自然的事情了。受此启发，我就特别注重在课堂上为孩子们创设各种情境展开教学，以此来吸引他们的注意力，培养他们大胆表达、大胆发现的好习惯。现在，孩子们的进步成了我最开心的事情。

——"相约二十四节气"项目学习

【篇数2】

教学相长

赵文静

今年我申报了武昌区的教师个人小课题，课题的主要研究内容与"相约二十四节气"的项目学习相关。我主要引导孩子们在二十四节气生活中观察事物的美好，并用手中的画笔画出来，以此提升学生的观察能力和审美能力。我以前以为美术课就是老师教、学生画的过程。可当我参与项目学习的小课题研究之后，发现美术课并不是我想象的那么单一。前期调查问卷掌握学生学习中存在的问题，我在后期的实践中就会有的放矢地开展研究；如果平时加强理论学习和文献资料的整理收集，就能将理论与实践相结合，帮助我取得更大进步。平时总说孩子们的观察力不足、想象力不够，其实每一次学校开展的二十四节气活动，都为我们提供了最好的学习素材。我与孩子们一起观察、一起发现，从孩子们的世界里，我也收获了很多书本上学不来的教学经验。正所谓"教学相长"，大概就是这个道理吧！

——"相约二十四节气"项目学习

【篇数3】

关于"纸"的项目学习心得

万玲

中国是世界四大文明古国之一，有着博大精深的传统文化，在我们的生活中也处处都能感受到中华传统文化影响力。我们学校就开展了关于"纸"的项目学习活动，旨在了解"纸"这一中华传统文化载体的丰富内涵。确定项目学习主题后，每个年级也相应确定了年级组的研究主题，我所在的四年级组的研究主题是："纸载千秋"——关于纸与中华传统民俗文化的研究。关于"纸"的项目学习的开展，不仅培养了学生收集和处理信息的能力，协作学习的能力，以及自主探究的精神和团队协作的精神；而且帮助学生了解了纸与中华传统民俗文化的关系，激发了学生对祖国博大精深的传统文化以及对祖国的热爱之情。现在虽然各项研究都已落下了帷幕，但每当翻阅孩子们的项目学习汇报，我依然回味其间。

关于"纸"，我们有精美的民间工艺，如剪纸、折纸……关于"纸"，我们有精湛的民间艺术，如国画、纸雕……关于"纸"，我们有独特的风俗习惯，如春节贴春联、画年画……为了更好地开展项目学习，我们制订了指导性强、可操作性强的项目计划书，并按时间节点有序开展项目学习和实践活动，在活动中带着孩子们走进传统纸文化的世界，感受传统纸文化的迷人魅力！

我们年级组的老师在确定研究主题后通力合作。通过网络、报纸、杂志、书籍、电视等途径收集关于纸与中华传统民俗文化相关的资料，在项目学习活动中指导学生如何收集与中华传统纸文化相关的资料，有序整理。在深入探究的基础上，增强学生对纸与中华传统民俗文化的关系的了解。在此基础上指导学生撰写项目活动研究报告；通过分享会的形式，交流学习中的收获，引导孩子在生活中做一个有心人，用善于发现的眼睛，去探索生活中潜藏的纸与中华传统民俗文化的相关知识，增强民族文化自豪感，增加对祖国的热爱之情。

孩子们一开始对纸文化的认识较为浅薄，认为纸不过是用来书写和记录的工具。通过参加"纸"的项目学习活动，在老师的指导下收集、整理资料，并在老师的带领下亲身参与剪纸、写书法、画脸谱、画扇面画、折纸、做纸风筝等活动，从而加深了对纸与中华传统民俗文化的关系的理解，感受到中华传统纸文化的博大精深和丰富内涵。

习近平总书记讲话中强调，文化是一个国家、一个民族的灵魂，文化自信是一个国家、一个民族发展中更基本、更深沉、更持久的力量。我校开展的关于"纸"的项目学习活动，不仅让孩子们加深了对纸与中华传统民俗文化的关系的了解；而且让孩子们从小拥有坚定的文化自信，提升幸福感和获得感；更增强孩子们对中国五千年历史、五千年文化和民俗文化的认识，是对中华五千年文化的传承与发扬。

——"纸的研究"项目学习

【篇数 4】

"确定起跑线"教学反思

黄志峰

"确定起跑线"是人教版六年级数学上册教学内容。这是一节数学综合实践课，是在学生掌握了圆的概念和周长等知识的基础上设计的。通过这个活动，一方面让学生了解了椭圆式田径场跑道结构，学会确定跑道起跑线的方法；另一方面让学生切实体会到了数学在体育等领域的广泛应用。

由于每一学期我校都举行运动会，所以孩子们都知道有的比赛起跑线不一样，但并不知道是什么原因。结合实际情况，让学生理解"为什么起跑线位置会不同"这个问题，因此，让学生推导确定起跑线位置的过程及其实践运用是本节课的重点，而理解起跑线的位置与什么有关则是教学的难点。

像"确定起跑线"这样数学综合实践课，过去我们的课堂教学由于受时间、空间的制约，实践操作很难有效地开展，数学实践往往是纸上谈兵。我们这次的项目学习，就给学生提供了充分的实践活动的时间和空间，让学生通过情境观察，发现并提出问题，尝试提出解决问题的基本策略；还让学生自己在田径场上通过测量采集解决问题的数据，给学生开辟广阔的天地。提供自我学习、自我表现、自我发展的机会。因此，在课时安排上，本案例把原本一课时的内容扩展到了四个课时，给予学生充分的时间去经历发现问题、提出问题、分析问题、解决问题，回顾反思的过程。

——"确定起跑线"项目学习

【篇数5】
"位置与方向"项目学习感受
翟秀静

通过全校师生的共同努力，位置与方向的项目学习活动圆满结束了。这次活动给我留下了很多难忘的记忆。在校内的实践活动，学生们掌握了活动的基本步骤、理解了活动的规则，为后期的校外活动做好了准备。在前期的校内实践活动中，学生中也暴露出很多问题，如小组不知道如何合作、在计算步数时出现问题、找不到方向等，通过老师的帮助和同学们之间的反思与小结，学生们慢慢理解实践活动的关键在于运用数学知识、进行小组合作，明白众人拾柴火焰高的道理。

在前期活动的基础上，开展了位置与方向项目学习活动的第三阶段，学生们走出校园，学习在实际生活中运用数学知识。在活动中学生们分成小组，按线路图在校外附近寻找目的地，并绘制出路线图。每个年级有不同的目的地，每隔三分钟出发一组，沿途关键点均有老师值守确保孩子们的安全，每组一两名家长志愿者跟随。学生们使用指南针配合数步子的方式，按路线图找到目的地，到达目的地盖章后返回。学生们在活动中相互配合，积极运用数学知识，认真参与活动，有了校内活动的奠基，这次活动的进行比校内实践活动顺利了很多，所有小组都在规定时间内完成了任务，任务单上绘制出的地图展示出了他们实践活动学习的成果。

数学实践活动进入第四阶段，利用春游的契机，学生们走出校门到磨山公园中真正地去辨别方向。目的在于让学生在实践活动中加深对方向的认识、指南针使用的熟练度。有了二、三阶段活动的基础，学生们熟练地测量自己的步长、计算步数，但身处陌生的公园，在活动刚开始，不少学生出现指南针辨别错误，南北方向弄错的情况，在数学老师们的耐心指导下学生们慢慢渐入佳境，一个点、两个点……实践任务在小组同学们的配合下快速完成。比起之前的两次实践活动，磨山实践活动难度更大，离开熟悉的环境，没有了参照物，东南西北不再那么"显而易见"。学生需要真正学会去使用指南针辨别方向，陌生的环境、较复杂的地图，都要求学生静下心来分析问题，寻找目标点。在互动结束后不少学生感叹，比起前两次活动这次活动太"坑"了，一开始方向就辨别错误，浪费了不少时间，以后在辨别地图时一定要分清楚方向再开始行动。可见通过实践活动，孩子们不断在成长，学会了小组合作，更学会了反思小结，在失败中收获经验。

最后一阶段的小组分享，是孩子们既感兴趣又害怕的环节，大家渴望展示自己的想法，但又不知道如何去展示，老师给每个小组提了几点建议：①选择合适的形式进行展示，幻灯片、小报、实践报告都可以；②展示的内容包括实践过程、实践中的感受、对整个实践活动的小结与反思；③小组的每位同学都要尽量参与进来，珍惜每一次展示的机会。在老师的建议下每一个小组都认真准备了自己的展示内容，从各个方面分享了自己在实践活动中的收获、反思，个别同学还总结了自己在实践活动中做得不好而需要改进的地方；最后教师总结小组展示的情况，肯定了每个小组的精心准备，同时反馈了小组展示中存在的问题，大多数小组都是照着自己准备好的材料在念，真正的展示是要把自己想说的东西用自己的话说出来，个别同学过于胆怯，说话声音过小或不愿意分享。相信在一次次的训练下，孩子们的胆量、表达能力都在逐步提高，下一次会带来更加精彩的展示。

回顾整个学习活动的过程，数学组的老师们加班加点准备实践活动的地图、用具、制订活动方案，设计好每一个细节。在活动中，为孩子们营造良好的学习环境，让孩子们在实践中学有所得。学生们在成长，老师也在成长。我作为一名新老师，在实践活动中一直在担心孩子们会出现这样或那样的问题，但孩子们不断给我惊喜，一次次认真地合作、探究、总结分享，看着孩子们在活动过程中不断地成长，我发自内心地开心，所有的付出都是值得的。

——"位置与方向"项目学习

【篇数6】

"节约用水"教学反思

陈琨

　　水是人类生存和发展的基础。水资源可持续利用是社会可持续发展的重要保障，随着城市化和工业化的快速推进，水环境形势日益严峻，资源性、工程性和水质性缺水尤为严重，用水矛盾将更加凸显。节约用水、合理利用好水资源，是关系到千秋万代的大事，对于促进经济社会方式转变，实现可持续发展战略具有十分重要的意义。我们的学生作为未来的主人，从小培养他们节约用水的意识和习惯，更有益于环境的保护和社会的可持续发展。

　　学校把培养学生具有现代化思想的人放在教育教学的突出位置，始终坚持科学发展观统领学校教育教学科研工作。通过"节约用水"这样的项目学习，让孩子们在活动过程中体验自主、交流、合作，获得自信、成功与快乐。让学生真正成为课堂的主人，为学生终身学习奠定基础。

　　项目学习是将对学生进行的教育，融入课程。"节约用水"项目学习是结合学生学过的量的计量、统计等知识设计的数学主题项目学习。教师首先组织学生学习水资源的相关信息，了解水资源现状，再通过活动中发现和收集浪费水的情况进行量化分析与计算，让学生根据班级浪费水情况算一算全国的家庭一年大约要浪费多少吨水。通过学习同学们了解到：虽然我们生活的地球71%被水覆盖，但其中大部分是咸水，无法直接饮用，我们真正能够利用的淡水并不多，仅占全球总水量的0.796%，水资源并不是取之不尽、用之不竭的，所以我们要节约用水。

　　该项目学习促使学生综合运用所学的数学知识、技能和方法，科学地认识日常生活中水资源浪费的问题，意识到不论是从保护环境的大方面，还是从我们生活的小细节来看，节约用水都势在必行。再让学生通过网络等途径收集节约用水的方法、在实际生活中积累节约用水的经验，加强节水知识的渗透，时刻提醒学生节约用水的重要性，了解保护水资源的相关知识和节水措施，加强环保意识。有孩子说：节约用水并不是嘴上说说的那么简单，我们应从实际出发，从身边的小事做起，洗脸水浇花，刷牙、洗手的时候及时关上水龙头，任何时候用水后关紧水龙头……还有孩子说：除了自己做好这些，我们还要倡议家长也要注意节约用水，让身边的每一个人都养成节约用水的好习惯。

——"节约用水"项目学习

【篇数 7】

"节约用电"项目学习感受

杨宏伟

节约用电项目学习在我校如火如荼地开展。每个年级的目标和任务都是根据学生的不同年龄特征和统计知识掌握情况而制定，我们六年级年级组是让学生经历有目的、有步骤、有合作的实践活动，感受节约用电的实际意义，通过折线统计图分析数据能力，合作讨论节约用电方案。

项目活动开展的初始，为让学生能从数据上感受节约用电的重要性，我先从提问开始"电在我们的生活中有哪些运用？""你知道电是怎么来的吗？"关于这样的问题同学们纷纷举手回答、补充，从中也看出孩子们的生活经验和观察能力都是不错的，对生活中的电的便利用途也是感受很深。随后我又提问"你知道一度电能干什么吗？""一度电怎么来的？"，这两个问题提出后，孩子们窃窃私语，也有个别同学举手发言，回答不尽如人意。随后我通过详细的数据，"一度电可以使 25 瓦的灯泡亮 40 小时；一度电可以使家用冰箱运转 15 个小时；让一部智能手机充电 100 多次；以及一度电需要消耗 0.4 千克标准煤、4 升净水；同时排放 0.272 千克碳粉尘、0.997 千克二氧化碳、0.03 千克二氧化硫、0.015 千克氮氧化物"等事例让学生体会节约每一度电的重要性。节约用电不再是空洞的口号，他们从中感受到节约用电的紧迫性。随后孩子们从了解电的相关知识和解决"每月自家电费是多少？""武汉市电费是如何收费的？""如何有效地节约用电？"等问题出发，小组开始制订计划、分工调查。项目学习从精心设计孩子们感兴趣的问题出发，提高他们的兴趣和探究的主动性，对后续的实践活动有良好的推进作用。

学生们为了能够了解更多电的知识，从互联网、书籍、杂志等查找资料，寻求家长帮忙获取家庭每月电费信息，运用六年级刚掌握的折线统计图的知识来统计和分析数据。他们在这次调查中，从现实生活获取了知识和经验，开阔了眼界，加深了认识，扩充了学习的基础。特别是在之后的小组交流时，每位同学积极参与，汇报自己家庭的用电情况，根据图表进行横向对比，探讨用电多的原因，找出规律。同学之间也互相对比，继续深层次探讨合适的节约用电的方案。孩子们在整个讨论过程中，通过合作交流、探究的方法思考解决问题，而我们教师在过程中仅仅是指引和协调他们。

最后每个组整合本组的数据、资料、图片、表格进行全班汇报，有的组突出收集信息、分析信息、处理信息的能力，有的组突出多媒体网络应用的能力，有的组突出创新的节约用电方案，有的组突出他们碰到困难后的解决历程，让大家不禁鼓掌赞叹。孩子们在这次项目学习中不仅亲身去调查、收集和处理数据，而且把所学知识与生活实际相结合，学会用数学的眼光和角度看待问题，同时提升了数学统计总结能力、组织能力和语言表达能力，认识到能源的重要性，养成了节约用电的意识。

——"节约用电"项目学习

【篇数 8】

"Colours"项目学习实施效果

陈丽媛

我作为这次项目学习的策划者和组织者，在整个实施过程中，见证了孩子们语言能力及综合素养的提升，很有成就感。结合英语课程内容和孩子们的喜好选择了 Colours 这个主题，让英语学习和孩子们的生活紧密联系。他们通过上网查找与颜色文化相关的资料，提高了收集整理信息的能力；通过了解各种颜色在东西方国家的不同含义，增进了跨文化意识；通过和小组成员用英语谈论喜欢的颜色和所拥有的该颜色物品，发展了合作与交流能力；通过动手绘制国旗、开口描述国旗，锻炼了语言表达能力，提升了学生学习英语的自信心。

——"Colours"项目学习

【篇数 9】

"Festivals"项目学习效果

周雪婷

项目式学习是一种以学生为主体的学习模式，学生们要根据真实生活中的事件，以团队合作为主要形式，在一段时间内大家合作去共同解决一个相对复杂的问题或者去完成一项综合性的学习任务。在此学习过程中，学生全程亲自参与、亲身体验并且深刻理解项目意义，最终的学习效果应该是自身的核心素养得到全面发展。项目学习是当前传统学习方式的一种重要的补充，高质量的项目能够反映核心学习内容和外部世界的关联。项目学习的目的是培养创新型、复合型、实用型的人才。学生以团队合作的方式，完整地经历提出问题、规划方案、修订方案、解决问题、形成成果、成果展示以及评价与反思阶段。在此过程中学生解决问题的能力、思考能力、创新能力、学科知识和技能都会得到相应的发展。

当然，这次项目学习也让老师有了变化，老师从知识的讲授者变成了学习的合作者。本次的项目学习，我也学会了放手。我把学习的主动权还给了学生，我在确定学习主题和发布任务后，把其他步骤都交给了学生，如果学生在项目进行过程中遇到了问题，我会给予指导。这也正是项目式教学的要求，必须放手让学生真正参与进来，建立自主、探索、发现、研究以及合作学习的机制。本次项目学习让孩子们的视野和知识面都得到了很好的拓展，同时他们的合作能力、动手能力、创新能力、解决问题的能力等都得到了提高，而这些能力都不是通过老师的教授获得的，而是自己在实践过程中习得的，这样的体验式的学习会使得学生的知识记忆得更加牢固，对知识的理解也更深刻。最后我想说的是，教师的成长和学生的进步离不开学校课程改革，学校敢于打破传统教学模式的束缚，给了老师更大的空间和支持去尝试新的教学模式，我们的学生才能有机会享受到改革的成果并且成为最终的受益人。本次项目学习，教师和学生都收获满满，我期待和学生在下一次的项目学习中，有更大的收获和惊喜。

——"Festivals"项目学习

【篇数10】
实施"气温与环境"项目学习的点滴感受
申方虔

当前，全球气候正在不断地变暖，地球的地貌正在发生明显变化，生态环境也发生了非常大的改变。在日常的生活中，我们也感觉到了全球气候变暖带来的影响，热的天气越来越长，温差变化也越来越快。为了让学生认识到气候变化的严重性，了解气温与环境之间的关系，我校开展了气温与环境项目学习。我执教的四年级的项目任务是查找武汉2019年的气温变化，记录2019年每周相同一天的天气类型、最高温和最低温，制作折线图，分析气温变化趋势，四个班分工不同，每个班记录3个月的气温变化并做出分析。

在本学期的科学课中，四年级的学生用一个单元板块学习了跟天气相关的知识，比如温度的认识和气温的测量、风向和风速的认识、降水量的测量和云的观测等内容。本次项目学习的实施就是基于对于课本学习内容的实践。

在项目学习的过程中，首先得到锻炼的是学生的信息查找能力。在信息课上他们也接触到了使用浏览器查找相关资料，但是2019年要具体查找某一天的数据对于他们来说是有难度的。我在课上也对他们进行了考查，查找某一天的天气数据，不同的小组查找的网站也不一样。最后在学生的交流分享中，同学们找出了最方便的一个网站，使得数据的查找变得不那么费劲。

本次项目学习对于四年级的同学来说，最大的难点是折线图的制作。在此之前他们只学习过条形统计图，折线图只是平时看到过，但没有具体学习过。但是，同学们对于绘制折线统计图展现出了浓厚的学习兴趣，掌握得非常快，图画得也比较规范、准确。

在分析气温变化趋势的环节中，同学们能够通过自己的统计图，归纳出各个季节变化时温度变化的趋势，从四个班最后的数据也能够看出武汉是一个夏季和冬季都比较长的城市，气温升高的春季和气温下降的秋季相对来说都比较短。在这个过程中，学生对于武汉的气温有了一个更加深刻的认识。同时，学生的数据归纳整理能力也得到了提高。

通过这次的项目学习，学生不仅提升了信息素养，还通过记录天气，意识到长期的记录与观察能够帮助我们了解到更多的天气信息，提升了科学素养。并且在折线图的制作中，数学能力也得到了提高。

——"气温与环境"项目学习

【篇数 11】
"航模—纸飞机"项目学习实施效果

陈凯

作为一名三道街小学科技教师，我见证了三道街小学航模教育从无到有，从单一到多元，从社团到课程再到航模项目学习，从校内走向全国的巨变。2014 年，我来到三道街小学的第一年，学校组建了航模社团，学校邀请了科技站科技辅导员每周日对本校航模社团学生进行免费培训，我作为科技老师随同指导。对于航模一无所知的我，与其说是指导不如说是随同学习，为了不让学生请教我时失望，我在学习时认真听取科技辅导员讲解，业余时间向科技辅导员请教，钻研航模相关知识。当时三道街小学航模社团的开展是从模拟飞行开始的，我们在机房进行模拟飞行，三个月后学生的理论知识和飞行操作基本熟悉，我们开始了实机飞行，鉴于小学学情和学校空域，当时购买的是伟力 F949 这一款小型固定翼飞机，当学生操控着自己的飞机在学校操场飞起来后，学生和家长都兴奋地大喊："飞起来了，飞起来了……"产生了一种激动和喜悦的心情。其间，科技辅导员演示了遥控纸飞机和无人机，我和学生都惊呆了，航模原来还可以这样玩，感觉这些东西离我们很遥远。2015年，学校装修了多间智慧教室，科学室也加装了多台一体机和台式电脑，采购了多架最新款大疆无人机精灵4和精灵5。原以为很遥远的事情在学校的支持下，转眼就变成了现实。慢慢地，一个、二个……学校里越来越多的学生会熟练地操控无人机在学校操场上空盘旋。无人机熟悉之后，学校航模社团对水火箭、伞降火箭、轻骑士、伞降简易直升机等常见航空模型进行学习与深入研究。也是这一年，学校航模社团的学生开始代表学校参加区市航模比赛，我清晰地记得第一次十几个学生代表学校去参加武汉市航模比赛全军覆没的场景，作为教练的我羞愧不已。2016年，学校进行了课程改革，对科学、信息、科技进行了整合，形成了科学与技术这一门课。我也从科学老师变成了科技老师，整合后的课程中加入了航模元素，航模教育不再是小部分航模社团学生的专利，全校学生都可以学习航模了。与此同时，学校也加大了航模的投入，采购了模拟器、无人机等设备供学生免费使用。今年，学校的学生在市航模比赛中获得一等奖的好成绩。同年，王梦郢等学生又在省航模比赛获得了省第一、三、五名的成绩。至今，随着学校的课程改革，航模课程在不断优化改进，航模项目学习也在全校铺开，从整班模拟飞行到整班编程无人机飞行……学校学生整体的航模素养得到了很大提升。学校也形成了以整班授课为主，课后社团为辅的航模教育体系。航模器材由学校采购免费提供给学生使用，航模课程和课余航模社团培训不收取学生任何费用，让学生都可以学习航模。学生也从地区航模比赛走向了全国。2018 年 8 月，陈博阳等学生获得了第二十届"飞向北京—飞向太空"全国航空航天模型教育竞赛全国总决赛一、二、三等奖；2018 年 12 月，李国承等学生获得了首届 VR 飞行挑战赛全国总决赛团体第三名的成绩。这也是该项比赛湖北省最好的成绩；2019 年 8 月，朱翊君更是获得了第二十一届"飞向北京—飞向太空"全国青少年航空航天模型教育竞赛全国总决赛湖北省唯一的一块金牌。学校在课程改革中加入的航模元素，培养了学生的综合素养，同时也让学生们在全国各种大型活动上应对自如，屡获佳绩。

　　2018 年 8 月，我校六年级一班陈博阳获得了第二十届"飞向北京—飞向太空"全国航空航天模型教育竞赛全国总决赛金牌，对于学校开展的航模项目学习，陈博阳的妈妈在六年级毕业典礼发言时说了下面这段话："感谢我们的三道街小学给孩子们提供了这么好的学习环境。无论是硬件设施还是软件教育都是非常不错的。让孩子们在这里茁壮成长，快乐学习。让我们的孩子不仅掌握了书本知识，更重要的是学会了为人处世，学会了生活，从入校时一个懵懂的孩子成长为一个性格阳光、兴趣广泛，有理想、有担当的好学生。自从学校的尹校长和校领导们推出课程改革后，我觉得学校更重视素质教育和孩子们能力的培养。不得不给我们学校推出课改的尹校长和校领导们一个大大的赞。他们真的很有智慧和远见。因为我们国家未来需要的不是只会读书的人才，需要的是有科技创新能力的全方位的人才。就拿学校的机器人编程课和航模课来说，学校投入了大量的资金和教师资源给孩子们免费上课。其他好多学校是没有这个课的。所以我非常珍惜这样的机会。我家陈博阳就报了学校这个航模项目学习。因为我觉得机器人和航模教育是一项高水平的综合科技培训项目，是代表人类智慧的高科技。学习机器人和航模对于培养孩子们的想象力，创造力、专注力、执行力、动手能力是非常有帮助的。而且如果有一些比赛也可以带孩子去参加，让孩子开阔眼界和增长见识。从而激发孩子对科学的热爱，对学习有动力。我家就是去年去海南参加全国航模比赛获得金牌后，回来就特别喜欢看关于航天方面的书。每次去省图书馆看书就是要看关于宇宙、太空、智能科技这方面的书籍。所以我还蛮感谢学校给孩子们提供这样一个机会的。然后也非常感谢陈凯老师总是利用自己放学和休假时间，指导孩子们免费训练。虽然孩子现在学习成绩不那么优秀，但总还是要鼓励孩子，让他有梦想，有追求。"

——"航模—纸飞机"项目学习

【篇数 12】

在体验中成长

陈燕

在信息社会里，传统教学方法是对老师和学生发展的最大的制约之一，而采用项目教学既能让学生真正地学到知识和技能，又能开拓学生的视野，锻炼学生的操作能力、交际能力、协作能力等，以适应社会的发展需求。这次带领孩子们开展"我的情绪我做主"项目学习活动，也让我对这一新的学习方式有了切身的体会和感受。在活动的过程中，和孩子们一起学习、一起收获。

一、项目学习，让学生有"话"可说

此次项目学习，我带领孩子们从观察生活入手，引导学生们去发现自己及身边人的情绪问题：你知道人有哪些情绪？你看到身边的同学、家人、朋友都表现出什么样的情绪？通常你会用什么方法表达你的情绪？你怎么判断别人的情绪……简单的问题让学生有话可说，也有话想说，同时对于自己暂时没弄明白的问题，勾起了探究的欲望。只要孩子们想去探究，每个孩子都能找到自己的答案。这种项目的学习，能让学生时刻体验自身的发展，探究的快乐，体会成功的喜悦。

二、项目学习，让学生有"事"可做

俗话说实践出真知。心理健康教育是集知识、体验于一体的课程，要注重学习的过程，强调实践性，主张学生在真实的环境中体验和理解，并在此基础上学习和运用相关知识。

在学生已经有了前期的知识储备的前提下，有效的活动设计和开展，能够进一步激发学生潜能，学生以小组为单位，分工合作，明确各自职责，通过给学生布置的活动项目，让学生真正地有"事"想做，也有"事"可做。

三、项目学习，让学生有"法"可依

"授人以鱼不如授人以渔"，基于项目的真实性学习，不仅仅是提供一个项目来学习、研究，而是要通过对这个项目的学习、研究引导学生形成高效的学习策略和方法，为终身学习打下坚实的基础。比如在项目学习中，我们先布置任务，观察自己及他人的情绪表现，引导学生对自己的发现进行归类和整理；最后采用自己喜欢的或自己擅长的形式，将自己对项目的理解展示出来。这种由简到繁、化繁为简的学习过程让学生明白"自己在做什么，怎么做，为什么要这么做"，最终帮助学生形成自己的一种学习能力，以及掌握学习的方法。

我们的课堂，是学生成长的空间。在项目学习活动中，我们要以学生为主体，教师为主导，活动为主线。创设有意义的活动环境，提供有价值的活动，给学生足够的时间和空间，让学生从不同的角度去感悟、去体验、去获得成功，最大限度地发挥聪明才智，彰显个性。我想，这样在"做"中"学"到的知识才是有价值的知识，才是终生难忘的知识，这样的教学才是有效的。项目学习，我们还在尝试。但任何事情不要害怕尝试，只有试了才会有经验，才会有收获。每个人都走在成长的道路上，每件事都在不断地完善，只要用心去做、多思考多学习，我想一切都会在改变。并且会变得越来越好。

——"我的情绪我做主"项目学习

【篇数 13】

同心山成玉 协力土变金

熊千枝

我们学校是足球传统学校。足球教练喻威老师和一群足球小子是校园一道亮丽的风景线；学校有两支足球队，分别代表低年级组和高年级组，两个队多次参加各项足球赛事，均获得较好成绩。

将足球引入校园，走进课堂，开展学校课程，我们学校是如何实现的呢？让我们一起回顾我校的"世界杯项目课题"开展的过程。

一、集体研讨

学校围绕世界杯的运动项目、赛事、规则、发展等开展了一系列的学科世界杯课题研究，我们体育组教师在学校的统筹安排下，成立了体育世界杯课题组。

没有教材，我们就自定；没有各个年级的教学标准，我们就自己研究；没有具体的教学内容，我们就深入学生了解学生对足球的认知水平……一个个难题，我们从集体研讨开始。

二、确定学校体育世界杯项目学习的目标和任务

项目组的老师们多次研究讨论，分工查阅相关的书籍、收集

资料，然后再次集体研讨，共同确定我校体育世界杯项目课题的目标和任务：通过对世界杯的了解，来认识足球这个项目，激发学生对足球的兴趣，并根据不同年龄学生的认知水平，培养相应的足球知识和动作技能，使他们弄懂相关的足球专业术语，做到准确描述动作方法。通过学习和练习，学生掌握一定的足球技能，具备了踩球、拉球、传球、带球、射门的球技，努力提高学生灵敏度、速度和协调性等综合素质，达到锻炼身体的目的，让每一个学生享受均等的教育机会，并逐步在学校形成人人都会踢足球的局面，展示我校学生热爱祖国、朝气蓬勃、积极向上的精神风貌，体现学生阳光、快乐、和谐的校园文化特点，从而全面提高体育教育教学质量。

三、确定各年级教学内容

我校足球教练喻威老师有着深厚而扎实的足球专业基本功，为了确定各年级的教学内容，他深入到每个年级每个班，带着问题从学生认知水平出发，在体育课堂上开始摸底测查，了解学生对足球的预期水平，然后再通过集体教研，共同商讨，确定各年级的教学内容。

四、根据各年级教学内容开展"传、帮、带"分工实践

每个老师根据上面的分工年级和内容开始教学实践。

传：为了让每一位体育老师都能熟练掌握足球知识和足球的各种运动技能，喻威老师利用下班时间，给组内老师进行培训，带着老师们在操场上与孩子们互动，一起成长。

帮：课堂上，男生帮助女生，因为男生天生对足球情有独钟，由于性别差异，因此男生学起来更专注，也更快；会的帮助不会的同学，分组合作。由于孩子们学习能力有差异，让会做的孩子帮助不会的孩子，互相学习，更利于教学。

带：学校有备战的足球队，喻老师将他们分成六个小组，分别下派到各个年级，有针对性地进行帮扶。孩子教孩子，孩子们一起成长乐趣无穷。

五、同心山成玉 协力土变金

项目组成员根据各自的分工内容在教学中探索、实践，让孩子们对足球有了极大的兴趣，对体育运动也产生了浓厚的热情和学习欲望。在学校世界杯项目展示活动中，孩子们的表演让全校师生刮目相看。一年级的小朋友从一开始只会用手拿球，到会灵活地用脚控制住球，并且能在音乐的节奏下左右脚交换拉球；二年级各种姿势的停球、踩球表演，博得了阵阵掌声；三年级的拨球让我们看到了孩子们脚下功夫的神奇，他们灵活地将球拨来拨去，还可以绕开障碍物，真的是了不起；四年级的运球表演真厉害，或走或跑带球如飞，灵活自如；五年级的传球由近到远，直线出球，遇球即停的停球技术让人叹服；六年级的射门和守门员的精彩扑球更是吸引大家的眼球。此次活动再次体现了我校体育组教师"同心山成玉，协力土变金"的合作精神，更展示了孩子们的体育精神和对运动的热情。我们将继续拧成一股绳，将足球项目学习进行到底。

——"多彩世界杯"项目学习

【篇数14】

"百花园"项目学习感受

谢婉钰

百花园的项目学习在我校如火如荼地开展着，我们年级组按项目学习计划种植含羞草，并观察种子的生长过程以及温度和湿度对含羞草闭合的影响。

科学老师讲解了具体的种植方法和要求。放学后，孩子们特意去店里买了种子，还准备了花盆和泥土，我感到很欣慰。看来同学们对种植含羞草都很感兴趣。播种含羞草后，我教孩子们用自然笔记来记录每天观察的内容，大家从一开始的歪歪扭扭作画，到慢慢能够将植物详细的茎叶画出来，观察时遇到疑惑的地方会主动也能够查找资料或者询问老师，真是令人高兴。

自然界里的一草一木、一鸟一虫，在孩子的眼里都是那么的生动、有趣，充满了秘密，吸引了儿童的好奇心。好奇心是孩子的天性，也是十分可贵的心理素质。因为好奇，孩子才会有探索周围事物的兴趣，并在探索过程中丰富和积累经验，从而获得发展。瑞士心理学家皮亚杰在他的教育理论中说道："知识——就其起点而言，既不是来自客体，又不是来自主体，而是来自它们的相互作用——最初主体与客体是纠缠在一起的。"是的，儿童正是在与自然的亲密接触中获取了丰富的知识，得到了更好的发展。多姿多彩的大自然是一个活生生的课堂，何不让孩子在与自然的亲密接触中感受自然界的奥妙呢？所以，这次的项目学习，我也重点引导孩子们观察事物并学会记录。在观察事物或做一件事前，只有给学生提出明确而具体的任务，才能使他们注意力集中到所要做的事上，他们才能深入细致地观察去做。不同的实验有不同的目的，在实验之前，我会明确告诉学生将要做的实验是从不同的时间、湿度、温度来观察含羞草的闭合情况，这个实验是为了观察温度、空气对含羞草闭合的影响，还需要注意外在因素对含羞草闭合的影响，等等。除了学会观察还要培养学生的持续、细致的观察记录能力。例如：在记录含羞草受什么因素影响闭合时，我会让学生持续观察并从不同的时间和温度来做实验，通过记录温度、湿度，用秒表记录时间，让学生从这一系列的数据里找出一些规律，从潜移默化中塑造学生的科学精神。

通过这次的项目学习，学生的动手操作能力得到了提高，并有效地激发学生的实验兴趣，提高了学生动手操作的能力、全面细致的观察能力和实验能力。

——"百花园"项目学习

【篇数 15】
"蚕的一生"项目学习的点滴感受

余蓓

随着社会的进步和未来对人才的需要，我们对学生的培养目标也在不断改变。学校以学习素养、人文素养、思维素养和科学素养为我校学生核心素养培养目标，在这个培养目标基础上开展了课程改革，在科学课中培养学生的科学素养是科学课的重要教学目标。而项目学习是培养学生科学素养的有效途径。蚕是不起眼的小动物，每个孩子都可以饲养蚕。养蚕不是简单地给它吃吃桑叶，而是通过养蚕这个活动来培养学生科学探究的思想，动手实践的能力，团结协作的精神。

本次项目学习的主题是：蚕的一生。通过观察、探究等活动了解蚕的一生的变化。重点针对的问题是：温度对蚕卵孵化的影响。提出探究问题后，学生分组并在组长的带领下进行探究、观察和测试，完成观察日记；以科学小论文形成研究结果，讨论汇报方式。这样的学习方式无疑对学生产生了巨大的吸引力，他们不再靠课堂上老师的简单灌输而得出结论。他们通过自己的观察，写出了图文并茂的观察笔记，充满童心、彰显童趣。他们写出的科学小论文有理论依据、有科学道理，不是信手拈来，而是通过自己的探究、集体的讨论碰撞得出结论，从学生的脸上洋溢出来那种得到结论的开心。项目学习的整个过程中，还有一个重要的环节就是最后的成果展示，学生通过各种方式如舞蹈、幻灯片演示、集体展示，通过合作学习展示集体研究的成果，完全颠覆了传统的课堂，让学生的课堂和生活紧密联系起来，联结真实世界的事件，让学生学习更加主动。而且通过这次项目学习，让学科之间联系起来，美术、语文、音乐学科参与其中，共同完成学习过程，让学生感受到每个学科都很重要，每个学科都要学好。项目学习对学生的观察、思维、合作、分享等能力也有很高的要求，真正提升了学生应对未来的能力。

——"蚕的一生"项目学习

【篇数 16】
借助机器人编程 开发学生多元智能

胡峰

目前，在欧美国家，青少年机器人教育普及程度很高，参与范围也十分广泛。国际上最早的机器人竞赛发生在 1988 年日本广播协会举办的首届机器人大赛。许多发达国家的中小学教育中，都把机器人教育选为信息技术课程的一个板块。我国机器人教育也在迎头赶上，一些省市已试行将机器人教育作为选修课进入课堂。机器人教育逐渐走进中小学，不断推进中小学的素质教育，培养了他们的信息素养，提高了他们的创新和实践能力，具有重要的现实意义和战略意义。

机器人课程以机器人作为程序设计教学的载体，承载着程序设计学习的任务。所以用于教学的机器人平台除了要具有适当的硬件功能外，还要有适宜小学教学的程序设计系统。Scratch 软件采用图形化编程语言，每一种功能使用一个图形表示，编程的过程实际上就是逻辑思维过程，学生只需要写出流程图，就可以完成编程，培养了孩子们的逻辑思维能力。

这节课教学目标明确，环节清晰，立意新颖，学生积极参与，动手实践，兴趣浓厚。学生都能按照老师的任务要求完成编程，有效地达成了最终的教学目标。具体来说，我觉得有以下几个亮点：

第一，老师在开课环节播放了现实生活中智能搬运车的视频，极大吸引了学生的眼球，让学生对现代科技发展有了直观的感受。强烈激发了孩子们学习机器人和设计程序的热情。

第二，老师善于引导学生进行思考和探究。每次在提出详细的任务要求后，让学生自己动手实践、小组合作互助来解决实际问题，从而提高他们编程设计的能力。

第三，老师在课堂中始终注重和学生沟通交流，并抛出一连串的引导性简易程序，让学生联系生活，用已有知识去分析问题，敢于创造性地提出方案并尝试，培养孩子们的创造能力。

纵观整节课活动的层层深入，逐步地开发学生的多元智能。在向同学介绍自己的程序设计过程中提高言语智能；在程序设计和编写过程中提高逻辑数学智能和空间智能；在动手实践过程中提高观察智能和肢体动觉智能；在协同合作中培养人际智能；在失败的教训中提升内省智能；等等。

机器人课程教育活动过程中可以让每一个孩子都能够充分发挥自己的能力特长，同时课堂上的各种学习方式也促使学生个性化发展，全面提升核心素养。

——"智能搬运车"项目学习

【篇数 17】

"人们是如何发现病毒的？"教学反思

叶胜

一、学习内容的变化

谁都不曾料到，新冠肺炎疫情来势汹汹，疫情之猛使我们来不及迎接新年，就转入了一场战疫。在"停课不停学"原则的指导下，全体教师积极行动起来，利用信息技术，开展网上教育教学活动，就这样，以一种前所未有的未来学习模式打开了 2020 年的新学期。疫情发生后，学校希望教师结合当下疫情开展相关知识的学习活动，让学生学习了解相关知识。

之所以把项目学习课题定义为"人们是如何发现病毒的？"，其目的有两个。第一，可以直接利用教育科学出版社六年级下册教材"放大镜与显微镜"这一个单元，为项目学习课程基本教材的知识学习内容，不对本课程的教学任务的完成造成影响。第二，可以通过结合当下疫情发生的一个大环境，抓住学生对病毒是如何被发现的好奇心，将所学的学科知识和当下面临的现实问题进行一次大胆的科学课程整合，相信能产生 1+1>2 的教学效果。

在项目学习活动开展的过程中，让学生们通过对放大镜结构及放大现象的实践观测探究，自主学习发现凸透镜成像原理，通过对显微镜的原理的探究活动了解其原理。通过对显微镜发明过程的探究学习，让学生知道，科学技术的发展可以让人类认知视野得到极大的拓展。通过此探究了解现代医学的发展史与显微镜的发明息息相关，以及人类战胜病毒和细菌的过程离不开科技不断进步的知识，进而深入了解病毒等微生物是如何被人类不断重新认识的过程。

在教材处理上，本项目学习适当对原有教材进行了大胆的改编。原教材对于放大镜、显微镜的知识学习篇幅较多，介绍比较详细，但作为本项目学习课程来说，学生对病毒知识的学习才是重点。所以在教学方法上，强化学生线上利用网课资源丰富的优势让学生自主学习相关知识，自主完成放大镜、显微镜等学科知识的在线学习。加大学生对病毒、病菌等知识的学习内容，通过丰富的学习资源学生能更深入地了解病毒、细菌、细胞等微生物的本质差异，从而更好地应对新冠病毒的流行。

二、教学方法的改变

学习一下子从线下搬到线上，你在屏幕的这一头，我在屏幕的那一头，物理空间的阻隔，成为师生间最大的交流障碍。无疑，网络学习是疫情之下最优的选择。实时互动、平台分享、及时反馈等功能，有着传统教学模式不可替代的优势。如何利用好这些直播平台的交互特性，最大可能地贴近现实教学，缩小师生交流上的距离感，充分挖掘直播后台数据生成功能，及时了解学生学习情况，分析教师教学效果，实时调整教学策略，才有可能提升网络直播教学效率，从而改善在线学习质量。

1.师生交互，面向全体，关注个性反馈

即时了解学生学习动态，实时改进教学策略，无论线上线下都是教学过程中的重要构成要素，所以直播教学过程中，利用好平台的交互功能显得十分重要。同时也是网络直播课与一般线下课程的最大区别。直播教学设计中，利用好平台所具备的网络社交互动功能，能极大契合当下学生的社交行为模式，从而提升教学反馈效率。所以直播课程中的互动网络社交特性就显得十分重要，它能让教学过程变得更加活泼开放，使教学反馈变得更加实时高效。所以我在教学过程中，一般都开放讨论区，利用师生交流，实时了解学生学情，改进教学进度，学生也乐于讨论，交流思想，从而达成师生之间的和谐统一。同时，教师也利用这种方式即时了解学生的学习不足，即时强化教学不足。网络直播课程的最大差异是图文语音聊天能实时反馈。它与我们的一般网络课程有着明显的差异。

利用直播课堂互动提高教学质量，不仅仅是活用一个讨论区的问题。从直播课堂一般交互模式上归纳，我们可以把窗口互动方式，当作学生实时反馈表达的一部分，但不是全部。它并不能完全当作教学质量的监测反馈功能来使用。当下直播平台都会给使用者建立更专业的系列互动工具，以便达成更高效的沟通，甚至要优于传统线下课堂教学模式。

2. 数据统计，分析教学，关注学生收获

现在我以武汉市教育云空中课堂平台的互动工具来举例，介绍我是如何进行教学质量监控设计的。首先，熟悉慕课学习的教师都知道，在慕课学习过程中，为了避免学习者不听讲，过程中开小差，会在视频播放过程中停顿下来，出一个填空或判断让学生回答是否正确，如果过关，就会继续往下播放教学。这样做教学目的性是很清楚的，提示学生认真听讲不开小差，避免看视频带来思维疲劳，同时还检测了学生学习状态。所以也如法炮制，在教学设计过程中有意识加入了这种互动环节，充分利用互动工具中的答题考试功能，根据课程教学知识重点，课前设计好系列相关评测题目，形成题库。直播上课时，教师就根据课堂学生讨论的反馈信息，随机推送相关题目，实时监测学生学习掌握情况。这样做的好处在于，既监测了学生学习掌握情况，又可以了解学生是否在设备前认真学习，教师根据教学进度，在上课互动环节及时推送题目，学生及时互动回答，后台数据库相应实时采集相关数据，课上答题情况被及时记录，教师可以课后及时进行数据分析，我们可以根据数据反馈情况快速了解全体学生出错较多的题目，这时教师就能了解教学环节中的疏漏之处，及时调整教学策略，改进教学方法。虽然我们不像线下可以直接看到并管理学生的学习情况，但通过合理利用信息技术手段，是可以解决网络直播过程中无法监控学生学习状态的一些痛点问题的。例如：网络课中，学生的在线学习情况，不能马上了解学生的在线反馈信息，但课后根据后台数据分析可以清晰地看到一部分学生的实时在线学习情况，利用数据筛选功能，将个别学生数据进行对比，从而了解学习时间是否完成学习任务，并把数据反馈给家长，及时进行家校配合，使学生课堂教学管理更加科学高效。部分学生一节课的线上停留时间，从数据反馈中是可以客观反映学生学习时长和学习效果的。就本课堂数据分析来说，整体反馈效果不太理想，但这并没有结束，仅仅只是一个未来模式的开始，它是一种大有可为的新的教学模式，我会继续深入探究，通过改进这种方式，更加有效了解学生在上课时的学习效率，并线上线下结合教学，更好地提升教学质量。

——"人们是如何发现病毒的？"项目学习

【篇数 18】

健康伴我行

汤燕敏

学校属于一个人流量较大且相对密集的公共场所。我校学生900多人，其中进城务工人员子女大概占60%。家庭环境的不同，导致学生个体卫生习惯和生活习惯也有所不同。同时小学生正处于长身体的阶段，身体的免疫系统还在逐步形成中，其抵抗疾病的能力相对较弱；小学生年龄小，特别是低年级的学生，当气温变化时不能及时增减衣物，这些因素都会引起疾病的产生。疾病不仅会威胁学生的身体健康，而且还会影响学生正常的学习和生活，特别是一些具有传染性质的疾病暴发时，严重的还会影响到整个学校的正常学习秩序。所以，让学生了解疾病知识，学会预防疾病，开展"疾病与防控"的项目学习是非常有必要的。

学校非常重视卫生工作，关注每一个孩子的健康成长。学校专门成立领导小组，针对校园易发生的常见疾病和传染性疾病召开了防控工作协调会，制定武昌区三道街小学疾病与防控各项制度。比如三道街小学公共卫生安全事故应急预案、食堂卫生安全管理工作、三道街小学晨午检制度等相关制度。同时召开教师培训会，让每位教师明确疾病的来源，如何预防，做到及时发现、及时上报。

学校还进一步完善了硬件设施。例如：配备了体温枪、"84 消毒液"、紫外线消毒灯等检测和消杀的物资，还定期请专业的消杀公司对学校进行全面的消杀。增添了洗手池，每个水龙头边都会放上一瓶洗手液、一包抽纸，并有温馨提示"七步洗手法"；购买新垃圾桶，对垃圾进行分类处理；设置留观室，对出现发热的学生进行隔离留观。

然而，学校做了一系列的疾病防控举措，作为学生却不知道这样做的意义，更缺乏主体防控意识，因此，针对小学生各年龄段的特点，我们开展了项目学习，力求从源头上防控疾病，同时促进孩子养成良好的卫生习惯和生活习惯，健康成长。

——"健康伴我行"项目学习

【篇数 19】

"我的健康食谱"项目学习感受

申方虔

本次"我的健康食谱"项目学习面向的是全体四年级的同学。四年级的同学开始进入了身体发育的第一个阶段，特别是女生，四年级开始身高和体重变化都比较快。这个阶段饮食非常关键。饮食跟他们的生长发育息息相关，他们现阶段的饮食是否能够符合平衡膳食的标准，能否满足生长发育的需求，如何改变一日三餐的现状。这些问题都是同学们需要知道的。四年级下册科学课本中有一个单元专门讲的是食物单元，结合这个单元的教学内容，我设计了这次项目学习的内容。

我在课堂上布置了收集一周的食谱之后，学生对于这个任务充满了期待和好奇，因为没有同学完整地记录过自己一段时间到底吃过哪些东西，说不定可以出乎自己的意料。同时，对学生来说也是一个挑战，连续一周的完整记录，记录内容非常多，提高了学生坚持记录的意识，培养了学生科学素养。因为科学家也是这样，长期的记录和统计实验数据才能得出科学的结论。经过一个星期的记录，同学们能够在特殊时期坚持记录，完成的情况也比想象中要好，我感到非常欣慰。

有了一个星期的记录，学生对后面认识六大营养成分和均衡膳食宝塔的学习也产生了浓厚的兴趣，上课时的互动也可以结合自己每天吃到的食物来谈论自己的观点。对于课本上的内容理解得也更为深刻，整个课堂的进程也更为顺畅。结合课堂上的知识，学生也能够对自己之前记录的食谱进行分析和改进，并且按照重新设计的食谱进行一个星期的饮食。通过网络课连麦的方式，向全年级的同学介绍了自己的食谱，讲述自己准备这些食材的小故事。总体来说，整个项目学习使同学们的积极性都非常高。通过项目学习，学生坚持不懈、战胜困难的精神得到了培养，孩子们收集资料、相互交流、资源分享的能力也得到了提高，从而促进了自身的全面发展。同时，同学们也认识到均衡膳食的重要性，知道正常的生长发育离不开健康的饮食。从而，改变自己不好的饮食习惯，从小树立健康生活的意识。

——"我的健康食谱"项目学习

【篇数 20】
"舌尖上的礼仪"项目学习感受

毛文皓

舌尖上的礼仪其实就是我们就餐时的餐饮礼仪。该项目学习在我们年级开展以来，同学们对中外礼仪的热情可谓是空前高涨，班级里掀起了一股研究东西方文化差异的热潮。

在查阅了相关资料后，同学们对东西方餐桌礼仪都有了一定的了解，大家实地走访了博物馆、西餐厅等地方，在实践和学习中展开学习和研究。

俗话说："民以食为天。"餐饮礼仪问题可谓源远流长。作为中方代表的中国的餐饮礼仪可以说从周代开始，饮食礼仪已形成一套相当完善的制度。在孔子的推崇下，餐饮礼仪成为历朝历代表现大国之貌、礼仪之邦、文明之所的重要方面；而在西方，所有跟吃饭有关的事，都会备受重视，因为它同时提供了两种最受赞赏的美学享受——美食与交谈。除了口感精良之外，用餐时酒、菜的搭配，优雅的用餐礼仪，调整和放松心态、享受这环境和美食、正确使用餐具、酒具都是进入美食的选修课。

餐具、食材、礼仪、餐桌氛围等都是此次研究的内容。在项目学习的开始，我并没有规定项目学习研究的范围，而是通过提示同学们自己探究可以研究的方向，研究成果也可谓是百花齐放，同学们分组合作，对东西方的文化、习俗、地理环境、气候环境等各方面做出了细致的研究，最终每个小组都确定了自己的重点研究方向。项目学习的雏形就这样在孩子们的自主探究中渐渐呈现，通过这次的项目学习我也了解到，孩子们的求知欲是非常旺盛。老师们作为项目学习的引导者，首先自己要对研究的内容具有透彻的了解，只有自己具备了专业的素养和丰富的知识储备，才能正确引导学生在研究和求知的道路上越走越远。

在确定完研究方向以后，对学生的任务引导就应该更明确和清晰。在指导学生进行研究学习时，我利用了几个表格帮助学生对所查找的资料和近期的收获进行一个梳理，也借助我校一直推行的思维导图进行比较和研究。这样一来，所研究的内容就清晰了。

通过这次项目学习，学生的团队协作能力得到了提高，对零散知识的梳理能力也得到了锻炼，与生活息息相关的餐饮方面的相关知识也有效地激发学生的实验兴趣，还提高了学生动手操作的能力和全面细致的观察能力，让每位同学都参与了一次有意义的项目学习。

——"舌尖上的礼仪"项目学习

【篇数 21】
"厕所文化"项目学习教学反思

谢婉钰

厕所文化其实能折射出一个人、一座城市、一个国家的文明程度。所以，对于校园而言，干净而美丽的厕所就是一个学校文明程度的体现。通过本次项目学习活动引导学生提高对文明如厕的认识，养成良好的如厕行为习惯，同时本次活动改变了学生在教育中的学习方式，将学生的探究发现、大胆质疑、合作交流、调查研究等作为重要的活动目的。

厕所文化项目学习之前，学生们对于厕所的印象还停留在"洗手、方便"的用途上，偶尔观察到还有同学会将厕所这个场所当作闲聊的地方，甚至还有低年级的小朋友不知道如何文明如厕。项目学习开展后，孩子们热情高涨，大家都没有想到小小的厕所还有如此多的文化知识。

"小小观察员"活动中，有孩子说道，其实卫生间里的许多不文明的行为习惯，他在以前校园生活中也发现了，但是自己当时并没有注意这些不文明的行为习惯，更没有任何制止的行为。当自己成为"小小观察员"后，突然觉得自己身上有了责任，他要想办法阻止这些不文明的行为习惯。还有"小小观察员"告诉我，她发现有些不文明的行为习惯是会传染的，有低年级的同学在厕所里疯闹，就会有其他同学也模仿着跑过来追过去，这样非常危险。原本生活中有些不对的行为习惯，因为司空见惯，长久没有改变，所以会被大家忽视、略过。而我们的这些小小观察员，他们不再只是通过书本、通过老师来获得知识了，他们用眼用心仔细观察并认真思考，这些被忽视的、被略过的不文明行为习惯到底是怎么形成的？会带来哪些危险？我们要怎样解决呢？

作为语文老师，每一节的语文课堂上我都希望能有更多的孩子举手发言，正确表达自己的观念，学会聆听他人的想法，这是多么重要的沟通能力啊！但实际情况是课堂时间有限，并不能有那么多的机会让每个孩子都能畅所欲言，同时还有部分孩子比较内向不愿意举手发言。这次厕所文化项目学习活动中，同学们将自己收集到的问题整理好，由组长组织小组成员们合作交流。大家集思广益，你一言我一语中都能看到孩子们的成长，从一开始想着解决问题到解决好问题，这个"好"字里，是孩子们的深度思考，他们像小大人一样，为那些不良的行为习惯设想着后果，然后一遍一遍优化建议。有细心的同学建议，低年级的小朋友们年纪太小，我们可以一对一帮助他们，从排队上厕所到便后如何洗手，一步一步慢慢教，养成习惯就好了。也有组长开心地说道："老师，我发现小张同学有很大进步哦！虽然说话的声音有点小，但是他今天讨论中发言了，还给我们提了建议。"瞧，这些小组长们多么会赞美自己的组员，组员的一点点进步，他们都会及时肯定，并像发现了新大陆一样兴奋地告诉老师，这是一种乐趣，更是一种在互助合作中的进步。

——"厕所文化"项目学习

【篇数 22】

垃圾也有自己的"家"

严颖丽

古往今来，地球妈妈用甘甜的乳汁哺育了无数代子孙。原来的她被小辈们装饰得楚楚动人。可是，现代人类为了自身的利益，将她折磨得天昏地暗。人类只有一个地球；而地球正面临着严峻的环境危机。"救救地球"已成为世界各国人民最强烈的呼声。垃圾分类，是我们保护环境的方式之一；垃圾分类，不得不承认，它是一项比较麻烦的事情，现在的人忙着这、忙着那，虽然生活在这个文明的城市，却总是还是能看到一些不文明的现象。随手乱丢垃圾，那谈何垃圾分类呢？

为了增强学生的环保意识，我校开展了"垃圾分类，从我做起"的活动。班主任老师带领着学生在小区发宣传单，让更多的人知道垃圾分类的重要性，在班上设置了四个垃圾桶，分别是"可回收垃圾""有害垃圾""厨余垃圾""其他垃圾"。在校园里，我们利用晨会、班会课的时间给学生集中培训，让每一个学生都知道哪一类垃圾应该扔进哪一个垃圾桶。经过培训后，学生知道每天课后把多余的纸扔进可回收垃圾桶里，吃完饭后便把洒在桌子上的饭，或者啃完的骨头扔厨余垃圾桶里，把擦了鼻涕的餐巾纸放进其他垃圾桶里。自垃圾分类活动开展以来，乱扔乱丢垃圾的现象越来越少，校园也变得越来越整洁。

为了让学生统计一天所产生的垃圾数量，我设计了垃圾分类的表格。每一个学生丢了垃圾后便在表格里的相应垃圾类别的下面贴一个小星星，一天过去后数一数，一天产生的垃圾有多少。通过一个月的统计活动，学生们发现可回收垃圾和厨余垃圾比较多，有害垃圾和其他垃圾少。学生们觉得现在的垃圾桶设置有点不合理，经过讨论，我们在班级中开展垃圾桶设计活动，让学生参与到分类垃圾的设计中。

通过垃圾分类的活动，学生不仅自己学会了垃圾分类，还把垃圾分类的知识讲给了爸爸妈妈听，邀请自己的爸爸妈妈与自己一起行动起来，保护环境，学会垃圾分类。在这次活动中，我利用家长资源、社会资源与学校一起把垃圾放回属于自己的"家"里。学生们在这次活动中表现得非常出色，垃圾分类的好习惯一直保留至今。但是在这次活动中，还是有一些地方做得不足，家校互动方面，我没有向家长解释清楚开展垃圾分类活动的意义，让家长在做垃圾分类的活动中，觉得这只是在完成老师布置的一个任务，教师在与家长沟通方面，需要注意自己的语言，说话的方式，让家长能接受这次活动，又能明白此次活动的意义。以后在活动中，我会注意自己的语言表达方式，学会与家长沟通。

——"垃圾分类"项目学习

【篇数 23】
"我会网上购物"项目学习反思
李艳

随着社会的不断进步，信息处理技术不断发展，网络已无处不在，整个社会变成数字化、网络化、智能化的世界。它使人们的交往方式、学习方式、思维方式、工作方式、生活方式发生了巨大的改变。教育的发展总是随着社会的发展而变化的，光凭借着在学校书本上的知识还是远远不够的，所以必须加强自身学习能力。

在当今社会，获得知识的途径有很多种。其中最为普遍、最为快捷，也最为全面的方式是从互联网上获得的。社会对人类全面发展的要求越来越高，人类应该具备越来越多的自主学习的能力。"学习能力"一直是教育的核心理念，能否有效地学习是21世纪衡量人才的基本标准。"学习能力"的概念归纳到实际要素中是：1.怎样充分地有效获取、筛选、储备信息。2.怎样利用信息来解决问题。3.怎样通过反思总结，突破自己的思想。我们不仅要学习知识，而且要学会利用知识，突破自己，创新思想。由此可见，学习能力无论是教学目的还是社会所需，都有着极其重要的意义。

网上学习在给学生们带来诸多便利的同时，其核心也在紧紧围绕这一点。在信息社会时代，从网上搜索并整理出有用的信息，学习新知识，接受新观念，甚至发布自己的信息，这也是一种基本技能。通过多媒体网络，可培养学生上网技能，能从网上获得知识、查阅信息、远程通信、资料下载、信息整理、发布信息。此外，在上网技能的学习和培养中，可以培养学生与人交往、与人协作的能力和团队精神，这些能力在现代社会是必需的。

通过网络教学，可以有效地吸引学生，使他们成为积极主动的学习者。网络可以使学生在安全和易受控制的环境中实践他们所学的东西，从而在理论与实践之间架起桥梁。网络就是一个巨大的数据资源库，用来拓宽使用者的知识面、知识深度。作为一名信息社会的教师，应该引导学生正确使用网络为学生的成长服务；而学生，既有权利也有义务掌握互联网的正确使用方式。网络不应该仅仅用于休闲，更应该切实地用于辅助教学中，成为教师和学生最有力的帮手，解疑答难，拓宽知识面，推动学习的进步。

教师应积极探索互联网在教学中的应用，逐步形成多媒体网络环境下的个别辅导、讨论学习、探索学习、协作学习、自主学习等教学模式。在这些教学模式中，教师角色从知识讲解者转变为学习的指导者，学生地位由被动接受者转变为主动学习者，培养学生的创新精神和实践能力，促进学生提高综合能力，使教学过程向信息化方向发展，提高了教学效率和质量。

网上购物项目学习就是直接把这些购物网站变成了学生学习的园地，让学生在网站中探究、讨论，学到了书本上学不到的知识。学生通过学习不仅学会网上购物的流程，而且自主探究、讨论、总结出很多购物的经验，注意事项等。提高了学生自主学习能力、信息获取能力、信息评价能力、信息加工处理能力、交流和协作能力。

本次项目学习以体验网上购物的综合实践活动为引领，在活动中利用已掌握的网上搜索信息技术手段，合理选用信息技术进行信息收集、处理、传输、表达。学生能自主探索、合作交流学会网上购物，解决实际生活中出现的问题。网上学习有助于拓展孩子的知识领域，通过网络获取广泛的新知识。从小培养学生对多种知识的追求，不仅有助于提升素质教育，而且对 21 世纪的人才战略具有重要意义。

网络是个大宝库，但网上的知识不会自动"蹿"到学生面前。学生要解决什么问题，必须自己想办法，自己查资料，并在搜到的一大堆资料中进行选择、处理和整合，最后形成自己的一套东西。怎样收集信息、处理信息、整合信息是一个人才必备的能力之一。这种能力需要学生在上网过程中、在老师和家长的指导下一步步地获得。在解决问题过程中孩子也提高了学习能力，生活能力和社会交往能力。学生在体验网上购物的过程中，虚拟与现实，线上和线下交融结合，多种学习方式激发学生参与活动的兴趣，体会信息化社会中的现代生活方式，提高学生的信息素养。视频、幻灯片等多媒体技术帮助孩子快速理解知识，多角度思考问题。学生直接登录网站学习，丰富的色彩、多样的形式、直观的感受使孩子对知识的理解更透彻，更不容易忘记；还可以激发孩子的创造性。通过项目学习，可以使学生切实体会到网络在当代社会生活中的重要作用。

在项目学习过程中，还充分体现了综合性学习。将数学知识、信息技术、口语交际等学科知识渗透到课堂中。孩子的所有学习过程都亲自去体验，真实环境下的学习让孩子们更有成就感。网络给了孩子一个没有止境的探索天地，在这里，孩子可以根据自己的爱好和特长有选择地学习，甚至成为某方面的"专家"。网络是真实社会的一个缩影，让孩子认识社会、认识到形形色色的人的存在，是增强他们社交能力、拓宽思维心胸、养成积极心态的最好方法。

2015 年 3 月 30 日，教育部在《关于全面深化课程改革，落实立德树人根本任务的意见》中提出了"核心素养体系"这一概念。这一概念深化了课程改革，落实了立德树人目标，成为我国未来基础教育改革的灵魂。

核心素养是作为客体侧面的教育内容与作为主体侧面的学习者关键能力的统一体而表现出来的。因此，核心素养不是先天遗传，而是经过后天教育习得的。学生的核心素养是借助学校教育所形成的解决问题的素养与能力。根据我校的特色，我们对学生核心素养的培养目标定位为四个：人文素养、学习素养、思维素养、信息素养。每个课程都应该围绕着这四个核心素养的目标来开展，项目学习"网上购物"就是对学生信息素养培养的一种很好的方式。孩子在网络上开展学习，信息化的环境、手段和学习高度融合，有效培养了学生的信息素养。

——"我会网上购物"项目学习

【篇数 24】

传统文化 代代传承

赵天颖

皮影戏是我国民间优秀的传统艺术表演形式，它集说、唱、演为一体，具有深厚的艺术内涵和文化价值。让幼儿知道皮影戏是我国传统民间艺术的一种，简单了解皮影的特征及制作过程，激发孩子表演皮影戏的兴趣。皮影戏项目学习是针对幼儿设计的，在实施的过程中还有很大的疑惑，担心幼儿不能完成该活动目标，因为皮影戏对于我们来说是比较陌生和久远的文化。但是觉得这种好的艺术文化应该让孩子多接触和了解，所以还是开展了此项活动，也算是一种尝试。因为皮影戏活动的开展不仅可以丰富教师的艺术内涵，提高教师的艺术修养，还能帮助幼儿了解更多的民间艺术形式及其文化内涵，激发幼儿对民间艺术的兴趣，培养民族自豪感。

　　出于这一考虑，我们设定的是卡通皮影。卡通人物形象是幼儿最熟悉最喜欢的，从制作卡通皮影入手，激发幼儿学习兴趣，消除幼儿对皮影制作的畏惧。兴趣是最好的老师。首先通过欣赏活动，幼儿产生了浓厚的兴趣，在观看表演时就按捺不住好奇心，还学习皮影舞里的老奶奶跳了起来。

　　为了让幼儿更了解皮影的产生原理，在课前我设计了一个影子游戏，请幼儿上台用小手在灯光下摆出不同的造型，观察影子的各种形状，让孩子在玩中学，寓教于乐。让他们明白皮影戏集绘画艺术、雕刻、文学、音乐、舞蹈、表演于一身，有着浓郁的民族风味。在活动中，幼儿参与的积极性很高，通过运用已有的经验解决所讨论的问题，大胆地表达自己的想法，同时还能在讨论中，大胆地提出新的问题。

　　本次项目学习中有一个活动就是模仿皮影戏中的人物动作。我们以幼儿能理解的方式引导幼儿学习和记忆动作，例如：收缩脖子的动作，我们理解为小鸡吃米，形象生动地表达了收缩脖子这个动作。孩子不但喜欢学，还很好理解。幼儿在整个活动过程中，都能积极主动地参与其中，始终保持着较高的兴趣。通过观看演出、调查与访问、交流与讨论、共同制作、合作表演等多种活动，以及皮影人物头像的绘画和剪纸活动，丰富了孩子知识，增强了孩子的动手能力。在解决问题的过程中，教师不断激发幼儿的学习兴趣，循序渐进，引导幼儿参与活动。

　　在本次项目学习中大量采取了主题活动的方式，使得主题活动的进程更加具有开放性、自主性和探究性，使幼儿参与的积极度与参与度大大提高。希望这些活动能在孩子的童年里，留下一抹中国传统节日的印记，并且一代一代传承下去！

——"皮影戏"项目学习

第二节 学生篇

【篇数1】

纸载千秋——关于纸与中华传统民俗文化的关系的研究

四（2）班 徐子淳

对于"纸"的认识，以前我认为它就是用来书写的工具，自从学校开展了关于"纸"的项目学习后，我才知道原来纸也属于中华传统文化！原来一张纸也可以玩出新花样！

我们年级关于"纸"的项目学习主题是："纸载千秋"——关于纸与中华传统民俗文化的关系的研究。中华民间艺术也是中华民俗文化的一分子，艺术领域中的一项分类，冠以"民间"字样，显然与所谓"宫廷艺术""贵族艺术"等有所区别。不过中华传统民俗文化领域很宽广，而且也有很多"绝活"，像皮影、剪纸、编织、绣花、狮子舞，等等，都是很著名的民间艺术，也是中华民俗文化的瑰宝。中华民俗文化博大精深，源远流长五千载，都不曾断绝，其强大的生命力及丰富的文化内涵不言而喻。

文化不仅仅是一个民族的知识，还是一个民族的历史，更是民族的精神世界。中国五千年历史，五千年文化，民俗文化自然也不会少。它不仅拥有极强的生命力，还有大批特色文化，它们都是五千年文化的精华，我们理当继承并发扬光大。中国民族多种多样，其民俗文化也各不相同，但都是中华民俗文化。各民族各有千秋，共同汇聚成了不朽的中华民俗文化。

现在我们中国正走向一个全新的时代，文化复兴也必然不可或缺。让我们全体炎黄子孙，重新铸就中华民俗文化的魂魄，留住中华出色民俗文化，吸收西方出色文化，让中国民俗文化现代化、完整化，割弃糟粕，融入世界出色的文化基因，去做中华出色民俗文化和现代文化的忠实传承者和弘扬者，让中华民俗文化获得新生，让中华民俗文化之魂永不消散，发扬光大，流传千古。

随着网络文化的盛行，我们当代青少年也逐渐失去了对民俗文化的兴趣，被手机、电脑等各种诱惑所吸引。在一些方面，如剪纸、皮影戏、唢呐等几乎已经失传，很少能看到了。面对这样的社会现状，我们只有尽自己所能，大力提倡中华民俗文化的学习，提高全民族的思想觉悟，才可能防止文化的断裂、失传等现象。传统民俗需要保护与传承。以剪纸为代表的许多传统民俗文化，也要与时俱进，取其精华，去其糟粕，紧跟时代脚步做一些必要的调整；也要顺势而为。如此才能更好地适应当下时代发展，中华传统民俗文化也才能在坚守与挣扎中找到属于自己的一方天地，绽放精彩。

弘扬匠人精神，发扬中华民俗文化。"匠人"一词最早来源于工匠这一行业，工匠们喜欢不断雕琢自己的产品，不断改善自己的工艺，享受产品在双手中升华的过程。他们对细节有着很高的要求，追求完美和极致，对精品有着执着的坚持和追求。而工匠精神则是社会文明进步的重要尺度、是中国制造前行的精神源泉、是民俗文化发展的品牌资本、是个人成长的道德指引。匠人精神就是追求卓越的创造精神、精益求精的品质精神、用户至上的服务精神。

民俗文化的断裂，需要全社会来思考。我身为中国人、中国的新一代祖国的花朵必须学好中华文化，继承中国风。

纸载千秋，五千年的传统纸文化，在玩的同时又能锻炼手指，何乐而不为呢？

——"纸的研究"项目学习

【篇数2】

在英语项目学习中成长变化

婷婷同学是项目学习的小组长，她根据每个阶段的学习任务，认真地组织组员们进行资料收集、分享资料、信息汇总和交流展示。在这个过程中，她觉得收获很大，不仅自身的语言能力得到了提高，组织和协调能力也得到了发展。在最后的学习成果展示中，她和一位平时很胆小的组员一起上台自信地介绍法国国旗的颜色，声音洪亮，配合默契，让所有同学都为她们的精彩表现热烈鼓掌。

小博同学英语基础较弱，平时上课也不太认真听讲，在这次项目学习中，他却表现得非常优秀。他通过网络渠道收集了许多有关颜色的知识，还从课外读物中找到了不同颜色在东西方国家的不同含义的相关内容，在小组资料的分享中，大家对他讲的内容很感兴趣，听得津津有味。他更自信更积极了，在后面的交流展示中也克服了缺乏自信、不愿意开口的毛病，成为小组中成果展示最优秀的同学。

萱萱的画画得很好，她在小组制作国旗的活动中，主动指导其他同学构图和涂色，他们小组的国旗制作得非常精致美观，得到了全班同学的一致好评。萱萱觉得自己的特长得到了发挥，感到很开心。

—— "Colours" 项目学习

【篇数3】

关于节约用电的研究

五（4）班　叶潇锴

近期，我们学校开展了"节约用电"项目学习活动，每个年级都有不同研究方向，我们年级是通过条形统计图来分析数据，利用分段计费方法解决问题，小组合作讨论节约用电的方案。

要想获得较好的节约用电方案，首先要了解电的各方面相关知识。如电对人类的重要性，电是怎么来的，电资源危机情况，自家用电情况，等等。随后我们小组开始网上收集资料，发现在当代社会人们的生活已经离不开电，电给我们带来很多便利。比如给我们带来了动力、温暖、快乐；给我们带来照明；让高科技更容易实现等。我们也知道了电的来源——火电、水电、风电、太阳能、核能等，我们国家目前主要是用火力发电，这样的发电方式会消耗不可再生资源煤、石油等，也会浪费水和造成空气污染。每一度电都来之不易也消耗着自然界的资源，我们明白了节约用电的重要性。

随后我们按计划开始统计各自家庭一年中每月家庭用电量以及武汉电费收取标准。我是从妈妈手机支付宝中获取的信息，之前还担心电费的纸质单子被家人丢弃，无法获取数据，是妈妈告诉我现在可以直接从手机支付宝中获取每月电费。我用条形统计图记录了我家 2018 年 11 月到 2019 年 10 月的电费情况，它们分别是 234 度、361 度、431 度、485 度、451 度、308 度、228 度、216 度、257 度、367 度、381 度、196 度。通过条形统计图可以很清晰地发现 2018 年 12 月到 2019 年 3 月和 2019 年 7 月到 9 月用电量呈增长趋势，这说明用电量根据季节的变化而变化，而且我家在冬季和夏季用空调比较频繁，用电量大可能与常用大功率电器有关。我还通过网络查询到武汉的电费收取标准原来是按用电量分段计费，0~180 度是 0.573 元 / 度，180~400 度是 0.623 元 / 度，400 度及以上是 0.873 元 / 度。这样的计费方式也是为鼓励人们节约用电，用的电量越少，付费的标准就越低，电费就越少。

下节课时我们小组同学都把统计的数据进行了汇报交流、对比，我们发现本组的徐慧心同学记录的是电量，因为她不知道家庭电费是多少。为帮助她，同时也为了统一大家的计量单位，我们通过学过的分段付费的知识，根据武汉收费标准帮助她计算出了每月电费，这次的计算既让我们熟悉运用了数学课本的知识解决问题，也更加切身地体会到每月家庭电费的由来。之后我们横向对比所有数据，发现葛志勇同学家里的平均每月用电量是最少的，我们向他获取家庭节约用电的方法，同时也让家庭用电量最多的周子轩同学分析情况和原因。最后我们根据收集到的资料和各位同学家庭用电情况，讨论总结出了节约用电的方案。

本次项目学习让我们从数据上更直观地认识到我们的生活离不开电，电资源不是无穷的，我们知晓了如何在生活中正确地使用电器，明白了养成节约用电好习惯的重要性。通过整个实践活动，增强了我们制订计划、收集信息和处理信息的能力，我们还学会了与他人合作，变得更加团结，对下次项目活动充满信心和期待。

—— "节约用电"项目学习

【篇数 4】
"气温与环境"项目学习收获
五（2）班 李玥彤

本学期，学校开展了气温与环境项目学习。我们年级的研究任务是：查找中国两个城市每个月同一天的最高气温，在同一表格中制作折线图，分析两个城市一年中的气温变化规律以及两地气温变化差别和成因。我们班对比的两个城市是武汉和上海。

在这次项目学习中，我收集了 2019 年武汉与上海每个月 7 日的最高气温数据。通过绘制统计表和折线图，我发现武汉的气温在 1 至 4 月逐渐上升，5 月有所回落，6 月后又开始回升，8 月是气温最高的时候，9 至 12 月气温开始下降，10 月降幅较大。上海的气温在 1 至 4 月上升，2 月有所下降。5 月回落后 6 至 9 月又逐渐上升，9 至 12 月气温逐渐下降。通过对比我发现，武汉的高温比上海高，低温比上海低，武汉夏天更热，冬天更冷。

从数据来看，1 月、2 月和 12 月，上海的气温比武汉高，其他月份比武汉略低。可见，冬天上海比武汉暖和，而其他季节气温差别不大。通过查阅资料，我了解到上海是沿海城市，武汉是内陆城市，所以上海一年气温变化较武汉来说相对平稳，武汉一年四季气温起伏较大。但通过折线图，我们可以清晰地看到，两个城市的气温变化趋势大致相同。

通过这次项目学习，不仅让我对自己生活的城市——武汉的气温变化有了更清楚的了解，还让我对上海这座大都市的气温变化有了一定的了解。我想：如果以后大学考到上海去，我会对那里的天气有更加切身的体验，我应该会适应那里的气候吧！

——"气温与环境"项目学习

【篇数 5】

我是情绪小主人

四（4）班 潘文博

我是一个活泼的小学生，也是一个冲动急躁的小男孩。和小伙伴在一起时，常常一言不合就和朋友们闹掰，家里奶奶的唠叨也让我心烦，时常顶撞她，过后我又非常后悔。该怎么管住自己的坏脾气呢？我们班有很多同学都和我一样有这样的困扰。

这学期陈老师带领我们开展了"我的情绪我做主"项目学习，我们组成了学习小组，每个人都有自己的任务，有的同学负责写观察表，有的同学负责调查问卷，我们每周都要在一起把学习的内容进行分享交流。在学习的过程中，我慢慢明白了人的情绪主要是由喜怒哀乐组成的，情绪没有好坏之分，有情绪是正常的，所以每个人都要学会管理情绪，做情绪的主人。

当我们遇到一些不好的情绪时通常有两种做法。一种是我们会把这种消极情绪藏在心里，把它给压住，不让它释放出来。另一种是当我们有消极情绪的时候就会找一些方式宣泄掉，例如：可以找人倾诉、听音乐、跑步等。不过要是压抑的消极情绪多了之后可能就会出现抑郁症或者会有一些极端做法，这种情况是很危险的，因此我们不能选择第一种做法，最好是要选择第二种做法，这是我认为最有用的方法，也是珍爱自己最好的方式。

作为学生的我们，学习成绩是伴随我们的精神压力，整天就会因为这些事情而感到烦恼，这些烦恼的来源就是自身的能力不足，就会给我们带来一种挫败感，有的人甚至一蹶不振。这时候，我们的情绪就会因为这些而有一些小波动，怎么办呢？这时候我们应该把注意力集中在解决这个问题上，我应该怎么去解决？不是整天地在口头上说：我一定要好好学习，认真听讲，说空话谁不会？要从失败中获取经验、教训，从而迈出自己的一小步。向老师、朋友、家人或有时候向别人寻求帮助，既给自己解决了麻烦，别人也会因此而感到快乐，甚至别人还会有一种成就感。

通过这次项目学习活动，我从中学会了许多管理情绪的方法，不仅可以用于调节自己而且还可以帮助别人解决一些情绪等问题，现在我是自己情绪的小主人了！

——"我的情绪我做主"项目学习

【篇数6】

《魔术师威利》读后感

一（1）班 李如一

今天，我读了安东尼布朗写的《魔术师威利》。这个故事讲的是有一只猴子叫威利，他喜欢踢足球。可是有一个问题是，他没有球鞋，而且，也买不起，我觉得他很穷。每个星期他都热心地去参加训练，可谁也不把球传给他，说明球员都不把威利放在眼里。

有一天，威利从赛场回家，一个陌生人把自己的球鞋送给了威利，威利很高兴。第二天，威利去了足球场踢球，这一次，他踢得很好，球员们都被他迷住了。威利以为这双球鞋施了魔法。回家的时候，他看到了比赛的参赛名单，他惊讶极了，因为上面有自己的名字。从那天开始，他每天都穿着足球鞋去练习。

比赛那天，他忘记带那双神奇的球鞋，他很担心自己踢不好。结果，他却踢得很好。

这篇故事让我知道，只要有信心和努力就可以把每件事都做好。而且威利的那双球鞋并没有魔法，只是他自己加强了练习，并且比赛那天他增强了信心，所以才把球踢得很好。

我上次做数学题，做不出来，我问妈妈，可是妈妈没教我，让我自己做，她说我能做出来的。最后我努力动脑筋思考，结果这道题我自己做出来了。所以，从此以后，我要对自己有信心和努力思考，把不会的题目都解决掉。

——"多彩世界杯"项目学习

【篇数7】

"世界杯精彩瞬间"演讲稿

四（3）班　叶锦瑶

各位老师，同学们大家好，今天我为大家演讲的题目是"世界杯的精彩瞬间"。7月6日那天，我在家里看了精彩的足球世界杯。

足球世界杯简称"世界杯"，一般4年才举办一届。我之所以这么珍惜看足球世界杯的机会，就是因为它4年才举办一届！今天是法国队和乌拉圭队的大比拼。虽然开始比赛的时间是晚上10点整，但我在两小时前就已经端端正正地坐在电视机前面等候了。

足球赛准时开始了！在法国和乌拉圭的球员们进场时，在场的球迷们欢呼雀跃，球员们的目光个个炯炯有神，还有几个球员在向球迷们招手呢！不久，比赛便在球迷们的呐喊声中开始了。

"这可是法国队和乌拉圭队的比赛，双方可厉害了！很有可能上半场的得分是零比零。"我听了，便静下心来，继续出神地看下去。我心想：结果会是零比零吗？零比零可怎么办？

突然，裁判员吹了一声哨子，飞快地跑了过来。我睁大眼睛一看，哦，原来是乌拉圭队的球员犯规了，他们的一个球员用腿绊了法国球员一下。法国队便有了一个罚球的机会，只见那法国队的球员高高地将球抛起，眼睛死盯着球，在足球触碰到草坪的一瞬间，他的脚踝轻轻地一抖，脚用力一蹬，球便往乌拉圭队的球门飞去……"哇！进球了！"我仿佛听见了法国队球迷的欢呼声。是的，进球了，可乌拉圭队会气馁吗？不要放弃啊……

不一会儿，上半场结束了。我心想：上半场比赛可有45分钟呢！球员们不累吗？他们坚持得下来吗？可是，刚过了15分钟，下半场就开始了，一片片的加油声像潮水一般涌过来，两队的气势依然很强大，简直可以赛过上半场刚开始的阵势了……不久后，精彩的比赛结束了！法国队以二比零的分数赢了乌拉圭队。

我发现，法国队的球员有着精湛的球技，这球技不可能天生就有的，一定是靠平时苦练出来的。我对此非常好奇：他们是怎么练出来的呢？我想了好久都没想明白，最后，我去查了百度，发现运动员小时候会在烈日下奔跑，在雨雪中磨炼，这不就是成功的一部分吗？没有努力，哪里来的成功？

所以，我们应该用法国球员们踢球的精神来激励我们。"宝剑锋从磨砺出，梅花香自苦寒来"。让我们在足球的世界里，发现一个更加优秀的自己吧！

——"多彩世界杯"项目学习

【篇数8】

关于种植土培吊兰的研究

四（4）班 刘圣苗

前不久，我们学校开展了"百花园"的项目学习活动，是一个关于种植植物的活动，每个年级都有不同的种植任务，我们四年级分到的是种植吊兰。

要想种植好一种植物，当然首先要了解一下它的花期、特征等。据我们查阅资料发现：吊兰喜欢在阴凉湿润的环境中生长，所以养殖吊兰时要给足水分。夏季需要每天浇水2~3次。水分充足，则吊兰生长快，叶片有光泽；水分不足，则叶面枯黄，叶尖干萎，生长缓慢。冬季不能浇水过于频繁，以1个星期浇水1次为宜；而春秋两季则应1~3天浇水1次，保持盆土湿润即可。值得注意的是，在养殖吊兰时过度积水易引发根腐病。吊兰性喜阴凉，所以在养殖吊兰时不宜阳光直射。在炎热的夏季，如果把吊兰放置在阳光直射的位置，会造成叶片枯黄，影响其观赏价值。因此在夏季吊兰只需斜射过来的弱光便可茁壮生长。相反，在寒冷的冬季则需要将吊兰放在有阳光的地方，这样才会长势良好、生机勃勃。在每年3~9月期间，每9天左右施一次有机肥液。在夏天温度过高以及冬季温度过低时都不宜施肥。对于特殊的花叶品种，应该少施氮肥，否则会引起花叶颜色变浅，严重时还会消失，使得吊兰的观赏价值大打折扣。对于该情况，可以选用骨粉、蛋壳等沤制的有机肥液，经发酵、稀释后，每10天施肥一次，可使花叶健壮美丽。土培吊兰的养殖方法除了浇水、光照、施肥、更换土盆和繁殖五个方面，还包括去除老叶、清洗叶面尘土等。在其繁殖方法中，除了扦插法外，还有分株法和播种法等。掌握土培吊兰的养殖方法，为家居环境带来清新绿意，让家居环境温馨舒适，富有诗情画意。

　　了解了它的特征，接下来就是我们去亲身体验种植吊兰的时候了。首先，我们要挑选优秀的小吊兰，也要挑选好的土壤，这样对于我们种植好一个植物是事半功倍的。种子和土壤都选好了，接下来就是入土了，入完土，接下来就是浇水了，我们了解到，吊兰浇水要秉承不干不浇，浇则浇透的原则。没过几个月，我的小吊兰开出了美丽的花朵，这是我第一次种的植物开花了。

　　吊兰现在是比较常见的观赏性植物，深受人们的喜爱。它们经常被悬挂在阳台上或者摆放在茶几上，嫩绿的叶片修长而可爱，看上去非常漂亮。而且现在吊兰的品种也比较多，除了大家常见的全绿吊兰之外，还有金心吊兰、银边吊兰等。这让人们的选择也多了许多。

　　通过学校的"百花园"活动，我们收获了许多科学知识，明白了许多种植花的技巧，还培养了我们的团结协作能力，这次活动使我受益匪浅，我希望以后多举行这样有趣的活动。

——"百花园"项目学习

【篇数9】

"蚕的一生"项目学习收获

三（1）班　陈文蕴

本学期，学校科学课和以往的学习不同，我们开展了"蚕的一生"项目学习。我们组的研究任务是：研究温度对蚕卵孵化的影响。在组长的带领下我们开始行动起来，通过上网查资料了解哪些因素会对蚕卵孵化产生影响。然后购买了温度计、恒温器和蚕卵等物质，兴奋地期待我的研究能有结果。

接下来，我每天回家最兴奋的事情就是来到恒温器旁，观察在10℃、20℃、30℃情况下蚕卵孵化的颗数，等啊等，终于在第八天时蚕卵开始孵化了，我马上在提前设计好的表格中记录下数据，接下来的几天三个恒温器的蚕卵都陆陆续续地开始孵化了，每天进行详细的记载，最后统计出不同的温度下蚕卵孵化的时间和条数都有不同。其中20℃的恒温器中孵化率是最高的，30℃的恒温器中的蚕卵孵化的速度最快。我马上把分析的结果和小伙伴进行了分享，大家和我有共同的结论。通过这次项目学习，不仅让我对蚕有了新的了解，更让我有了学习的兴趣。平时我们在生活和学习中会遇到各种问题，可从没有想到过尝试去解决，更没有想到养蚕这样的小事里面还蕴含着这么多的科学知识。而且通过这次项目学习，我和小组内的同学更加团结了，每天上学探讨最多的就是自己观察的收获，以及怎样去调查了解科学知识，让我觉得自己变成了一个小小科学家，我特别喜欢项目学习，来年的春天，我会继续探究其他条件下对蚕卵孵化的影响。

——"蚕的一生"项目学习

【篇数10】

关于"我的健康食谱"项目学习感受

四（2）班　高逸轩

疫情期间，我们年级开展了"设计食谱"的活动。首先，老师的任务是让我们记录自己未来一周的食谱。这对我来说有一点难度，因为我每天吃的东西可多了，记录起来可不容易，好在我坚持了下来，完整地记录了一周的食谱。

在膳食宝塔的学习中，我知道了营养要均衡的道理。在平时的生活中，我最喜欢的就是炸鸡块和可乐，差不多隔两天就会吃一次，所以即使是定时地锻炼，但我也有了体重的困惑。在膳食宝塔中，我知道油脂类和糖类都要少吃，因为它们给我提供了非常大的能量，如果我长期大量地吃它们，我就会越来越控制不住自己的体重了。所以在学习完了这一课之后，我赶快根据家里的情况设计了一份新的食谱。看着新的食谱我非常开心，因为马上我就能控制住自己的体重了。疫情期间食物没有平时那么丰盛，正好可以满足我的新食谱的设计。但是到了实践新食谱的时候，我遇到了困难。新的食谱相对于我原来的食量来说，实在是太少了。前两天我非常饿，但是奇怪的是，身上的劲却没有少。到了第三天，我惊喜地发现我体重居然下降了，也慢慢地适应了新的食谱，渐渐地不再想念我的可乐和炸鸡块了。一个星期的时间过去得很快，中间有两天肉吃得比较多，其他时候都严格地按照膳食宝塔的标准来施行，我也感觉到自己越来越健康。

通过这次项目学习，我知道了人体六大营养元素和膳食宝塔的相关知识，改善了自己不良的饮食习惯，知道了坚持就是胜利的道理。只有合理安排自己的食物组成，达到平衡标准，才能拥有健康的身体，希望我能一直像现在这样保持下去。

——"我的健康食谱"项目学习

【篇数 11】

关于东西方餐桌礼仪差异的研究

五（3）班 田沐晨

俗话说："民以食为天。"饮食是人类生存的第一要素，但是在不同民族的文化和历史背景下，代表东方的中国与西方呈现出不同的餐桌礼仪。而不同的饮食需要，不同的饮食观念和方式受到了环境、地域和习俗的影响，文化上的差异也造成了饮食上的不同。

我们小组主要从这几方面来探究东西方餐桌礼仪文化的差异：

第一，从邀请的提前与赴宴的守时中看差异。

一般，不管是东方还是西方，邀请别人吃饭或者赴宴都要提前预订。东方若是大型的婚宴请客要提前几天以上，这是表达一种对客人的尊重。而西方宴请也要提前通知，答应对方的邀请后，如果临时有事要迟到甚至取消约会，必须事先通知对方。另外，如果宴会时间是7点，最好是6点55分就要到。赴会时稍迟是可以接受的，但若超过15分钟便会给对方留下不重视约会的坏印象。所以，我们一定要遵守时间，这是我们成功的第一步。

第二，从东西方座次安排上看礼仪的差异。

古代中国素有"礼仪之邦"之称，讲礼仪，守礼仪，是中国人数千年的传统。我国传统做法是在排列并排的座次时，我国的传统做法是以左为上，即认为居左之位高于居右之位。并且先请客人入座上席，再请长者入座，客人依次入座，入座时要从椅子左边进入。入座后不要动筷子，更不要弄出什么响声来，也不要随意起身走动，如果有什么事要向主人打招呼。

而国际通行做法并排排列座次时，是以右为上，即认为居右之位高于居左之位。他们会注意：以主人和女主人为中心，右手的位置为上，靠近主人女主人的位置为上；夫妇不应相邻，男女依次相邻，主人和主方陪客应与客人依次相邻。

尽管在排列座次时，国内外的基本座位法有所不同。在涉外场合排列座次时，一般均应遵守国际惯例。

第三，从餐具的摆放中看差异。

我们知道在中国的餐具中一般只有杯子、筷子、碗和盘子等。它的摆放相对就比较简单。餐具的摆放是这样的：大盘是离身体最近的，正对领带；餐布一角压在大盘之下，一角垂落桌沿；小盘叠在大盘之上；大盘左侧放手巾；左前侧放小碗，小瓷汤匙放在碗内；右前侧放置酒杯；右侧放筷子。

西餐中的餐具，按用餐顺序是由外向内的，所以，它的摆放也是由外向内的。根据一道道菜的上菜顺序精心排列起来的。座位最前面放食盘（或汤盘），左手放叉，右手放刀。汤匙也放在食盘右边。食盘上方，放着吃甜食用的匙、叉、咖啡匙，再往前略靠右放酒杯。右起依次是：葡萄酒杯、香槟酒杯、啤酒杯（水杯）。而餐巾叠放啤酒杯（水杯）里或放在食盘里。面包盘放在左手，上面的黄油刀横摆在盘里，刀刃一面要向着自己。正餐的刀叉数目要和菜的道数相等，按上菜顺序由外到里排列，刀口向内，用餐时按顺序由外向中间排着用，依次是吃开胃菜用的、吃鱼用的、吃肉用的。比较正式的餐会中，餐巾是布做的。另外，要注意高档的餐厅餐巾往往叠得很漂亮，有的还系上小缎带。注意，别拿餐巾擦鼻子或擦脸。

这样看来，西餐中的餐具摆放是很有讲究的，所以我们用餐的时候绝对不能失礼。要严格按照餐具的摆放进行用餐。

第四，从进餐时的礼节看差异。

一般中国人吃饭也很有讲究。首先，在进餐时，要先请客人动筷，夹菜时每次少一些，离自己远的菜就少吃一些；吃饭时不要出声音，喝汤时也不要出声响；喝汤用汤匙一小口一小口地喝。其次，不宜把碗端到嘴边喝，汤太热时凉了以后再喝，不要一边吹一边喝，有的人吃饭喜欢特别使劲咀嚼脆食物，发出很清晰的声音来。这种做法是不合礼仪要求的，特别是和众人一起进餐时，就要尽量不出现这种情况。另外，如果你口里在嚼着东西，切记不要说话，以免喷出食物，造成尴尬。

相反，西方人，一般是每个人一个盘子，就不存在夹菜的问题，但是他们一般不喜欢吃东西的时候说话，所以吃东西时尽量不说话，只有在吃甜点的时候，可以聊一些轻松的话题。

一般西餐的餐具很复杂，如果弄错了餐具也是件很丢人的事情。一般的餐具使用是这样的：菜盘两边如摆放了几副刀叉，应先用最外边的。第一道菜吃完，侍者会将菜盘与刀叉一同撤去，再用第二套刀叉。如果有几把不同大小的刀叉匙，则用途不同。

这里，总结一点小经验，如果你不是很懂西餐的礼仪，最实际的办法就是别人做一步，你跟着学，看着别人怎么做，这样至少不会出差错。

基本上你学会了这些，一般用餐就不会太失礼。

——"舌尖上的礼仪"项目学习

【篇数 12】

垃圾分类，从我做起

五（1）班 徐田雨

在前不久结束的生活垃圾分类活动中让我们明白，想要实现垃圾分类，必须要树立科学的垃圾分类意识。在新西兰，过多或者不符合规定的垃圾将不会被收集，居民会收到一张卡片告知原因；在美国，各个城市都有细致和严格的法律，而且会定期邀请家长和孩子通过互动方式了解环境保护，以及如何对垃圾进行分类；在瑞典人的眼中，垃圾是"瑞典克朗"，根据"押金回收制度"，喝完的易拉罐、塑料瓶投入超市自动回收机后，消费者可到收银台兑换现金，直接抵扣消费……

垃圾分类从来都不是一件小事。我国很多城市都将面临"垃圾围城"这样一个非常严峻的问题，而垃圾分类是解决垃圾围城问题的重要环节和关键领域，它影响着城市的可持续发展。垃圾分类不仅需要我们重视，还需要全社会的参与，作为小区的居民，我很开心看到我们小区可以为推进垃圾分类的实施做一些事情。全体居民还有垃圾分类志愿者们可以一起为创造更好的小区环境、城市环境而努力。做垃圾分类，就是做城市文明！我们竭尽全力为城市文明做贡献。

做好垃圾分类不仅对小区有所帮助，对我们小区居民也是如此。我们可以借机学习到更多关于垃圾分类的知识，提高自己的文明素质，养成良好的生活习惯。但现阶段，垃圾分类还需要我们继续努力，小区现在只是试行阶段，在这期间可能会出现各种问题，我们还需要更好地促进垃圾分类各方面的工作。

我们生活在城市里，我们有义务为城市的清洁尽职尽责，生活中产生的垃圾我们无可避免，但是我们可以用我们的双手对这些垃圾进行分类处理，将垃圾分门别类，让垃圾能够物尽其用，该回收回收，该处理处理，这样对我们的生活既造成不了负担，同时也能让垃圾再利用，为我们的环保助力。

垃圾分类不是靠制度一夜之间就能实现的，可能需要一代人甚至几代人的努力和坚持。习惯决定效果，让我们从自身做起，养成垃圾分类投放的生活习惯，助推垃圾分类成为城市新"时尚"。

——"垃圾分类"项目学习

第三节 家长篇

【篇数1】

在生活中感悟学习，在学习中体验生活

四（5）班 唐子轩爸爸

我平时工作忙，也不知道孩子喜欢什么，孩子也总说和我没有共同语言，感觉自己这个爸爸还是有些失职的。那天孩子回来非常激动地说要把家里的鸡蛋竖起来，还说要参加学校组织的秋分竖蛋比赛，他希望得到我的帮助，我当然是求之不得了。我和孩子一起上网查资料、一起做实验，终于成功地把鸡蛋竖了起来！当孩子兴奋地跳到我的怀里的时候，我感到久违的亲子关系又更加亲密了，我心里也非常高兴。由衷地感谢学校为孩子们所做的一切，让他们在生活中感悟学习，在学习中体验生活。

——"相约二十四节气"项目学习

【篇数2】

给孩子一个更广阔的舞台

在各班的家长群里，家长看到孩子在项目学习中活跃的身影和自信的笑容，都感到很欣慰。小杰的妈妈告诉我，小杰在小组交流喜欢的颜色时，说自己最喜欢的颜色是"light blue"，其他同学做记录的时候都投来了赞许的目光，觉得他还知道课本以外的单词很厉害。回家后他很开心地告诉了妈妈。小杰的妈妈觉得项目学习给孩子一个更宽广的舞台来锻炼和展示自己，从而对英语学习更感兴趣、更有信心，这样的学习模式对孩子的终身学习大有裨益。乐乐的爸爸说，乐乐很胆小，上课都不太敢举手发言，但是在这次项目学习中，他对学习的主题和交流的形式很感兴趣，

在小组长、组员的帮助和鼓励下，他勇敢地走到台上用流利的英语介绍了自己精心制作的芬兰国旗，很有成就感。乐乐对爸爸妈妈说："原来学英语这么有意思啊！"

—— "Colours" 项目学习

【篇数3】

环保意识 从小培养

五（4）班 吴厚霖家长

世界万物都会发生改变，有些改变是令人欣喜的，而有些改变却是令人叹息的。

学校开展的气温与环境项目学习很好地让孩子们去关注气温与环境之间的联系与变化，更好地增强他们的环保意识。

孩子们还小，对气候与环境的变化感受可能还没那么深刻。但是我们家长的感受是深刻的。

武汉是"四大火炉"之一，夏天是非常炎热的。但是现在，不少城市已赶超武汉。

冬天的感受变化更大。在我们小时候，冬天是非常寒冷的。尽管是在长江沿岸，受到亚热带气候的影响，冬天的寒冷程度无法同我国的北方相比，但是大雪纷飞、天寒地冻、滴水成冰也是经常发生的事儿。

30年前，三九严寒，寒风呼啸，各家的屋檐下挂满了一尺多长的犹如现在孩子们夏天吃的冰棒一样的冰凌儿，村前屋后的池塘、小溪、小河里都结满了厚厚的冰，去洗衣服时必须使很大很大的劲儿才能够用棒槌砸开一个冰窟窿，用来清洗衣服。在早晨冰厚的时候，孩子们常常在冰上三五成群地嬉戏、滑冰。要是遇上下大雪的时候，还可以一起滚雪球、堆雪人、打雪仗……

但是现在的冬天已经很难看见冰了，就算是有也是薄薄的一层，至于下大雪嘛，也是几年难得一见啊！更别说是滚雪球、堆雪人、打雪仗和滑冰了！现在的冬天已经不再是以前的冬天了，即使是三九天也不再像以前那么寒冷。

通过此项目学习，孩子们查询数据、询问家长、记录比较，感受气温与环境的变化，提出问题。为什么火炉城市会发生变化？为什么冬天的气候会变暖，出现"暖冬"的现象呢？通过思考分析，孩子们认识到这是因为我们的环境遭到破坏，大气受到了污染。随着工业的发展，和人们使用燃煤、燃油的增多，大量的空气污染物被释放出来，排入天空，进入大气层，特别是二氧化碳在大气中剧增，是造成气候变暖的罪魁祸首。

所以，我们应该尽量地减少二氧化碳的排放量，否则多年以后，火炉城市会越来越多，"冬天"怕是也要和我们说声"再见"了。

保护环境的意识要从小培养，保护环境的行为要从我做起，才能使我们生活的城市越来越宜居，我们生活的幸福指数才会越来越高！

——"气温与环境"项目学习

【篇数4】

项目学习　收获满满

四（4）班　汪雨泽家长

知道孩子在学校进行的"我的情绪我做主"项目学习活动还是源于生活中发生的一件小事。我们是一个普通的三口之家，我的脾气比较急躁，家里三天两头发生争吵，每次吵架孩子都躲在自己房里，我知道这样的家庭氛围不利于孩子成长，但又总是控制不住自己。

那天周六我加班回到家，看到桌上吃剩的外卖盒子，家里卫生都没有收拾，老公躺在沙发上看手机，我顿时火冒三丈，正准备发脾气时，孩子把我拉进了他的房间，向我展示科技节准备比赛的模型，还跟我讨论制作中遇到的几个问题。我一向最重视孩子的学习，他的问题我一定会想办法。不知不觉中他的问题解决了，我的气也慢慢消了，一场争吵避免了。

事后我觉得很神奇，孩子是怎么想到把我拉开的呢？后来孩子很得意地告诉我，他在学校里正在进行"我的情绪我做主"项目学习，他学到了不少调控情绪的办法，其中一条就是转移注意力，成功地用在了我身上。孩子看我很感兴趣，便仔细向我介绍了这个项目学习活动，他的小组成员都有哪些，他负责什么任务，做了哪些研究，等等，还向我出示了他观察我情绪表现的记录表。孩子还热情地邀请我和他爸爸在家里和他一起开展这个活动。

在孩子的带领下，我们一家人积极参与其中，体验自己的情绪，感受他人的情绪，学会控制情绪。在和孩子一起进行项目式学习的时候，和他一起找资料、一起记录、一起分享，这是一段非常享受的过程，是属于我们非常快乐的亲子时光，增进了亲子关系。我发现孩子在解决问题、完成作品的过程中，增强了自信心，他的表达能力、动手操作能力、倾听能力、合作共享能力等都会得到不同程度的发展。项目学习培养了孩子自主探索、合作的意识，学会发现问题并解决问题，还激发了孩子的无限想象力和创造力，并在学习中得到了不一样的乐趣。

——"我的情绪我做主"项目学习

【篇数5】

我所经历的"百花园"项目学习

六（2）班　刘颖家长

最近，孩子因项目学习——百花园，向我求助。例如：观察含羞草生长，需要家长购买种子、土壤、肥料以及容器，并进行日常养护，等等。我在参与过程中，逐渐了解到，这些课程不仅仅是学生认识社会、了解自然、拓宽视野的重要方式，而且还蕴含更深的道理。

孩子回来说要种含羞草的时候，我以为，是要孩子随便拿一盆花去班上，让他们实践养花，并供班上观赏。于是我把家里的多肉植物，用塑料袋拎着，让她带到学校去。但孩子拿了回来，说必须是含羞草，还要自己种植。后来，看到班级群里同学们发的照片，我才知道，原来是要从买种子开始。小苗长出两片叶子后，我发现它的形状和含羞草的不一样，于是又重新找种子种下。这样的事，经历了两次，直到第三次，长出的才是含羞草。由于两次用错种子，没有跟上班级的进度，因此，我跟孩子又买了一盆已长好的含羞草。前期的观测和试验，都是在这盆草上进行的。不多久，第三次种下的种子，生根发芽，慢慢长大了。我们经常一起观察，并给它拍照片，记录成长过程。含羞草真是一个奇特的生物，它虽然是个植物，但它的敏感程度、反应速度、动作幅度，简直像一个动物，这彻底改变了我们对植物的认知。后来，我们又看了其他组同学拍的实验视频，我才知道，原来老师布置的这个作业，这么有趣。

——"百花园"项目学习

【篇数6】

从小培养孩子探究精神

三（1）班　陈文蕴家长

学校开展的项目学习非常好，我欣喜地发现，自从学校开展了项目学习后，我的孩子从原来写作业需要提醒，到现在回到家就主动学习。每天回到家后，孩子就会跑到恒温器旁边看了又看，还主动问我小时候养蚕的经历。自己动手绘制表格，上网查阅资料，打电话和同学沟通分享自己的观察结果，有模有样。让我也不知不觉地参与到她的学习中。

在完成蚕卵孵化观察过程后，孩子通过表格中的数据得出结论，还写出了研究报告。我查看了孩子的研究报告，这个研究报告非常严谨，有时间、有内容、有依据、有结果，是一份十分完整、规范的研究报告，我不禁佩服孩子的学习能力和我们小时候完全是天壤之别。现在的孩子学习方式更加自主，注意独立思考，动手实践。在后面的观察日记中，孩子的日记不仅文字内容丰富多彩，绘图更加生动好看，而且孩子非常乐意去做这件事。通过这次的项目学习，也让我懂得了蚕这个不起眼的小动物的变化过程，我希望学校多开展类似的项目学习活动，从小培养孩子们的探究精神，出现问题能自我解决。在解决问题中，去展示能力，培养创造精神。

——"蚕的一生"项目学习

【篇数7】

和孩子一起经历成长

四（1）班　郭同学家长

今年是特殊的一年，孩子们在家上网课，对于我们和孩子来说都是一个挑战。学校的课程也非常丰富，新的上课方式，孩子也觉得挺有意思的。疫情期间，听孩子说科学课老师布置了任务，要设计一周的食谱，并要按照设计的食谱严格控制自己的饮食。我一开始还想不通，四年级的孩子正长身体呢，控制什么饮食。后来，孩子跟我说了上课讲的关于膳食宝塔、如何平衡膳食等相关知识，我感觉跟孩子平时吃的还是有差别，可以试一试。

在实施的过程中，孩子好多次忍住了没有吃平时最喜欢吃的零食，这让我感到十分惊讶。原来，她记录的不仅有食谱，还有自己的体重呢。问她为什么这次对自己这么严格，她说在跟组内的同学比赛，看谁能够坚持一个星期。为了让她能够对自己严格控制饮食，我们家长也不禁控制起自己的饮食，陪着孩子一起完成任务。最后，很高兴看到自己家的孩子坚持下来了，她的饮食习惯也有了一定的改变。她不再随意乱吃零食，而是会计算今天吃多少，明天吃多少，对自己能控制了。这也是我一直跟她强调的坚持就是胜利，持之以恒方能改变自我。

经历了这次项目学习，我作为家长感觉到项目学习这种学习形式有很多优势：

一是学生产生兴趣的程度。她经历了项目学习前期准备的过程，上课时听得更加认真。从她跟我讲解膳食宝塔的知识可以看出，她对课堂知识掌握得更好，兴趣是人类最好的老师，有了兴趣做什么事都能做得好。同时，有了兴趣，她能坚持把一件事情做下来。

这也是在她将来的学习中乃至人生道路上非常关键的一点。

二是表达能力明显提高。在进行这次设计食谱的项目学习过程中，她每天都会跟我们和她的小伙伴们交流她一天的感受。还与同学们分享她的食谱，讲述自己食谱的特色和优势。并且在交流的过程中，增进了同学之间的感情。即使疫情在家，同学之间的情谊也没有减少。

我希望以后能够多一点这样有意义的项目学习活动，在学习知识的同时，能够培养孩子各种能力，让他们全面发展。

——"我的健康食谱"项目学习

【篇数8】

做项目　学礼仪　品文化

五（3）班　张坤家长

得知孩子班上要参与项目学习——舌尖上的礼仪，要探究东西方餐桌礼仪的差异，我认为这些课程能让孩子更好地认识社会、拓宽视野。

开始进行项目学习的研究后，孩子更爱看课外的书籍了，也对国内外的文化差异产生了浓厚的兴趣。现在全球化趋势日益显著，提前了解各国文化对孩子有益无害。孩子在项目学习中，不仅能学到各学科的各种知识，还能培养自主学习、合作探究的能力。

在项目学习的过程中，我们陪孩子查资料，去中西餐馆观察餐具摆放、用餐氛围等的区别，并且从不同的文化背景、地理文化等方面的因素进行分析。在这个过程中，孩子也收获良多，我们家长也和孩子一起充电，和孩子一起学习成长。

学校组织的项目学习让学生成为实践活动的主体，让学生真正参与到项目学习中的每个环节，同时很好地锻炼了学生的团队协作能力，小组成员之间合作分工，协同作战，最后合力完成自己的研究成果。

通过这次项目学习活动，我感受到学校的课程改革实践，对培养孩子各方面能力都大有帮助，我们家长也非常欢迎这样类似的项目学习活动，期待孩子在这样的课程中能有更大的进步。

——"舌尖上的礼仪"项目学习

【篇数9】
垃圾分类一小步　健康一大步

在我们日常生活中，生活环境是十分重要的。但人们在保护环境上并不十分重视。比如说我们的周边环境。在我们楼前面的草坪中，开着许多花朵。但在草坪中，也有人扔垃圾，堆废纸。夏天，有许多蚊蝇在那里飞来飞去，不但影响了小区的形象，还污染了环境。对社会，对我们的身体健康都很不利，还破坏了生态。

为了能让我们的环境优美，不受到伤害。我们小朋友在幼儿园组织了垃圾分类的活动。孩子说："环卫叔叔阿姨来打扫大街，绿化草坪，他们每一天早出晚归，为了祖国的绿化环境不惜一切代价。但那些不爱护环境的人偏偏还要去破坏，我们必须要为不爱护环境的人做好思想工作，让他们早日改掉恶习。在我们上学的路上，也有许多同学乱丢废弃物。比如说：有的同学把小吃包装袋扔在幼儿园门口外，还有的同学把叠好的纸飞机随意乱扔，他们的这些行为一次又一次地影响校园的环境。"

孩子都明白，地球给了我们水源与森林，给了我们美丽的环境，也给了我们清新的空气。可其他人又是怎样对待自己的家园的呢？

我也经常教育孩子，告诉他以前的地球是很美的，到处山清水秀，鸟语花香，空气十分清新，使人心旷神怡。但是此刻，地球变成什么样了呢？由于人类对森林、水源巧取豪夺，毫不珍惜，而且滥用化学药品，造成一系列的生态灾难。据我所知，目前全世界的工厂和电厂每年排入大气中的二氧化碳超过50亿吨；二氧化硫、氮氧化物等有害气体的排放量也相当大。进入大气中的废气种类很多，已经产生一定危害，引起人们注意的就有一百多种。很多废气进入大气层中，必然破坏大气原有的化学成分和性质，对人类的环境产生很大的危害，它能使全球面临变暖危险，使冰山融化，使许多农作物产量随气候变化，造成许多农作物减产。总之，污染就是一场灾害。而垃圾分类是人类减少对环境破坏的一种有效方法。

保护环境，人人有责！虽然我们不能改善现在的环境状况，但我们能够从身边的小事做起，从保护学校的环境做起。我们是地球的主人，环保意识是现代人的标志。我们要有时代职责感，教育下一代为美化校园和净化校园做出他们应有的努力，"勿以恶小而为之，勿以善小而不为"，让我们共同努力，珍爱地球——保护我们共同的家园，让清风常拂绿柳，碧水永伴苍山！垃圾分类，从我做起，山清水秀，携手共建！

——"垃圾分类"项目学习

【篇数 10】

皮影戏进幼儿园，传统文化润童心

徐爱茜妈妈

本学期，孩子所在的幼儿园开展了皮影戏项目学习活动，我感到非常幸运和开心。皮影戏是我国古老的民间戏剧，通过光与影生动地表现出各种人物动画形象，深受男女老幼的喜爱。皮影戏是一种生动有趣的表演方法，小朋友们在制作皮影戏的过程中，不仅锻炼了绘画、裁剪的技能，语言能力也得到了很好的锻炼和发展，最重要的是感受到了我国非物质文遗产——皮影戏的魅力。

学校开展的皮影戏活动也给了我们一些启发：市面上很多儿童玩偶都是不能动的，能动的又大多是电子产品，对孩子的智力发展没有多大帮助。玩游戏是孩子们非常喜欢的，对于孩子来说，一个可以活动的玩偶明显比静态的玩偶要有意思，尤其是当孩子开始对角色扮演游戏产生兴趣时，如果给他们一些由自己控制表演的玩偶，用来扮演不同的角色，那么他们将在获得控制感的同时，体会到更多的快乐和满足感。这明显比一个设定了程序、只会逗笑的电子玩偶要好得多。

于是，我们决定在家里也搭建一个皮影戏台，和孩子一起感受玩皮影的快乐。我在网上买了一个素纸手工皮影马，喜欢做手工的茜茜小朋友，对这个纸的皮影马很喜欢。到底要怎样玩呢？我们根据制作说明，了解到要先拆块涂色，再连接，最后绑棍儿。

涂色，对于5岁多的茜茜来说不是问题。很快，一匹黄色骏马成型了，相当的帅气。在皮影马的头部和后背分别用针线封上吸管当操纵杆儿，准备工作就完成一大半了。接下来，准备舞台，我们找来一个大相框，取出里面的照片，用透明塑料板固定了白纸，演出的舞台框就有了。又找来台灯，拉上窗帘，在台灯和演出框之间，彩色"白龙马"开始跃然纸上了！听，那马蹄的嗒嗒声！茜茜不满足观看，自己要演上一番。只见，孩子边演边口中念念有词：嗒嗒嗒，一匹色彩小马跑来了！一家人齐动手，其乐融融！

感谢幼儿园组织的项目学习活动，让孩子们感受到了传统文化的魅力，也在孩子们心中埋下了传承中华民族优秀传统文化的种子，希望优秀的传统文化的种子能在孩子们的心中生根发芽！我们家里也十分乐于配合学校在家里开展类似的活动，帮助孩子进一步提高皮影戏的水平。

——"皮影戏"项目学习

【篇数11】

皮影戏带给我们的快乐

何墨泠妈妈

12月20日这天，我们家长委员会代表来到了三道街小学附属幼儿园，有幸参与了园里的开放日活动。两个活动都是以国粹皮影戏为载体，融入老师巧思妙想而设计出来的艺术活动。皮影戏是一门结合了戏剧、音乐等多种艺术表现手段的表演形式，它有着悠久的历史，老师们能把它运用到幼儿园的教学活动让我有一种耳目一新的感觉。第一个活动是许老师执教的大班艺术活动"快乐皮影人"，活动正如题目取的那样，让孩子和听课老师时时感受到了快乐。活动一开始，老师请孩子观看皮影图片，老师带领孩子模仿图片中的动作。滑稽的动作，孩子很感兴趣，学得很投入，让幼儿初步感受到皮影的前弓后倚动作。接着老师播放了多媒体皮影舞蹈"俏夕阳"，屏幕12位老奶奶与24个小孩的精彩演绎，硬朗老人与可爱小孩的衬托，绿色与红色服装的搭配，让表演更富视觉冲击力和审美效果。这时候，幼儿的情绪高涨起来，他们被老奶奶的滑稽舞蹈逗笑了，学跳皮影舞蹈的积极性更高了。接下来的环节是让孩子以"俏宝贝"舞蹈组演员的身份上台表演皮影戏，老师为孩子创设了一个真实的皮影戏舞台，有布、有灯，让幼儿充分感受到了皮影戏表演的快乐。把孩子分三组进行表演，在一组一组表演的过程中，老师引导孩子寻找出每一组演员表演的亮点和不足之处从而改进。在这一过程中，孩子学会了相互评价，在轻松愉快的氛围中了解到皮影戏的形式。第二个活动是易老师执教的大班美术活动"小黑鱼"，活动中孩子学得快乐，做得快乐，表演得快乐。张老师利用多媒体上的画图软件画出小黑鱼的影子。活动中，我看到老师对电脑教学的熟练操作，解决了一些平常教学中单用平面图片和手画方法时，下面个别孩子看不清楚的难题。活动最后环节的影子表演让人印象深刻，活动中孩子在故事情节的引导下把自己化身为小黑鱼，当大黑鱼到来时，小黑鱼吓得尖叫起来，引得台下观众哈哈大笑。今天的两个艺术活动让我学到了很多，活动中孩子学得开心，作为家长看到孩子在游戏中获得成长，也十分满意。

通过这次的开放日活动，不光是孩子，我也从中获益不少。在这些艺术活动中，我和孩子更深入地了解到皮影文化，切身感受到了皮影的魅力，也使我更加认识到创新对于发展和传承皮影的重要性。皮影作为我国的非物质文化遗产，我们每个人都有保护和传承它的义务，让我们一起携起手来，将这个艺术文化通过自己的努力影响到更多的人。

——"皮影戏"项目学习

参考文献

［1］胡勤涌，李静．项目学习法及其实施路径［J］．中学政治教学参考，2019（34）．

［2］罗晓航，刘艳，刘家明，等．以学生项目学习促进教师团队发展的行动研究［J］．教育科学论坛，2019（14）．

［3］刘景福，钟志贤．基于项目的学习(PBL)模式研究[D].江西师范大学，2002.

［4］2017地平线报告（基础教育版）正式发布［J］．中小学信息技术教育，2017（11）．

［5］卜骥．项目驱动：指向支持学生学习的教学策略研究［J］．小学教学研究，2020（18）．

［6］王萍，高凌飚．"教育评价"概念变化溯源［J］．华南师范大学学报（社会科学版）2009（4）．

［7］埃贡·G.古贝，伊冯娜·S.林肯．第四代评估［M］．北京：中国人民大学出版社，2008.

［8］李夏妍．我国现代教育测量发展述析［J］．哈尔滨师范大学社会科学学报，2014（2）．

［9］陈玉琨，李如海．我国教育评价发展的世纪回顾与未来展望［J］．华东师范大学学报（教育科学版），2000（1）．

［10］杨九诠．破除"五唯"以多元治理的理念深化高考改革［J］．清华大学教育研究，2019（1）．

［11］杨明．应试与素质——中国中等教育60年［M］．杭州：浙江大学出版社，2009.

［12］李雁冰．论教育评价专业化［J］．教育研究，2013（10）．

［13］刘志军．关于教育评价方法论的思考［J］．教育研究，1997（11）．

［14］郑燕林，柳海民．大数据在美国教育评价中的应用路径分析［J］．中国电化教育，2015（7）．

［15］谈松华.关于教育评价制度改革的几点思考［J］.中国教育学刊，2017（4）.

［16］吴永平.小学实施 STEM 教育的评价研究［J］.基础教育研究，2018（12）.

［17］吴忭，王戈，盛海曦.认知网络分析法：STEM 教育中的学习评价新思路［J］.远程教育杂志，2018（6）.

［18］卓泽林.超越课堂：美国中小学校外 STEM 项目的实施和评估［J］.中国电化教育，2017（11）.

［19］美国教育评价"新模式"的 8 项能力和 61 项指标［J］.师资建设，2018（3）.